本研究得到国家社会科学基金一般项目（18BJY065）、教育部人文社会科学研究规划基金项目（15YJA790011）、福建省自然科学基金面上项目（2018J01581）的资助。

HOUSING, MACROECONOMY AND
MONETARY POLICY

住房、宏观经济与货币政策

段忠东 著

厦门大学出版社 国家一级出版社
XIAMEN UNIVERSITY PRESS 全国百佳图书出版单位

图书在版编目(CIP)数据

住房、宏观经济与货币政策/段忠东著.—厦门:厦门大学出版社,2021.11
ISBN 978-7-5615-8409-5

Ⅰ.①住… Ⅱ.①段… Ⅲ.①房价—物价波动—研究—中国 ②中国经济—宏观经济—经济政策—研究 ③货币政策—研究—中国 Ⅳ.①F299.233.5 ②F123.16 ③F822.0

中国版本图书馆 CIP 数据核字(2021)第 236742 号

出 版 人	郑文礼
责任编辑	江珏玙
美术编辑	李嘉彬
技术编辑	许克华

出版发行 厦门大学出版社

社　　址	厦门市软件园二期望海路 39 号
邮政编码	361008
总　　机	0592-2181111　0592-2181406(传真)
营销中心	0592-2184458　0592-2181365
网　　址	http://www.xmupress.com
邮　　箱	xmup@xmupress.com
印　　刷	厦门集大印刷有限公司

开本	720 mm×1 020 mm　1/16
印张	15.25
插页	2
字数	236 千字
版次	2021 年 11 月第 1 版
印次	2021 年 11 月第 1 次印刷
定价	58.00 元

本书如有印装质量问题请直接寄承印厂调换

厦门大学出版社
微信二维码

厦门大学出版社
微博二维码

前　言

随着近三十年来全球范围的房地产繁荣与萧条周期循环,以及住房财富在家庭财富中所占比重的提高,越来越多的学者开始关注房地产市场波动对宏观经济金融的冲击。尤其是2007年美国次贷危机之后,住房财富及其价格波动对宏观经济的传导机制及其货币政策反应再次成为学者们关注的焦点。当前,世界经济正在经历艰难曲折的复苏之路,中国面临错综复杂的国际政治经济形势。针对房地产价格波动及其可能引发的宏观经济金融风险,以物价稳定与金融稳定为最终目标的中央银行如何选择政策组合予以有效应对?是选择事前干预,还是间接反应?这些都是中央银行必须面对的问题。为此,中央银行必须高度关注如下问题:第一,房价预测未来通胀和产出的机制与能力如何?第二,住房财富以及房价波动如何影响家庭的消费支出和风险资产配置?第三,房产价格对货币政策传导过程的作用机制与效果如何?这些问题也可以归结为住房对宏观经济的传导机制及其货币政策反应问题。深入探究这一主题,不仅对于中央银行的政策选择至关重要,而且有助于提升货币政策的前瞻性和有效性,进而有助于实现宏观经济金融稳定的目标。

围绕上述主题,本书构建了一个分析框架,综合运用比较静态分析、动态最优化、门限模型、结构向量自回归模型(SVAR)、反事实模拟、Heckman样本选择模型与截面数据模型等方法展开全面深入的理论与实证研究。首先,揭示房价对通胀、产出、消费等宏观经济变量的传导机制;其次,考察住房价格在货币政策传导过程中的作用效果;接下来,利用家庭微观调查数据考察住房对家庭消费与资产配置的影响效果;最后,探寻不确定性条件下货币政策应对房价冲击的策略选择等问题。

本书的主要研究内容大致分为四个部分。

第一部分是房地产价格与通货膨胀、产出的非线性关系研究。针对国内学者主要采用线性模型,对样本外预测方法运用较少等不足,首先利用比较静态分析模型考察房价与通胀、产出的非线性关系形成机制;进一步,运用门限模型刻画房价与未来通胀、产出的非线性关系,进而比较了线性模型和门限模型的样本外预测能力。

第二部分是利用宏观数据研究住房价格对居民消费的影响机制与效果,考察住房价格在货币政策传导中的作用效果。具体包括三个方面内容:第一,运用动态最优化方法考察房价变动对家庭消费的非对称影响机制,在此基础上,采用面板门限模型实证检验房价变动对居民消费的非线性影响效果。第二,运用 SVAR 模型与反事实模拟方法,实证检验住房价格在货币政策传导过程中的总体效应与区域效应。第三,以厦门市为样本,综合运用协整、误差修正模型与格兰杰因果检验等方法实证研究房价变动影响居民消费的区域差异性。

第三部分是利用家庭微观调查数据研究住房财富与住房拥有对家庭消费和风险资产配置的总体影响与异质性效应。具体包括两个方面的内容:第一,基于西南财经大学中国家庭金融调查研究中心 2015 年的 CHFS 数据,实证检验了住房财富对中国城镇家庭消费的总体效应与异质性影响;第二,利用 2015 年的 CHFS 数据,运用 Heckman 样本选择模型和工具变量法检验了中国城市家庭的住房拥有对家庭风险资产配置的总体影响与异质性效应。

第四部分是货币政策如何应对住房价格冲击的政策选择与政

策建议。具体包括两个方面内容：第一，基于文献研究视角考察了不确定性下的房价波动与货币政策反应问题，对相关的国内外研究文献进行梳理与述评；第二，得出全书结论，在此基础上提出针对性的政策建议。

相较于已有国内研究，本书的主要贡献有以下几点：

（1）研究视角有所拓展。一是将房价与通胀、产出的关系拓展至非线性视角；二是运用动态最优化方法分析了房价对不同类型家庭消费的非对称影响，并且利用门限模型检验房价对消费的非线性影响机制。

（2）研究方法有所创新。一是在房价与通货膨胀、产出、消费的实证研究中率先运用门限模型；二是在房价对货币政策传导效果的实证研究中率先使用基于 SVAR 模型的反事实模拟技术；三是在住房拥有对家庭风险金融资产配置影响的实证研究中运用 Heckman 样本选择模型修正可能的样本选择偏差。

（3）提出新的研究观点。第一，如果中央银行希望充分利用房价中包含的未来通胀与产出的领先信息，则需将房价水平维持在低增长机制中；第二，在不同的房价与收入增长环境中，房价变动的居民消费效应会发生改变，住房抵押市场基本状况导致房价变动对居民总消费的非对称影响出现异质性。

目　录

1 绪 论

1.1 研究背景与意义

自 20 世纪 80 年代中后期至今,全球范围内的房地产市场大多经历了较大幅度的繁荣与崩溃周期。典型的有 20 世纪 80 年代末的日本和英国,90 年代的中国香港、中国台湾,泰国等,以及 2007 年由次贷危机引发的美国住房市场萧条。美国次贷危机爆发后,在全球经济衰退风险加剧和国内宏观经济政策调控的双重作用下,中国的房地产市场在 2007 年至 2012 年间也经历了大幅震荡的走势。如图 1.1 所示,我国房价与通胀、房价与产出在很大程度上表现出共同波动趋势①。房价在 2004 年前保持缓慢平稳的上升态势,之后,房价涨幅迅速扩大。尤其是在金融危机之后的 2008 年至 2012 年间,在国际国内双重因素作用下,房价经历了大幅波动:先后于 2008 年第 1 季度和 2010 年第 2 季度达到 11.8% 和 14.9% 的历史高点,于 2009 年第 1 季度和 2012 年第 3 季度出现 −1.7% 和 −1.2% 的罕见下跌。伴随着房价的涨落,在此期间产出与通胀率水平也呈现出较大幅度的波动。经过测算,图 1.1 中房价与通胀、产出的同期相关系数分别为 0.665 和 0.735,这预示着在房价与通胀、产出之间可能存在某种稳

---

① 图 1.1 中的 HP 和 Y 分别表示房价同比增长率和 GDP 同比增长率,HP1 和 INF 分别表示住宅销售价格指数与居民消费价格指数,左纵轴是产出与物价,右纵轴是房价。GDP 同比增长率是根据当年 GDP 当年累计值、当年累计增长率推算出的 GDP 季度增长率。

定的内在联系。

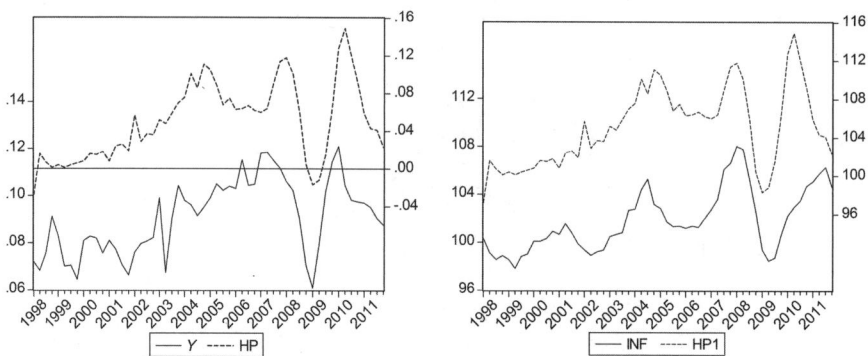

图 1.1　房地产价格与通胀、产出的波动趋势

在此期间,城镇居民人均消费增长也呈现出一定幅度的波动(如图 1.2 所示①)。经过测算,图 1.2 中住宅价格增长与城镇居民人均消费增长之间的简单相关系数为−0.20,这似乎预示着在二者之间存在某种反向联系;在居民可支配收入与人均消费之间则存在较强的正相关关系,简单相关系数为 0.735,这可能意味着居民收入是居民消费的重要影响因素。

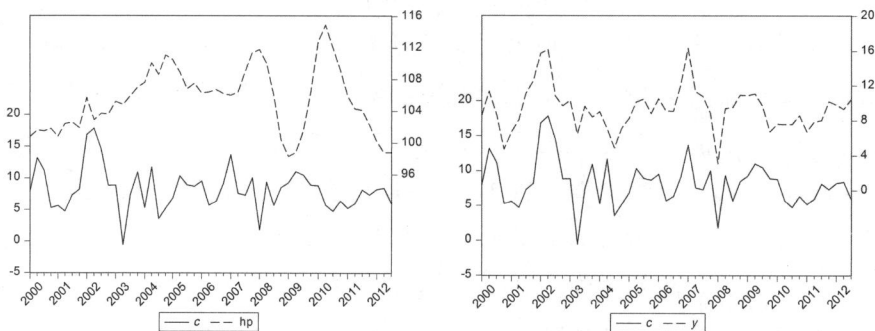

图 1.2　居民消费与房价、收入的变动趋势

---

① 图 1.2 中 hp 表示住宅销售价格指数,c 表示城镇居民人均实际消费支出增长率,y 表示城镇居民人均实际可支配收入增长率。左纵轴是消费,右纵轴分别是房价与收入。

资产价格与宏观经济的关系一直以来都是经济学家和政策制定者关注的前沿问题,但是学者们早期的关注对象主要是股票价格,对于房价的研究相对较少。直到 20 世纪 90 年代后期,全球主要国家经历了广泛的股票市场崩溃,同时却伴随着各国居民消费支出的强劲表现,对此,越来越多的学者开始将视角拓展至房地产市场。他们认为,各国住房市场的持续上涨成为抵消股市崩溃之消极影响的重要因素,房价上涨的财富效应对家庭消费产生了重要的支撑作用。此后,"房价波动如何影响家庭消费"引发广大学者的深入思考。

1998 年住房分配制度改革以来,我国城市家庭的住房拥有率显著提高,住房财富占家庭财富的比重大幅提升。但是,城市家庭的股票市场参与率以及股票持有比重却依然较低。平均而言,城市家庭的住房拥有率约为 89.3%,住房财富占家庭总资产的比重约为 70%,而股票市场参与率仅为 13.0%,股票持有市值占家庭金融资产的比重也仅为 5.8%[①]。中国人民银行调查数据显示,2019 年我国城镇居民家庭的住房拥有率达到 96%,住房资产占家庭总资产的比重为 59.1%,而股票持有占家庭金融资产比重仅为 6.4%。我国较高的住房拥有率、较高的住房资产占比与相对较低的家庭消费与股票投资之间是否隐藏着某种必然的联系,还值得进一步深入探讨。

随着各国住房财富在家庭财富中所占比重日益提高,各国住房及其价格与宏观经济的互动作用也进一步得到强化;尤其是 2007 年美国房地产价格下跌引发的严重金融危机与全球经济衰退,更是迫使政策制定者不得不重新审视和调整原有政策框架以应对房价泡沫的破坏性影响。房价日益成为一国宏观经济的先行指示器,住房价格的高涨可能意味着未来物价与产出水平的高涨,而房价的大幅下跌则可能预示着未来宏观经济的紧缩甚至衰退。住房及其价格与宏观经济之间的这种相互关联已经为许多的历史实践所证实。随着住房拥有率和住房资产比重的显著提升,较高的住房拥有率和住房财富必然会对家庭消费支出与投资决策产

---

① 数据来源于西南财经大学中国家庭金融调查研究中心 2015CHFS 数据以及作者的计算。

生重要影响,但是这种影响的传导机制如何?具体效果怎样?这些问题不仅关系到社会消费增长,也会对资本市场繁荣稳定产生重要影响。总之,以维持物价稳定与金融稳定为最终目标的中央银行必须对房地产市场保持高度的关注。

已有的国内研究往往利用宏观总量数据,运用线性模型考察房地产价格和通货膨胀、产出的关系,以及房地产价格波动对居民消费的影响等等,忽略了变量之间可能存在的非线性关系特征,也较少深刻揭示住房影响家庭消费与投资决策的微观机制,尤其是少有文献从理论层面考察房价对不同类型家庭消费的影响,进而将各类家庭的总消费纳入统一框架中进行分析。随着国内微观数据库的建设完善,学者们开始利用各种家庭调查数据研究住房对家庭消费与资产配置的影响,但是现有研究尚存在不完善之处:如研究过程中存在的样本选择偏差和内生性问题,以及住房影响家庭消费与资产配置的异质性问题等等。

新冠疫情依然在全球蔓延,世界经济正在经历着艰难而曲折的复苏之路。在这一背景下,针对房地产价格波动及其可能引发的宏观经济金融风险,中央银行如何选择政策组合予以有效应对?是应该进行事前干预,还是只需作出间接反应?这些都是中央银行必须回答的问题。许多学者和银行家们达成一致意见的是:如果房价波动包含未来产出和通胀的领先信息,中央银行就应该对房价波动作出政策反应;否则,中央银行不应该盯住房价。为此,需要重点关注如下问题:第一,识别房价与未来通胀和产出之间是否存在稳定的联系,对于中央银行的政策选择至关重要。第二,揭示住房以及房价波动影响居民消费和风险资产配置的理论机制与实际效果,对于有效扩大消费需求,促进资本市场繁荣稳定的政策选择具有重要意义。第三,探究房地产价格对货币政策传导过程的作用机制与效果,对于提升货币政策的前瞻性和有效性具有现实价值。

本书从保持我国宏观经济与金融稳定的战略视角考察住房及其价格向通货膨胀、产出与消费等宏观经济变量的传导机制及其货币政策策略,探究住房拥有对家庭资产配置的传导机制效应,无疑将深化和拓展住房、宏观经济与货币政策关系的理论视角;另外,本书强调稳定住房市场对于保持经济金融平稳发展、扩大内需与促进资本市场繁荣稳定具有重要意义,对于新形势下我国货币政策正确把握房地产市场稳定在宏观经济稳定中的重要地位,有效应对住房市场波动并提高宏观调控的政策效力,具有重要的现实意义。

1.2 研究思路与主要内容

1.2.1 研究思路

为了有效应对住房市场波动与房价冲击,保持宏观经济金融稳定性,中央银行需要重点研究以下命题:房价波动预测未来通胀与产出的作用机制与能力如何? 房地产市场的冲击如何实现向经济主体消费与投资行为的传导? 住房价格在货币政策传导中的作用机制和效果如何? 在不确定性条件下,货币政策应该如何应对房价冲击? 为此,本书构建了一个分析框架,考察住房与房价对宏观经济的传导机制与货币政策选择。第一,采用比较静态方法和门限模型从非线性视角分析房价预测未来通胀和产出的机制和能力;第二,采用动态最优化和面板门限模型考察住房价格对家庭消费的传导机制和效应;第三,运用 SVAR 模型与反事实模拟技术考察住房价格在货币政策传导中的总体作用效果与区域效应;第四,利用微观数据考察住房拥有与住房财富对家庭消费与资产配置的影响机制与效果;第五,基于文献研究视角考察中央银行应对房价冲击的策略选择。在具体研究过程中,沿着研究框架构建→文献回顾→理论模型→实证检验→形成结论→提出对策建议的思路。在一般理论分析的基础上,将研究视角定位于我国具体实践。

1.2.2 研究内容

本书的研究内容共包括八章。

第一章是绪论。包括研究背景与意义、研究思路与研究内容、主要创新点。

第二章是非线性视角下房价对通胀、产出的影响机制与能力研究。首先,运用一个简单的理论模型分析房价影响通胀、产出的非线性机制特征;接下来,运用门限模型检验我国房地产价格与未来通胀、产出之间的非线性动态特征,并利用样本外预测技术考察房价波动对未来产出与通胀的预测能力。

第三章是房价对家庭消费的非对称影响研究。首先,以家庭收入区分三种不同信用状况类型的家庭,考察房价变动对不同类型家庭消费的异质性与非线性影响机制;接下来,利用中国 35 个大中城市的年度数据,运用面板门限模型考察房价变动与家庭消费的非线性关系特征。

第四章是房价冲击与居民消费增长:厦门的实证研究。首先,考察了房价波动影响居民消费的理论机制,接下来,以厦门市为例,运用协整检验、误差修正模型等方法实证检验房价与居民消费波动的基本特征及其相互影响,提出对策建议。

第五章是住房价格在货币政策传导中的作用效果研究。本章分别利用全国和四个直辖市的区域数据,运用 SVAR 模型与反事实模拟方法,实证检验住房价格在货币政策传导中的总体效果与区域效应。

第六章是基于微观数据的住房财富与城市家庭消费研究。本章利用西南财经大学的 2015CHFS 数据,运用截面数据模型研究了中国城市家庭的住房财富与家庭消费的总体效应,并且,检验了不同类型家庭的住房财富效应异质性。

第七章是住房拥有对家庭风险金融资产配置的影响研究。本章利用西南财经大学的 2015 年 CHFS 数据,运用 Heckman 样本选择模型和工具变量法研究了家庭的住房拥有对家庭风险资产投资的总体影响和异质性效应。

第八章是不确定性下的房价波动与货币政策反应研究。本章就货币政策如何应对房地产泡沫的研究文献进行回顾,重点考察了各种货币政策反应观点之间的争论及其依据,梳理了货币政策框架修正的两个方向以及学者们关于金融监管作用的理论共识,最后对国内学者的相关研究进行述评。

最后是全书的结论与对策建议。

1.3 主要创新点

现有研究大多运用线性模型考察房价与通胀、产出的关系,往往发现房价与通胀、产出的关系表现出不稳定性特征。对此,西方学者开始将视角拓展至房价与经济行为之间的非线性关系。经过检索发现,国内学者的相关研究还处于起步状态。另外,住房资产及房价变动对宏观经济的冲击在很大程度上是通过影响家庭消费实现的,但是,国内文献大多侧重于采用线性模型实证研究住房价格与居民消费之间的关系,而房价与家庭消费的微观机制研究较为缺乏,少有文献考察房价影响家庭消费的异质性与非线性特征。

本书可能的创新点主要体现在以下几方面:

(1)研究范围有所拓展。第一,将研究拓展至非线性视角,考察了房价对通货膨胀和产出的非线性影响机制和效应,以及房价对未来通胀、产出的预测能力;第二,将房价影响不同类型家庭消费的异质性纳入视野,运用动态最优化方法考察房价变动对不同类型家庭消费的不对称影响机制,实证检验了房价对居民消费的非对称影响效果;第三,以两种不同方式测度家庭面临的住房风险暴露,侧重于考察住房风险与家庭风险金融资产配置的关系。

(2)提出新的学术观点。基于理论与实证研究结果,本书提出以下观点:第一,如果中央银行希望充分利用房价中包含的未来通胀与产出的领先信息,则需将房价水平维持在低增长机制中;第二,在不同的房价与收入增长环境中,房价变动的居民消费效应会发生改变,住房抵押市场基本状况导致房价变动对居民总消费的非对称影响出现异质性;第三,房价能够对货币政策冲击进行有效传导,但总体效果偏弱,并且,与价格型货币政策相比较,数量型货币政策冲击通过房价变动向消费传导的效果更加显著。

(3)研究方法有所创新。第一,较早利用门限模型等计量经济方法实证考察了房价变动对通胀、产出、居民消费的非线性影响特征。第二，采用基于 SVAR 模型的反事实模拟方法实证检验了房价在货币政策传导中的作用效果。第三，运用 Heckman 样本选择模型修正了"是否持有风险资产"对"风险资产持有比重"产生的"样本选择"问题。

2 房地产价格与通货膨胀、产出的非线性关系

本章从总体上分析房价影响未来通胀与产出的机制与能力。鉴于已有的国内研究较少考虑以上变量的非线性关系,本章在文献综述的基础上,运用一个简单的理论模型考察房价影响未来通胀与产出的非线性作用机制;接下来,运用门限模型技术对我国房价变动影响未来通胀、产出的非线性效果进行实证研究;最后,运用样本外预测技术考察房价对未来产出与通胀的预测能力。

2.1　问题的提出与文献综述

针对房地产价格波动及其可能引发的宏观经济金融风险,中央银行如何选择政策组合予以有效应对?是应该进行事前干预,还是只需作出间接反应?这些都是中央银行必须回答的问题。令人遗憾的是,经济学家和政策制定者们对此并未达成广泛共识,"货币政策如何应对房地产波动"仍然是一个存在争论的焦点问题(张晓慧,2009;段忠东、朱孟楠,2011)。但是,得到许多学者和央行家们一致认同的是:当房价波动包含未来产出和通胀的领先信息时,中央银行应该对房价波动作出政策反应;否则,中央银行不应该盯住房价。可见,识别房价与未来通胀和产出之间的稳定关系对于中央银行的政策选择至关重要。

已有研究大多运用线性模型考察房价与通胀、产出的关系,这类研究往往发现房价与通胀产出的关系表现出不稳定性特征。对此,西方学者

开始将视角拓展至房价与经济行为之间可能存在的非线性关系,并建立非线性模型考察房价与未来通胀产出的关系。经过检索发现,国内学者的相关研究较为滞后。鉴于此,本书试图运用门限模型检验我国房地产价格与未来通胀、产出之间的非线性关系,并利用样本外预测技术考察房价波动对未来产出与通胀的预测能力。本书的贡献在于:一是将房价与经济行为的关系纳入非线性分析的范畴,从而拓展了我国资产价格与通胀、产出关系的研究视角、思路和方法;二是研究结论认为房价对未来产出与通胀的影响具有门限效应,并且门限模型能够明显改善房价对未来通胀和产出的预测效果,这对于中央银行通过保持房价稳定,进而实现"稳定通胀预期和保持经济平稳增长"的目标具有较强的实践价值。

资产价格有助于预测未来通胀的观点可以追溯到 Fisher(1930)关于通货膨胀和利率关系的费雪效应理论。根据该理论,名义利率的变动反映了人们对未来通胀的预期。在此基础上,Alchian 和 Klein(1973)将视角扩展至股票、住房等资产,提出资产价格反映了人们对未来商品和服务价格的预期。之后,相关研究主要集中在两个方向:一是研究资产价格与通货膨胀、产出可能存在的稳定关系;二是考察如何利用资产价格构建广义价格指数。沿着第一个方向,学者们认为资产价格通过财富效应、托宾 Q 效应、信用渠道等机制对总需求和物价产生影响。为了判定资产价格对未来通胀和产出的影响方向和力度,学者们进行了大量的实证研究。该领域的研究早期主要以债券利率、期限利差(term spread)、违约利差(default spreads)等为考察对象[①]。如 Fama(1975)发现当期 1—6 月的国债利率可以稳定可靠地预测未来 1 个月的通胀率,Stock 和 Watson(1989)、Friedman 和 Kuttner(1992)发现,战后相同期限商业票据和美国国债的利差是产出增长的预测指标,Mishkin(1990,1992)对 Fama(1975)的研究进行扩展,发现长期与短期名义利率的差能够对未来通胀率的变动做出预测。随着近三十年以来世界各主要经济体房地产市场的繁荣与崩溃,越来越多的学者开始关注房价的作用。早期的研究主要运用线性模型,大多发现房价对于未来通胀与产出具有预测能力。如 Goodhart 和

---

① Stock 和 Watson(2003)对此做过一次杰出的综述。

Hofmann(2000a,2000b)发现,在大多数情况下房价对未来通胀具有显著的预测能力,并且房价与股价对于产出缺口具有重要的解释力。在进一步的研究中,Goodhart 和 Hofmann(2002)发现 G7 国家的房价对于产出缺口的影响大于股价。Kontonikas 和 Montagnoli(2002)发现房价对于总需求具有重要的影响,并且房价与未来消费价格膨胀之间具有高度的正相关性。Markus(2010)运用 VAR 模型发现 10 个 OECD 国家的实际房价冲击能够显著影响产出、物价。

针对以上研究运用的线性模型难以有效刻画变量之间的关系,以及缺乏对模型的样本外预测能力进行检验等问题,进一步的研究集中在实证方法的改进,包括运用非线性模型和样本外预测等计量建模技术,使所构建模型更为现实地反映变量之间的关系。如针对样本内预测的不足,Stock 和 Watson(2003)运用 h 步向前线性模型和样本外预测方法评估了 7 个发达经济体 38 个资产价格指标的相关信息内涵,结果发现房价对于未来通胀与产出的预测能力在各国间存在差异,并且在不同时期变得不稳定。Tkacz 和 Wilkins(2008)的研究发现,在线性模型下房价有利于预测 GDP 增长,股价和房价都能改善通胀预期,并且门限模型中房价对通胀和产出的预测能力更为显著。Mayes 和 Viren(2010)运用门限模型考察房价影响产出增长的不对称性,结果发现经济扩张期房价对经济的影响是经济衰退期这种影响的两倍。针对简单线性模型中可能存在遗漏变量与信息缺失等问题,Rangan(2011)运用 ARDL 模型、BVAR 模型和 FAVAR 模型等计量模型,研究发现南非资产价格有助于预测未来通胀,实际房价能够作为短期和中期实际经济行为的重要指示器。

近些年来,国内学者开始借鉴国外的研究方法,对我国房价波动的影响进行实证研究。其中,有许多研究发现我国房价对通胀与产出具有显著影响。段忠东(2007)运用误差修正模型发现,短期内房价对通胀与产出的影响十分有限,长期则对通胀与产出产生重要的影响。董裕平(2008)发现 CPI 和房地产价格指数之间存在显著的正相关性,并且房地产市场具有领先特征。戴国强、张建华(2009)运用 ARDL 模型发现,房价波动对通货膨胀产生显著影响,并且这种作用强于股票价格。严金海(2009)发现房价对产出缺口和通胀率起到重要的推动作用。也有少数学者得出相反的结论,如邓永亮(2010)认为房价上涨对居民消费产生"挤出效应",进而减少总需求并对通货膨胀起到抑制作用。盛松成、张次兰(2010)发现我国房价指数的变化对 CPI 变化没有产生明显影响。另外,也有学者指出房价对通胀产出的预测能力不稳定,如赵宇、王轶君(2011)运用多步向前预测模型进行研究,结果发现,房价对未来通胀的预测能力具有不对称性和不稳定性。

从已有的国内文献看,学者们所运用的研究方法明显滞后于国外学者,如主要采用线性模型,对样本外预测方法运用较少,还未将房价与通胀、产出之间的关系纳入非线性分析的范畴等等。根据 Stock 和 Watson(2003)的研究,资产价格与经济行为之间可能存在的非线性关系将导致线性模型的预测能力不稳定。对此,本章试图建立我国房价与通胀、产出的非线性模型,并考察非线性模型中房价对通胀产出的样本外预测能力,这无疑填补了我国学者在该领域研究的空白。

2.2 理论假设与经验模型

2.2.1 理论假设

房地产价格对于未来产出和通胀的影响主要通过以下途径实现:第一,房价通过影响总需求进而对未来通胀产生压力。其中,房价经过财富效应、融资约束效应、预期与信心效应对消费产生正向影响,通过负收入效应和预防性储蓄效应对消费产生负向影响①;通过托宾 Q 效应、产业关联效应、融资约束效应对投资产生正向影响,通过实业资本空心化效应对投资产生负面影响。第二,由于房价受未来收益预期的影响,这又关系到对未来经济行为、通货膨胀和货币政策的预期,因此房价包含了关于未来经济的有用信息(Smets,1997),这些信息可用于改善对未来通胀的预

---

① 有关房价影响消费的各种机制效应在本书第四章有详细阐述。

期。第三,作为居民的基本耐用消费品,房价上涨将带动房租上涨并提高居民生活成本,进而对劳动力工资和企业生产成本产生压力,这使得房价成为成本推进型通货膨胀的直接原因。

在简单假设条件下,房价对未来通胀、产出的上述影响可以用线性模型进行刻画;而在复杂的现实经济环境中,房价与未来通胀、产出之间的关系更有可能表现为非线性动态调整特征,其理论依据主要包括:第一,现实经济中存在金融摩擦,经济主体遭受的融资约束随着房地产资产抵押物价值的提高得到缓解,即随着房价上涨,经济主体倾向于增加消费和扩大投资。但是,当房价涨幅达到一定水平时,所有经济主体将不再受到融资约束,此后,房价上涨缓解融资约束进而推动总需求(促进消费和投资)和未来通胀的效应会逐渐下降至零(Kiyotaki,Moor,1997)。第二,在房价上涨到一定水平后,随着房价的持续快速上涨,居民的预防性储蓄动机和负收入效应快速增长,房价对消费的促进作用随之逐渐减弱,或者可能出现房价高涨对居民消费的"挤出效应";在这一时期,房价上涨对于总需求和通胀的向上压力将逐渐被抵消弱化,或者出现非显著性变动,甚至导致产出下降和通货紧缩。第三,当房价高涨至泡沫阶段时,房价泡沫的自我强化能力与房地产投资投机的高收益特征将对社会资本产生强烈的示范和吸纳效应,这将吸纳社会资本进入并长期停留在房地产资产领域进行投资和投机活动,导致实体经济的可用资本减少,进而使实际投资和总产出下降①。综合以上分析可知:在房价的温和上涨阶段,房价波动对消费与投资产生正向影响,进而对未来产出和通胀产生稳定促进作用;而在房价的高速增长时期,房价对消费投资的促进效应减弱(甚至可能产生反向抑制作用),这种效应通过 IS 曲线和 Phillips 曲线对未来产出和通胀产生不利影响。总之,在房价不同增长阶段,房价波动对未来产出、通胀

---

　　① 本书将这种效应称为房价上涨的实业资本空心化效应。陈彦斌、邱哲圣(2011)的研究结论对此形成支撑。他们认为:由于房价高速增长推高房产收益率,房地产部门吸纳大量资金,从而阻碍房地产部门以外实体经济的发展;另外,高速增长的房价降低了城镇居民可支配收入的实际购买力。

的影响可能表现出非线性特征[①]。

下面运用一个简单的理论模型说明房价通过影响总需求（产出）进而推动通货膨胀的非线性特征。首先，利用静态模型考察房价影响产出的方向和力度，由收入—支出法可得：

$$Y = C(Y,HP) + I(i,HP) + G(Y)$$
$$= C(Y,HP) + S(i,Y,HP) + T(Y) \tag{2.1}$$

其中，Y、C、I、G、S、T、HP、i 分别表示产出、消费、投资、政府购买、储蓄、税收、房价与利率。假设政府收支平衡，因此 $G(Y) = T(Y)$。式（2.1）变为：

$$I(i,HP) = S(i,Y,HP) \tag{2.2}$$

对式（2.2）两边求 Y 对 HP 的隐函数导数得式（2.3），其中，根据经济理论可知偏导数 $S_Y > 0$。

$$\frac{\partial Y}{\partial HP} = \frac{I_{HP} - S_{HP}}{S_Y} \tag{2.3}$$

S_{HP} 表示房价波动对储蓄的边际影响。由于经济主体的异质性，房价上涨对不同经济主体的储蓄行为将产生不同影响：对于已有住房者，房价上涨通过预期信心效应刺激增加消费而减少储蓄；对于无房并准备购房者，房价上涨使其预防性动机增加，他们增加储蓄以购买高价住房。因此，S_{HP} 的符号取决于以上两种效应的对比。I_{HP} 表示房价波动对投资的边际影响，其影响机制包括托宾 Q 效应、房地产产业关联效应、融资约束效应以及实业资本空心化效应。

由式（2.3）可知，房价对产出的边际影响方向和力度取决于 I_{HP} 与 S_{HP} 的对比。根据前文的理论分析，可将房价划分为两个阶段予以讨论：

（1）房价的温和增长阶段（即 $HP < HP^*$）。由于房价上涨的实业资本空心化效应较弱，房价对投资的影响主要表现为托宾 Q 效应、产业关

[①] 此外，当房价高涨导致泡沫出现时，由于房价泡沫与经济基本面决定的房价具有不同的波动特征，这时房价泡沫与经济行为之间也可能表现出非线性关系，原因在于驱动房价泡沫的经济行为与支持基本面的经济行为存在差异（Filardo，2001）。

联效应和融资约束效应,房价上涨促进投资稳定增长,即 $I_{HP} > 0$;此时,房价上涨的预防性储蓄效应较弱,并且存在预期信心效应等,房价上涨对储蓄的影响表现为 $S_{HP} < 0$ 或 $0 < S_{HP} < I_{HP}$。因此,在这一阶段 $I_{HP} - S_{HP} > 0$,即房价对总需求起到稳定的正向刺激作用。

(2)房价的高速增长阶段(即 $HP^* < HP$)。由于房价上涨的实业资本空心化效应逐步强化,并且融资约束效应逐渐弱化至零,房价上涨对投资的刺激作用受到反向抑制而开始弱化;房价上涨的预防性储蓄效应得到进一步强化,此时 I_{HP} 与 S_{HP} 的对比(即 $I_{HP} - S_{HP}$)相对于第(1)阶段较为弱化,房价对产出的边际影响为正,但是影响力度低于第(1)阶段,并且不排除出现 $S_{HP} > I_{HP}$ 的极端情形(即 $I_{HP} - S_{HP} < 0$),此时房价对总需求产生抑制作用,房价上涨使产出降低。

由以上分析可知,在房价波动的不同阶段,房价对产出的影响方向和力度具有非均匀性和非一致性,而且可能呈现出典型的非线性调整特征。接下来,利用简化的后顾型(Backward-looking)Phillips 曲线与 IS 曲线来考察房价波动对产出与通货膨胀的非线性动态影响机制,设:

Phillips 曲线:

$$\pi_{t+1} = \alpha_p \pi_t + \alpha_y Y_t \tag{2.4}$$

IS 曲线:

$$Y_{t+1} = \beta_y Y_t - \beta_r (i_t - \pi_t) + \Theta(HP_t) \tag{2.5}$$

其中,Y_t、π_t 为 t 时期的产出缺口、通货膨胀率,其他变量的定义同前,参数 α 及 β 均为正数。另外,房价对于未来产出的影响是一种间接影响,这通过一个函数 $\Theta(\cdot)$ 表示,并且如前所述,Θ_{HP} 的符号取决于 I_{HP} 与 S_{HP} 的对比。将式(2.5)代入式(2.4)得:

$$\pi_{t+1} = \alpha_p \pi_t + \alpha_y \beta_y Y_{t-1} - \alpha_y \beta_r (i_{t-1} - \pi_{t-1}) + \alpha_y \Theta(HP) \tag{2.6}$$

将式(2.4)、(2.5)重复迭代消去 Y,式(2.6)变为:

$$\pi_{t+1} = -\sum_{i=1}^{t} \Omega_{1i} (i_{t-1} - \pi_{t-1}) + \sum_{i=0}^{t} \Omega_{2i} \Theta(HP_{t-i}) \tag{2.7}$$

其中,Ω_{1i} 与 Ω_{2i} 均为正数。由式(2.7)可知,房价通过影响产出(总需求)进而影响通货膨胀。具体的影响方向取决于 $\Theta(\cdot)$ 的符号,这又取决于式(2.3)中 I_{HP} 与 S_{HP} 的对比。由于在房价波动的不同阶段,房价对产出(总需求)的影响具有非线性特征,因此,房价通过影响产出(总需求)进而对未来通胀的影响也具有非线性动态特征:在房价的温和上涨阶段,房价对未来通胀产生稳定的向上压力;在房价的高速增长阶段,房价对未来通胀的向上压力被弱化,甚至导致通货紧缩压力的出现。

针对上述理论分析,本书提出以下理论假设。

假设 1(假设 2):房价与未来通胀(产出)之间存在非线性关系,在房价的门限值处,房价对未来通胀(产出)的影响具有显著的门限效应。

假设 3(假设 4):当房价处于低增长阶段时,房价对未来通胀(产出)具有显著的正向影响;当房价处于高增长阶段时,房价对未来通胀(产出)的影响效果不显著。

假设 5(假设 6):相对于线性模型,非线性模型能够有效改善房价对未来通胀(产出)的预测能力。

2.2.2 经验模型

本书建立门限模型刻画房价与通胀、产出之间的非线性关系,并检验门限模型下房价的样本外预测能力。为了便于比较,同时也建立起房价与通胀产出之间的线性回归模型。

2.2.2.1 线性模型

本书设定的线性模型借鉴 Stock 和 Watson(2003)的多步向前线性回归模型,该模型的具体形式如(2.8)式所示[①]:

$$y_t = \alpha_0 + \alpha_1 y_{t-1} + \alpha_2 X_{t-1} + \xi_t \tag{2.8}$$

模型(2.8)中,y_t 表示目标变量,X_{t-1} 是解释变量的向量形式,y_{t-1} 表示目标变量的滞后值,反映目标变量的自相关影响。为了考察房价在

---

① 由于所采用的数据样本区间较短,因此模型设定中只考察 1 步向前线性回归情形。

预测中的作用,进一步将线性模型设定为基准模型和扩展模型,其中基准模型的解释变量中不包含房价,而在扩展模型的解释变量中包含房价,基于两种模型比较房价的样本外预测能力。

2.2.2.2 门限模型

本书借鉴 Tong(1983)提出的门限自回归模型,通过建立门限模型分析房价与通胀、产出的非线性关系。由于门限自回归模型的解释变量中仅仅包含了被解释变量的滞后项,笔者对 Tong 的模型进行扩展,在解释变量中包含除被解释变量滞后项之外的房价等解释变量[①]。该多变量门限模型的具体形式见式(2.9)、(2.10)。

$$y_t = \alpha_0 + \alpha_1 y_{t-1} + \alpha_2 X_{t-1} + \alpha_3 z_{t-1} + \xi_{1t} \quad z_{t-1} \leqslant \tau \qquad (2.9)$$

$$y_t = \beta_0 + \beta_1 y_{t-1} + \beta_2 X_{t-1} + \beta_3 z_{t-1} + \xi_{2t} \quad z_{t-1} > \tau \qquad (2.10)$$

其中,z_t 表示门限变量,是 X_t 向量中所包含的解释变量之一,本章中指房价;τ 是触发机制转换的门限值,ξ_{1t}、ξ_{2t} 是相应的残差值。以上多变量门限模型表示,当门限变量 z_t 不大于门限值 τ 时,各变量之间的关系由模型(2.9)刻画;当门限变量 z_t 大于门限值 τ 时,各变量之间的关系用模型(2.10)表示。

为了将(2.9)、(2.10)合并为单一方程,引入所谓的指示函数 $I\{\cdot\}$,得到以下的门限模型(2.11)。

$$y_t = (\alpha_0 + \alpha_1 y_{t-1} + \alpha_2 X_{t-1} + \alpha_3 z_{t-1}) \cdot I_t(z_{t-1} \leqslant \tau) +$$
$$(\beta_0 + \beta_1 y_{t-1} + \beta_2 X_{t-1} + \beta_3 z_{t-1}) \cdot I_t(z_{t-1} > \tau) + \xi_t,$$
$$\xi_t \sim \text{iid}(0, \sigma_t^2) \qquad (2.11)$$

其中,$I_t = \begin{cases} 1 & z_{t-1} \leqslant \tau \\ 0 & z_{t-1} > \tau \end{cases}$,残差 $\xi_t = (\xi_{1t}, \xi_{2t})'$,$\alpha_i$ 和 $\beta_i (i=0,1,2,3)$

---

① 以上思路来源于 Hansen(2000)对门限自回归模型的改进,即多变量门限回归模型思想。

分别表示机制 1 和机制 2 下的待估系数[①]。

首先,根据相应的门限值运用 OLS 对模型(2.11)进行估计。根据 Chan(1993),可以把门限模型的残差平方和看作估计中门限的函数值,越靠近门限残差平方和越小,当门限处于真实值时残差平方和最小。根据以上思想,通过对所有可能的房价门限值 τ 进行迭代,选择使得模型(2.11)的残差平方和最小的门限值 $\hat{\tau}$ 作为估计值。该最小残差平方和与对应的门限值分别用式(2.12)、(2.13)表示:

$$S_1(\tau) = \hat{\xi}_1'(\tau)\hat{\xi}(\tau) \tag{2.12}$$

$$\hat{\tau} = \mathrm{argmin}S_1(\tau) \tag{2.13}$$

对门限值的估计过程中,采用 Tsay(1998)提出的重排自回归方法进行格点搜索(grid search)。第一,对所有的门限变量从低到高依次排序,为了保证边界值影响最小,借鉴 Andrews(1993)思路裁剪掉前后各 15% 的门限变量,只使用中间 70% 的值;第二,对每个可能门限值,确定指示函数 I,并估计门限模型(2.11),保留对应的残差平方和;第三,对所有估计门限模型的残差平方和绘图,找寻最小残差平方和所对应的门限值即为所估计的门限水平。

接下来,对模型(2.11)的门限效应进行检验。由于在无门限效应的原假设 $H_0: \alpha_i = \beta_i (i=0,1,2,3)$ 下门限参数无法识别,使得传统检验量的渐近分布不再服从标准的 χ^2 分布,而是服从非标准分布,这种分布的临界值无法通过模拟方式获得。为解决这一问题,Hansen(1996)建议采用"自助法"获得大样本下的渐进 P 值,当 P 值足够小时可以拒绝原假设,说明存在门限效应。

为此,本书采用 Hansen 的 LM 检验门限效应的显著性。检验的原假设为:$H_0: \alpha_i = \beta_i (i=0,1,2,3)$;当原假设成立时,模型(2.11)退化为线性回归方程,表示不存在门限效应;当备择假设 $H_0: \alpha_i \neq \beta_i (i=0,1,2,3)$ 成立时,表示门限效应存在,即当门限变量高于或低于门限水平时,各解

---

① 模型中以门限变量 z_i 是否小于门限值 τ 为依据将观测值分为两个不同的机制。其经济含义是当房价高于或低于某一门限水平时,包含房价在内的各解释变量对被解释变量的影响发生改变。

释变量对于因变量的影响系数各异。令 S_0 为原假设下的残差平方和，S_1 表示备择假设下的残差平方和，则对应的 LM 统计量为：

$$F_1(\tau) = \frac{S_0 - S_1(\hat{\tau})}{\hat{\sigma}^2} \qquad (2.14)$$

其中，$\hat{\sigma}^2 = \hat{\xi}_t'(\tau)\hat{\xi}_t(\tau)/T$（$T$ 表示样本数），式(2.14)可以改写为：

$$F_1(\tau) = \frac{S_0 - S_1(\hat{\tau})}{S_1(\hat{\tau})/T} \qquad (2.15)$$

在对单一门限效应进行检验之后，还需要对门限模型可能存在的双门限效应进行检验。本书所构建的双门限模型设定如(2.16)所示。

$$
\begin{aligned}
y_t = {} & (\alpha_0 + \alpha_1 y_{t-1} + \alpha_2 X_{t-1} + \alpha_3 z_{t-1}) I_t(z_{t-1} \leqslant \tau_1) + \\
& (\beta_0 + \beta_1 y_{t-1} + \beta_2 X_{t-1} + \beta_3 z_{t-1}) I_t(\tau_1 < z_{t-1} \leqslant \tau_2) + \\
& (\gamma_0 + \gamma_1 y_{t-1} + \gamma_2 X_{t-1} + \gamma_3 z_{t-1}) I_t(z_{t-1} > \tau_2) + \xi_t \qquad (2.16)
\end{aligned}
$$

其中，$\tau_1 < \tau_2$。对模型(2.16)的估计是在固定单一门限条件下估计第二个门限。对第二个门限的估计和检验过程与单门限相同，使模型(2.16)残差项平方和最小的门限值 τ_2 为第二门限估计值。对门限效应的检验中，原假设 H_0：存在单一门限；备择假设 H_1：存在双门限。所对应的 LM 统计量为：

$$F_2(\tau) = \frac{S_1(\hat{\tau}_1) - S_2(\hat{\tau}_2)}{S_2(\hat{\tau}_2)/T} \qquad (2.17)$$

运用"自助法"获取以上统计量的渐近分布并计算其 P 值。如果双门限效应存在，则继续重复上述门限估计和检验过程，直到对应的门限效应不具显著性为止。

2.3　研究方法、变量选取与数据处理

本书分别建立线性模型和门限模型进行研究，并运用样本外预测方法检验各种模型设定下房价的预测效果。首先，建立未来产出和通胀的

线性预测模型,其中,分别设定基准模型和扩展模型,并运用样本外预测比较两种模型对产出、通胀的预测效果;之后,估计和检验门限模型;最后,运用样本外预测比较门限模型与线性模型中房价对产出、通胀的预测能力。实证研究选取的变量包括通货膨胀率、产出增长率、房价增长率、产出缺口和货币量增长率。样本区间为1998年1季度至2011年2季度,共54组季度数据。所有原始数据来源于CEIC中国经济数据库、中国人民银行网站。各变量的代理变量选取及其数据处理如下:

(1)通货膨胀率(inf):以居民消费价格指数(CPI)为代理变量。首先利用同比月度CPI在季度内求平均值,得到同比季度CPI;然后通过变换求得季度同比通货膨胀率(上年同期=100)。计算公式为:

$$\inf_t = \frac{\text{CPI}_t - 100}{100} \times 100\%$$

(2)产出增长率(y):采用国内生产总值增长率作为代理变量。首先根据本季当年累计值减去上季当年累计值求出本季名义值;然后将季度GDP名义值剔除通货膨胀因素影响,获得以1996年12月不变价格表示的季度GDP实际值[①];最后求得实际GDP增长率。计算公式为:

$$y_t = \frac{\text{实际 GDP}_t - \text{实际 GDP}_{t-4}}{\text{实际 GDP}_{t-4}} \times 100\%$$

(3)房价增长率(hp):采用住宅价格增长率作为代理变量。首先利用季度同比住宅销售价格指数求得季度名义住宅价格增长率,然后剔除通胀因素影响,获得实际住宅价格增长率。

(4)产出缺口(ygap):采用国内生产总值表示产出水平。首先运用X12法对GDP数据进行季节调整,然后运用HP滤波求出GDP趋势值(y_t^T),最后计算得到相对量表示的产出缺口。计算公式为:

$$\text{ygap} = \frac{y_t - y_t^T}{y_t^T} \times 100$$

---

① 利用月度环比CPI求出以1996年12月为基期的月度定基比CPI,然后对季度内数据进行几何平均求得季度定基比CPI。将GDP名义值除以季度定基比CPI得到以1996年12月价格表示的GDP实际值。

(5)货币量增长率(M2):采用广义货币供应量作为代理变量。根据各季度广义货币量计算得出各季度的广义货币量年度增长率。

经过处理后的通货膨胀率、产出实际增长率、房价实际增长率、产出缺口和货币量增长率分别由 inf、y、hp、ygap、M2 表示。

2.4 实证研究过程与结果分析

2.4.1 线性模型设定和估计

根据式(2.8)分别以通货膨胀率和产出增长率作为被解释变量建立线性模型。在以通货膨胀率为被解释变量的线性模型中,分别设定基准模型和扩展模型,其中,基准模型的解释变量包括滞后 1 期通货膨胀率、产出缺口。具体形式如下:

$$\text{inf}_t = \chi_0 + \chi_1 \text{inf}_{t-1} + \chi_2 \text{ygap}_{t-1} + e_{1t} \quad e_{1t} \sim \text{iid}(0,\sigma^2) \tag{2.18}$$

扩展模型的解释变量包括滞后 1 期的通货膨胀率、产出缺口、实际房价增长率,具体形式如下:

$$\text{inf}_t = \chi_0' + \chi_1' \text{inf}_{t-1} + \chi_2' \text{ygap}_{t-1} + \chi_3' \text{hp}_{t-1} + e_{2t} \quad e_{2t} \sim \text{iid}(0,\sigma^2) \tag{2.19}$$

在以产出增长率为被解释变量的线性模型中,基准模型的解释变量有滞后 1 期产出实际增长率、产出缺口和货币量增长率,扩展模型的解释变量为滞后 1 期的产出实际增长率、产出缺口、房价实际增长率和货币量增长率。具体形式如式(2.20)、(2.21)所示。

$$y_t = \lambda_0 + \lambda_1 y_{t-1} + \lambda_2 \text{ygap}_{t-1} + \lambda_3 M2_{t-1} + \varepsilon_{1t} \quad \varepsilon_{1t} \sim \text{iid}(0,\sigma^2) \tag{2.20}$$

$$y_t = \lambda_0' + \lambda_1' y_{t-1} + \lambda_2' \text{ygap}_{t-1} + \lambda_3' M2_{t-1} + \lambda_4' \text{hp}_{t-1} + \varepsilon_{2t}$$

$$\varepsilon_{2t} \sim \text{iid}(0,\sigma^2) \tag{2.21}$$

需要说明的是,本书构建通胀模型(2.18)、(2.19)的依据是 Phillips 曲线。根据 Phillips 曲线,影响通胀的因素包括超额需求、通胀惯性等,在通胀率的解释变量中,超额需求通常用产出缺口表示,通胀惯性通常用滞后通胀率表示(Gordon,1997;Rudebusch,Svensson,1999;Goodhart,Hofmann,2000a,2002;Tkacz,Wilkins,2008;陈彦斌,2008;赵进文、高辉等,2009;等)[1]。因此,模型(2.18)、(2.19)的解释变量中以产出缺口表示超额需求的影响,以滞后通胀率表示通胀惯性的影响,模型(2.19)中加入房价以考察房价对未来通胀的影响。另外,模型(2.20)、(2.21)解释变量的选择借鉴 Tkacz 和 Wilkins(2008)[2]。

对模型(2.18)~(2.21)进行 OLS 估计。结果发现,在通胀率和产出增长率的基准模型中加入房价后,模型的拟合效果有所提高,其中,房价增长率对于未来通胀率的影响非常显著,但是对未来产出增长率的影响却不显著。具体的估计结果如表 2.1 所示。

表 2.1 线性模型的估计结果

解释变量	通货膨胀率($\inf_t$)		产出增长率(y_t)	
	基准模型	扩展模型	基准模型	扩展模型
截距	0.23(1.23)	−0.32(−1.32)	1.87(1.03)	2.18(1.19)
$\inf_{t-1}$	0.92***(14.64)	0.87***(14.52)	—	—
y_{t-1}	—	—	0.76***(8.92)	0.71***(7.46)
$ygap_{t-1}$	0.01(0.11)	0.11(1.31)	−0.28*(−1.80)	−0.23(−1.48)
$M2_{t-1}$			0.06(0.80)	0.05(0.67)
hp_{t-1}	—	0.18***(3.22)	—	0.11(1.10)
R^2	0.81	0.84	0.66	0.67
DW	0.95	1.00	2.14	2.10

注:①括号内的数字为 t 检验统计量。② ***、**、* 分别表示 1%、5% 和 10% 的显著性水平。

接下来,对线性模型进行样本外预测。样本外预测是以约 80%~90%

---

① 在 Phillips 曲线的实证研究中,通胀率的解释变量中往往并不包括货币量,而是以产出缺口表示超额总需求对未来通胀率的影响。

② 其中,滞后产出、产出缺口、货币量分别表示产出惯性、超额总需求和货币因素对未来产出的影响。需要说明的是,笔者曾经在产出预测模型中以市场利率作为解释变量,结果发现门限模型中市场利率估计系数不显著。由于篇幅有限,笔者未列出以市场利率为解释变量的产出预测模型估计结果,书中仅选择货币量指标作为解释变量。

的样本数据为依据估计线性模型,剩余的样本数据用于检验。对于模型(2.18)和(2.19),先估计直到 t 期(2007 年第 4 季度)的模型,然后对 $t+1$ 期(2008 年第 1 季度)进行预测;接下来使用直到 $t+1$ 期的数据重新估计模型,然后对 $t+2$ 期进行预测。持续以上方式,直到完成从 2008 年第 1 季度到 2011 年第 2 季度的样本外预测,并比较模型(2.18)、(2.19)的预测均方根误差(RMSE),计算公式如下:

$$\text{RMSE} = \sqrt{\frac{1}{h} \sum_{T=t+1}^{t+h} (\text{inf}_t^f - \text{inf}_t^a)^2} \tag{2.22}$$

其中,inf_t^f、inf_t^a 分别表示通胀率的预测值和实际值。通过比较两种线性模型设定下的预测 RMSE,得出 RMSE 数值较低者其预测效果相对更好。另外,对于模型(2.20)、(2.21)的样本外预测方法和顺序与前述类似,首先估计直到 t 期(2007 年第 4 季度)的模型,然后对 $t+1$ 期进行预测;依次迭代上述步骤,直到完成从 2008 年第 1 季度到 2011 年第 2 季度的样本外预测。以上过程的计算结果如表 2.2 所示。

表 2.2　线性基准模型与扩展模型的预测效果

预测指标	通货膨胀率(inf_t)		产出增长率(y_t)	
	基准模型	扩展模型	基准模型	扩展模型
RMSE(绝对值)	1.66	1.44	1.41	1.80
RMSE(相对值)	1	0.87	1	1.28

注:相对值是指将基准模型的 RMSE 标准化为 1 后,扩展模型与基准模型相比较的结果。

根据表 2.2 可以发现,相对于通胀的基准模型,加入房价后扩展模型的预测能力得到提高。其中,通胀模型的 RMSE 从基准模型的 1.66 下降为 1.44,预测能力提高 13%;而产出模型的 RMSE 从基准模型的 1.41 上升为 1.80。因此,我们可以得出,线性模型中房价增长率对未来通胀率能够起到预测改进作用,但是房价增长率对未来产出实际增长率不能产生预测改进效果。

2.4.2 门限模型的设定、估计与检验

2.4.2.1 通货膨胀率的门限模型

根据式(2.11)分别以通货膨胀率和产出为被解释变量建立门限模型。通胀率的门限模型包括的解释变量有滞后 1 期的通货膨胀率、产出缺口、房价实际增长率,其中,以房价实际增长率作为门限变量。具体模型如式(2.23)所示。该模型用于检验前文提出的假设 1 和假设 3。

$$
\begin{aligned}
\inf_t = {} & (\alpha_0 + \alpha_1 \inf_{t-1} + \alpha_2 \mathrm{ygap}_{t-1} + \alpha_3 \mathrm{hp}_{t-1}) \cdot I_t(\mathrm{hp}_{t-1} > \tau) + \\
& (\beta_0 + \beta_1 \inf_{t-1} + \beta_2 \mathrm{ygap}_{t-1} + \beta_3 \mathrm{hp}_{t-1}) \cdot I_t(\mathrm{hp}_{t-1} \leqslant \tau) + \xi_t \\
& \xi_t \sim \mathrm{iid}(0, \sigma^2) \tag{2.23}
\end{aligned}
$$

接下来,采用重排自回归方法估计模型(2.23)的门限值。在得到门限估计值 $\hat{\tau}$ 后,利用 Bootstrap 方法检验门限效应的显著性水平,即通过自助法模拟 LM 检验 F 统计量的渐近分布及其 P 值[①]。重复以上估计步骤并进行多门限检验,直到门限效应检验不具显著性为止。结果发现模型(2.23)的第一个门限值 $\hat{\tau}$ 为 2.47%,自助法发现该门限效应显著存在;继续搜索得到第二个门限值为 4.80%,但是该门限效应不显著。具体的门限检验结果如表 2.3 所示。

表 2.3　通货膨胀率门限模型的门限效应检验结果

H$_0$(原假设)	H$_1$(备择假设)	Threshold	LM 检验统计量	结论
无门限效应	1 个门限	2.47%	28.36 *** (0.004)	拒绝原假设
1 个门限	2 个门限	4.80%	11.55(0.364)	接受原假设

注:①括号内的数字是 Bootstrap 法得到的 P 值。② *** 表示 1% 的显著性水平。

从以上结果可知,可以 2.47% 的房价实际增长率水平将门限模型(2.23)划分为两个机制,进而对门限模型进行估计。估计结果如表 2.4 所

---

① 本书采用 Eviews5.0 程序对书中的自助法过程进行编程,自助法的模拟重复次数为 3 000 次。

示。为了便于比较,表中列出线性模型的估计结果。

表 2.4 通货膨胀率的门限模型估计结果

解释变量	线性模型 (inf$_t$)	门限模型(inf$_t$)	
		机制 1:hp$_{t-1}$>2.47%	机制 2:hp$_{t-1}$≤2.47%
截距项	−0.32(−1.32)	1.20** (2.56)	−0.49** (−2.05)
inf$_{t-1}$	0.87*** (14.52)	0.84*** (10.94)	0.74*** (9.62)
ygap$_{t-1}$	0.11(1.31)	0.41*** (3.18)	0.02(0.20)
hp$_{t-1}$	0.18*** (3.22)	−0.02(−0.30)	0.24* (1.78)
样本容量	54	31	23
R^2	0.84	0.90	
DW	1.00	1.50	

注:①括号内数字为 t 检验统计量。② ***、**、* 分别表示 1%、5% 和 10% 的显著性水平。③对门限模型的残差进行各种诊断检验,结果发现:残差序列的 ADF 统计量(−5.26)小于 1% 的临界值(−3.56),说明残差序列平稳;各检验统计量为 $Q(1)=0.19$,LM$(1)=1.98$,JB$=0.96$,WH$=0.98$。说明残差序列不存在自相关和异方差,满足正态性分布。

从表 2.4 可知,通货膨胀率的门限模型比线性模型具有更好的拟合效果,这说明门限模型能够更好地表现房价对未来通胀率的影响。可以发现,以 2.47% 的房价实际增长率为机制转换的门限值,在两种不同机制中,房价实际增长率、滞后通胀率、产出缺口对未来通胀率的影响系数存在显著的差异性。在低房价机制中,房价增长率对预期通胀率的影响系数为 0.24 且比较显著;在高房价机制中,房价增长率对预期通胀率的影响系数不显著。由此,笔者证实了假设 1 和假设 3:即房价与未来通胀率之间存在稳定的非线性关系;并且,在房价低增长阶段,房价对未来通胀率产生显著的正向影响,在房价高增长阶段,房价对未来通胀率的影响不显著。另外,在房价高增长机制中,产出缺口对于通胀预期的影响明显高于房价低增长机制中产出缺口的这种影响。

2.4.2.2 产出的门限模型

产出门限模型中包括的解释变量有滞后产出实际增长率、产出缺口、房价实际增长率和货币量增长率。以房价实际增长率为门限变量,设定的门限模型如式(2.24)所示,该模型用于对假设 2、假设 4 进行检验。

$$y_t = (\alpha_0' + \alpha_1' y_{t-1} + \alpha_2' ygap_{t-1} + \alpha_3' M2_{t-1} + \alpha_4' hp_{t-1}) \cdot$$

$$I_t(hp_{t-1} > \tau) + (\beta_0' + \beta_1' y_{t-1} + \beta_2' ygap_{t-1} + \beta_3' M2_{t-1} +$$

$$\beta_4' hp_{t-1}) \cdot I_t(hp_{t-1} \leqslant \tau) + \xi_t'$$

$$\xi_t' \sim iid(0, \sigma^2) \tag{2.24}$$

采用与前述同样的 Tsay 方法搜索模型(2.24)的门限值。结果发现第一个门限值为 4.23%,运用 Bootstrap 法进行门限效应检验,发现房价实际增长率为 4.23%处门限效应显著存在;继续搜索第二个门限值,得到门限值 5.47%,但是门限效应不显著。具体的检验结果见表 2.5。

表 2.5 产出门限模型的门限效应检验结果

H₀(原假设)	H₁(备择假设)	Threshold	LM 检验统计量	结论
无门限效应	1 个门限	4.23%	36.22***(0.009)	拒绝原假设
1 个门限	2 个门限	5.47%	10.76(0.951)	接受原假设

注:括号内的数字是 Bootstrap 法得到的 P 值。*** 表示 1%的显著性水平。

由此可知,以房价实际增长率 4.23%作为门限值可将模型(2.24)划分为高低两种机制,进而对模型(2.24)进行估计,估计结果见表 2.6。

表 2.6 产出的门限模型估计结果

解释变量	线性模型 (y_t)	门限模型(y_t)	
		机制 1:hp$_{t-1}$>4.23%	机制 2:hp$_{t-1}$≤4.23%
截距项	2.18(1.19)	0.15(0.04)	1.05(0.56)
y_{t-1}	0.71***(7.46)	0.57**(2.68)	0.72***(8.54)
ygap$_{t-1}$	−0.23(−1.48)	−0.86**(−2.82)	−0.16(−0.98)
$M2_{t-1}$	0.05(0.67)	0.24*(1.97)	0.06(0.72)
hp$_{t-1}$	0.11(1.10)	−0.01(−0.04)	0.76***(4.70)
样本容量	54	22	32
R^2	0.67	0.80	
DW	2.10	2.10	

注:①括号内数字为 t 检验统计量。② *** 、** 、* 分别表示 1%、5%和 10%的显著性水平。③对门限模型的残差进行各种诊断检验,结果发现:残差序列 ADF 统计量(−7.43)小于 1%的临界值(−3.56),说明残差序列平稳;各检验统计量为 $Q(1)=0.71$,$Q(4)=0.19$,LM(1)=0.15,LM(2)=0.60,JB=3.48,WH=0.82,说明残差序列不存在自相关和异方差,满足正态性分布。

为进行比较,表 2.6 中列出线性模型估计结果。可以看出,产出门限模型的拟合效果明显优于线性模型,说明门限模型更好地刻画了房价对未来产出的影响。在以 4.23% 的房价实际增长率为门限值的不同机制中,各解释变量对未来产出的影响具有显著的差异性。在房价的低增长机制中,房价增长率对于未来产出增长的影响系数为 0.76 且十分显著;但在房价的高增长机制中,这种效果十分微弱且不显著。由此,本章完成了对假设 2 和假设 4 的证实:即房价与未来产出之间存在稳定的非线性关系;并且,在房价的低增长阶段,房价对未来产出具有非常显著的正向影响,而在房价的高增长阶段,房价的这种影响不明显。

对通货膨胀和产出的门限模型进行比较,可以得出当房价增长率处于不同机制时,房价影响未来通胀和产出的不同组合:在房价增长率低于 2.47% 的机制中,房价对未来通胀和产出均能够产生显著影响;而在房价增长率高于 4.23% 的机制中,房价对未来通胀和产出不产生显著影响;当房价增长率处于 2.47% 和 4.23% 之间时,房价对未来产出具有显著影响,而对未来通胀不产生显著影响(见表 2.7)。

表 2.7　门限模型中房价对未来通胀与产出的影响效果组合

hp_{t-1} 所处区间	inf_t	y_t
$hp_{t-1} > 4.23\%$	$-0.02(-0.30)$	$-0.01(-0.04)$
$2.47\% < hp_{t-1} \leq 4.23\%$	$-0.02(-0.30)$	$0.76^{***}(4.70)$
$hp_{t-1} \leq 2.47\%$	$0.24^{*}(1.78)$	$0.76^{***}(4.70)$

注:①表中的数字是门限模型中房价增长率对未来通胀和产出的影响系数估计值,括号内的数字是估计系数的 t 统计量。② *** 、* 分别表示 1% 和 10% 的显著性水平。

2.4.2.3 门限模型的样本外预测能力

为了检验假设 5 和假设 6,需进一步考察通胀门限模型(2.23)和产出门限模型(2.24)的预测能力。先估计直到 t 期(2007 年第 4 季度)的门限模型(包括门限值估计和参数估计),然后对 $t+1$ 期(2008 年第 1 季度)进行预测;接下来使用直到 $t+1$ 期的数据重新估计模型,然后对 $t+2$ 期进行预测。持续以上的方式,直到完成从 2008 年第 1 季度到 2011 年第 2 季度的样本外预测。之后,对门限模型与线性扩展模型的预测均方根误差(RMSE)进行比较。计算比较结果见表 2.8。

表 2.8 线性扩展模型与门限模型的样本外预测能力

预测指标	通货膨胀率(inf)		产出实际增长率(y)	
	扩展模型	门限模型	扩展模型	门限模型
RMSE(绝对值)	1.44	1.30	1.80	0.94
RMSE(相对值)	1	0.91	1	0.52

注:相对值是指将基准模型的 RMSE 标准化为 1 后,门限模型与扩展模型相比较的结果。

从表 2.8 可以得出,相对于线性模型,通胀门限模型的预测能力提高 9%,产出门限模型的预测能力提高 48%。由此,可以得出的结论是,相对于线性模型,门限模型设定下房价对于未来通胀与产出的预测能力得到了比较显著的改善。因此,门限回归模型有助于改善房价对未来通胀和产出的预测效果。至此,本书完成了对假设 5 和假设 6 的检验。

2.5 结论与政策启示

本章利用简单理论模型考察房价与通胀、产出的非线性关系。结果发现:房价高涨通过融资约束效应、实业资本空心化效应、负收入效应和储蓄效应等机制对消费和投资产生不利影响,这可能是导致房价与通胀、产出之间表现出非线性动态关系的重要原因。为了进一步刻画房地产价格与未来通胀与产出的非线性关系,本章分别建立了线性模型与门限模型,并利用中国 1998 年第 1 季度至 2011 年第 2 季度的季度数据对以上模型进行估计,之后比较了线性模型和门限模型对未来通胀和产出的样本外预测能力。得出的结论主要有以下几点:

(1)房地产价格对于未来通胀和产出具有显著的非线性影响。对于通胀模型,2.47%的房价实际增长率处存在门限效应;在产出模型中,4.23%的实际房价增长率水平存在门限效应。当房价处于低增长阶段时,房价增长率对于未来通胀与产出产生比较显著的正向影响,影响系数分别为 0.24 和 0.76;而当房价处于高增长时期,房价实际增长率对未来通胀和产出的影响效果不显著。

(2)房价增长率对未来通胀能够起到预测改进作用,并且门限模型设定能够有效提高房价对未来通胀的预测能力。在基准线性模型中加入房价后使得模型预测效果提高13%;相对于线性基准模型和扩展模型,门限模型使房价增长率对未来通胀的预测效果得到比较显著的改善,模型的预测能力分别提高22%和9%。

(3)线性模型中房价增长率对未来产出不能够产生显著的预测改进效果,但是门限模型却能够改善房价对未来产出的预测能力。相对于线性基准模型和扩展模型,门限模型设定能够使得房价增长率对未来产出的预测效果得到比较显著的改善,模型的预测能力分别提高34%和48%。

总之,房价与未来通胀、产出之间存在显著的非线性关系,并且门限模型能够有效改进房价对未来通胀与产出的预测效果。以上结论的政策含义是,中央银行在制定宏观政策时需充分意识到不同机制中房地产价格对未来通胀与产出的预测能力:当房价处于低增长机制时,旨在稳定未来产出和通胀的货币政策可以适当盯住房价增长率的波动,通过稳定房价进而实现"稳定通胀预期和保持经济稳定增长"的目标;而当房价处于高增长机制时,货币政策不应该企图通过稳定房价水平实现未来物价和产出稳定的目标。这也意味着,如果中央银行希望充分利用房价所包含的关于未来宏观经济的领先信息,那么需要将房价水平稳定在低增长机制中。根据本章的研究结果,也即将房价实际增长率稳定在低于2.47%的机制中。

3 房价变动对家庭消费的非对称影响

房价变动对宏观经济的影响在很大程度上是通过经济主体的消费行为传导的。已有国内研究大多采用线性模型,并且较少考察房价对家庭消费的异质性影响。为此,本章将视角拓展至非线性领域,考察住房价格变动对家庭消费的非对称影响。首先,建立一个理论模型分别考察房价波动对不同家庭消费的异质性影响和总体影响;接下来,运用面板门限模型对我国 35 个大中城市的房价与消费关系进行实证研究,揭示在房价与收入的不同增长机制中房价与消费的关系特征,并考察不同首付比城市的房价与消费关系是否改变。

3.1 研究背景与文献综述

20 世纪 90 年代后期,全球主要国家经历了广泛的股票市场崩溃,同时伴随着各国居民消费的强劲表现。对此,越来越多的学者认为,这一阶段全球房价上涨的财富效应对家庭消费产生了重要的支撑作用。此后,"房价波动如何影响家庭消费"引发学者们的深入思考。随着住房财富在家庭财富中所占比重的日益提高,各国房价与宏观经济的互动作用进一步强化。2007 年美国房地产价格下跌引发的严重金融危机与全球经济衰退,更是迫使政策制定者不得不重新审视和调整原有政策框架以应对房价泡沫的破坏性影响。当前,房地产市场与居民消费是国内各界高度关注的两个领域。住房分配制度改革后,我国房地产市场迅速发展,房价大幅度快速上涨。2004 年之前,房价保持缓慢平稳的上升态势,之后,房价涨幅迅速扩大。尤其是在金融危机后 2008 年至 2012 年间,房价经历了大幅波动。在此期间,城镇居民人均消费增长也呈现出一定幅度的波动。经过测算,住房价格增长与城镇居民人均消费增长之间的相关系数为 −0.20,这似乎预示着在二者之间存在某种反向联系。

全球经济正在经历着曲折的复苏之路,中国经济也面临深刻转型,如何保持房地产市场平稳发展,并有效扩大居民消费,是中央银行无法回避的重大课题。因此,深入揭示房地产市场与居民消费增长的联系机制,无疑具有重要的理论意义与现实价值。已有的国内研究大多侧重于实证分析,并且主要采用线性方法,对此,本书将研究拓展至非线性视角。本书的贡献在于:一是通过建立动态理论模型,考察房价对不同类型家庭消费的异质性影响和总体影响;二是运用面板门限模型,对我国 35 个大中城市房价与消费的非线性关系特征进行实证研究。

早期解释资产价格与居民消费关系的财富效应理论可以追溯至莫迪格利安尼和弗里德曼等经济学家提出的生命周期—持久收入理论。但是,以上理论忽略了房价波动影响家庭消费的异质性,如对于不同居住状况、居住模式意愿、不同年龄和不同区域的家庭而言,房价波动的财富效应各异,也未考虑信贷市场摩擦对消费的影响。针对以上不足,学术界进行多角度、深层次的探讨和拓展。如针对房价上涨可能对计划购房者产生的不利影响,有学者提出储蓄效应,并且认为这种效应受一国金融管制与竞争程度的影响(Kennedy and Andersen,1994;Muellbauer and Lattimore,1995)。也有人认为家庭消费增加可能仅仅是因为房价上涨带来了心理上的喜悦、满足以及对于未来前景的乐观(Ludwig and Slok,2002;Arnold,et al.,2002)。从总消费角度,有学者对财富效应表示质疑,如 Miles(1994)认为住房市场需求与供给的平衡会使房价上涨的财富总量趋向于零,因而不会对总消费产生影响。Buiter(2008)提出住房财富不是净财富,除非个体家庭面对房价上涨时降低其住房消费。也有学者认为房价和消费之间的相关性并不一定意味着二者之间存在因果关系,并提出所谓的共同因果性假说(King,1990;Pagano,1990)。

尽管对财富效应存在争议,但是大多数学者一致认同房价通过抵押

约束效应缓解流动性约束,对家庭消费产生重要影响[①](Aoki,et al.,
2004;Greenspan and Kennedy,2005;Hatzius,2005;Benito,et al.,2006;
Iacoviello,2004,2011)。如 Aoki 等(2004)将 Bernanke 等(1999)的金融
加速器效应扩展至家庭消费,分析了房价变动影响消费的信用约束效应,
Miles(1994)、Muellbauer 和 Muephy(1997)则强调信用约束效应的大小
取决于抵押市场的竞争条件。Giuliodori(2005),Calza、Monacelli 和
Stracca(2007)等发现抵押市场发达程度、住房与抵押市场制度等特征具
有重要作用。Iacoviello(2004)进一步区分了受信用约束家庭和无信用约
束家庭,发现当受信用约束家庭的借款能力受到房价的影响时,住房财富
效应对消费产生显著影响。沿着 Iacoviello(2004)和 Luengo-Prado
(2006)的思路,Chen 和 Chou 等(2010)建立了考虑房价双重作用与信贷
约束的消费函数模型,结果发现:当经济分别处于受信用约束和无信用约
束两种机制时,房价对于私人消费产生非对称性影响。

西方学者在该领域进行了大量的实证研究[②],主要沿着以下方向:一
是基于跨国性、全国性和区域性宏观总量数据,分析比较国与国之间、国
内不同区域之间以及全国范围的房价波动影响消费的差异性和一致性
(Case,Quigley and Shiller,2005;Girouard and Blondal,2001;Davis and
Palumbo,2008;Lettau,Ludvigson and Steindel,2002;Aron Muellbauer
and Murphy,2006)。二是考虑家庭年龄、住房结构、居住区域、财富结构
等微观差异,利用微观家庭水平数据考察房价影响家庭消费的异质性,并
据此对各种理论假说进行检验(Skinner,1996;Campbell and Cocco,
2007;Calcagno,et al.,2009;Gan,2010;Miller,et al.,2011;Guo and Har-
din,2014)。其中,基于时间序列数据的研究能够识别房价与消费之间的
长期均衡与短期波动关系,但不能区分存在的各种异质性,因而不能对各

---

① 考察房价波动通过缓解借款约束进而影响家庭消费,是当前该领域研究的主要
方向之一。

② Paiella(2009)曾经对此领域的理论与实证研究有过一个非常优秀的综述。他认
为,财富效应是具有资产特性的,即随着资产性质而发生改变,原因在于人们对不同资产
建立起精神账户,或者由于税收、遗产和其他原因使得人们产生以某种形式资产积累财
富的偏好。

种理论假说进行辨别;而微观家庭水平研究则有助于识别各种变量的差异性,因此可以使实证研究更为精细化。如 Gan(2010)区分了流动性约束与预防性储蓄对居民消费的影响,结果发现:不同类型的家庭对于房价变动的敏感性不一致。Guo 和 Hardin(2014)强调不同的家庭财富结构会导致家庭的财富效应出现显著差异。

总之,西方学者关于房价影响消费的传导机制与规模并未达成广泛一致,实证结论也由于采用的数据或计量方法等原因存在差异性。其中,大多数文献运用线性模型,未考虑到房价、收入等变量处于不同机制时可能对家庭消费产生的异质性影响,可能是产生不一致结论的主要原因。对此,学者们着手运用非线性方法。早期的研究主要是以金融资产为对象,如 Zeldes(1989a,b)基于生命周期—持久收入模型发现,居民金融资产变化会改变消费函数的形式,利用数值模拟方法得出资产财富效应为状态依存的结论。Apergis 和 Miller(2005)利用门限调整模型发现美国股票市场的财富效应具有非对称性特征。近些年来,开始有学者将研究对象拓展到房价,如 Chen 和 Chou 等(2010)基于门限回归模型发现房价对非耐用品消费产生明显的门限效应。

2008 年金融危机之后,随着世界范围内反思资产价格泡沫及其经济影响,国内学者的相关研究也如同雨后春笋。大量研究侧重于利用全国和区域性宏观总量数据,运用线性模型进行实证研究(洪涛,2006;李亚明、佟仁城,2007;周建军、欧阳立鹏,2008;段忠东,2011;刘旦,2008;袁冬梅、刘建江,2009;况伟大,2011;严金海,2012)。少数学者开始选用家庭水平微观数据,运用的计量方法开始拓展至非线性建模[1](黄静、屠梅曾,2009;陈健、高波,2010;谢洁玉、吴斌珍等,2012;陈健、陈杰和高波,2012;杜莉等,2013)。黄静、屠梅曾(2009)首次利用家庭微观调查数据(CHNS)对我国房改后房地产财富与消费关系进行研究,考察在不同年龄、不同住房来源、不同地区以及不同收入的家庭之间房地产财富效应发挥程度的差异性。谢洁玉、吴斌珍等(2012)利用中国城镇住户调查数据考察不同家庭人口状况、拥有住房价值等特征下房价对家庭消费的影响,

---

[1] 实证研究大多发现房价对居民消费产生了比较显著的抑制效果。

结果发现:有未婚男性的家庭,或已经有房的家庭,特别是现有住房价值较低的家庭,房价对消费的抑制作用更为强烈。陈健、高波(2010)基于面板门槛模型发现房价上涨对消费的影响存在着显著的单门槛效应,总体上房价上涨不利于促进消费,但是在不同类型的区制,对消费的抑制程度存在着明显的差异。陈健、陈杰和高波(2012)利用面板门限模型进行实证分析发现,房价上涨对居民消费的负面影响会随着信贷约束的放松程度发生非线性的区制性变化:当信贷约束程度处于较强的区制时,房价上涨会抑制消费;当信贷约束程度处于较弱的区制时,房价上涨对消费的抑制作用大大减弱。相对于颇为丰富的实证研究,较少有国内学者进行深入的理论分析。陈彦斌、邱哲圣(2011)构建了一个包含房价高速增长、住房需求内生和生命周期特征的 Bewley 模型,考察中国高房价影响居民消费、储蓄与财产不平等的路径与程度,模型中刻画了家庭在年龄、经济状况方面的异质性。况伟大(2011)建立两期消费模型分别考察房东与租房者的消费行为如何受房价波动的影响,却没有将二者纳入统一的分析框架中,并且推导过程值得商榷。陈健、陈杰和高波(2012)论证了信贷约束导致房地产财富效应为负的理论机制,但没有区分不同经济主体的差异性。

总体看来,国内文献比较全面地考察了房价与家庭消费的关系,尤其是实证研究越发深入细致地关注房价波动对家庭消费的异质性影响。国内文献的不足主要有:第一,大多数文献侧重于实证研究,深入揭示房价与消费关系的理论研究相对较少;第二,少有文献从理论层面考察房价对不同类型家庭消费的影响,进而将各类家庭的总消费纳入统一框架中分析;第三,实证研究也存在不足,如大多数文献没有考虑到变量之间可能存在的非线性关系,主要采用线性模型[①],较少考察住房抵押市场条件可能产生的影响。针对以上不足,本书试图从理论上探讨房价影响消费的非线性机制,并基于城市级数据,运用门限模型进行实证研究。

---

① 陈健、高波(2010)的研究采用了省级面板数据,而城市级数据能更加准确地反映大中城市房价与消费的关系。并且,他们研究中采用的是水平值数据。

3.2　理论模型和假设

　　本书基于 Iacoviello（2004）、Chen 等（2010）和 Kajuth（2010）的思路建立动态最优化模型，其中，以家庭收入为依据区分三种类型的家庭：不受信用约束的自住房家庭，受信用约束的自住房家庭，受信用约束的租房家庭。以家庭收入是否高于某一门限值为依据衡量自住房家庭是否受信用约束。通过求解模型的最优化一阶条件，进而得出不同状况家庭的消费欧拉方程。

3.2.1 拥有住房的自住房家庭

　　拥有住房家庭在生命周期的每期从家庭消费支出 C_t^H 和住房服务 H_t^H（t 表示时期）中获得效用，在不确定性条件下，他们的目标是追求预期生命周期效用的贴现值最大化[①]。假定离散时间，经济主体生命周期为 m 期，这类家庭的目标函数可以表示如下：

$$\max E_0 \sum_{t=0}^{m} \beta^t U(C_t^H, H_t^H) \tag{3.1}$$

　　其中，E_0 表示时期 0 的期望形成，β^t 表示贴现因子。这类家庭受到的资金流约束如下所示：

$$C_t^H + \mathrm{HP}_t(H_t^H - H_{t-1}^H) + R_{t-1}B_{t-1}^H = Y_t^H + B_t^H \tag{3.2}$$

　　式（3.2）中 HP_t 表示住房价格，$\mathrm{HP}_t(H_t^H - H_{t-1}^H)$ 表示住房财富波动，B_t^H 表示家庭负债，R_t 表示家庭负债的实际利率，$R_{t-1}B_{t-1}^H$ 表示实际债务利息支出，Y_t^H 是家庭收入。家庭在融资过程中面临的抵押约束用式（3.3）表示。其中，θ 为家庭负债 B_t 的首付比要求，$(1-\theta)$ 表示贷款价值比，因此，家庭所能获得的负债额度不能超过抵押资产 $\mathrm{HP}_t \cdot H_t^H$ 的 $(1-\theta)$

---

　　① 　这里 C_t 可以表示为耐用品消费、非耐用品消费或者总消费。

部分,也即如下所示:

$$B_t^H \leqslant (1-\theta)\mathrm{HP}_t \cdot H_t^H \tag{3.3}$$

将式(3.3)代入资金流约束的表达式(3.2)中,经过整理可得式(3.4):

$$C_t^H + \mathrm{HP}_t(\theta H_t^H - H_{t-1}^H) + R_{t-1}B_{t-1}^H \leqslant Y_t^H \tag{3.4}$$

拥有住房的自住房家庭在式(3.2)和式(3.4)约束下,合理分配消费和住房以实现生命周期效用(3.1)的最优化。建立相应的拉格朗日函数 L 如式(3.5)所示。

$$
\begin{aligned}
L = E_0 \sum_{t=0} \beta^t \{ & U(C_t^H, H_t^H) + \lambda_t [Y_t^H - C_t^H - \mathrm{HP}_t(\theta H_t^H - H_{t-1}^H) - \\
& R_{t-1}B_{t-1}^H] + \gamma_t [Y_t^H + B_t^H - C_t^H - \mathrm{HP}_t(H_t^H - H_{t-1}^H) - \\
& R_{t-1}B_{t-1}^H] \}
\end{aligned}
\tag{3.5}
$$

其中,γ_t、λ_t 分别表示式(3.2)和式(3.4)的拉格朗日乘子。式(3.5)分别对家庭消费 C_t^H、住房服务 H_t^H、家庭负债 B_t^H 和拉格朗日乘子 λ_t 求偏导数并令偏导数等于零,可得到式(3.6)、(3.7)、(3.8)和(3.9):

$$U_t^c = \lambda_t + \gamma_t \tag{3.6}$$

$$U_t^h - \theta\lambda_t \mathrm{HP}_t - \gamma_t \mathrm{HP}_t + \beta\lambda_{t+1}\mathrm{HP}_{t+1} + \beta\gamma_{t+1}\mathrm{HP}_{t+1} = 0 \tag{3.7}$$

$$\gamma_t - \beta\lambda_{t+1}R_t - \beta\gamma_{t+1}R_t = 0 \tag{3.8}$$

$$Y_t^H - C_t^H - \mathrm{HP}_t(\theta H_t^H - H_{t-1}^H) - R_{t-1}B_{t-1}^H = 0 \tag{3.9}$$

将式(3.6)、(3.7)、(3.8)进行变换替代后得到有房家庭的消费和住房服务的欧拉方程,分别如式(3.10)、(3.11)所示:

$$U_t^c = \beta R_t E_t U_{t+1}^c + \lambda_t \tag{3.10}$$

$$U_t^h = \beta E_t(R_t \mathrm{HP}_t - \mathrm{HP}_{t+1})U_{t+1}^c + \theta\lambda_t \mathrm{HP}_t \tag{3.11}$$

式(3.10)表示自住房家庭消费的边际效用等于预期未来消费边际效用的贴现值加上约束的影子价格。式(3.11)表示自住房家庭住房服务的边际效用等于预期未来消费的边际效用以 $\beta(R_t \mathrm{HP}_t - \mathrm{HP}_{t+1})$ 贴现值加上借款约束影子价格的 $\theta \mathrm{HP}_t$ 倍。

根据 Deaton(1991),考察两种情形:(1)当家庭收入水平较低,并且低于某一水平值(即 $Y_t \leqslant Y^*$),家庭面临的信用约束是紧约束,$\lambda_t > 0$,此时经济处于信用约束机制;(2)当家庭收入较高,超过某一水平值(即 $Y_t > Y^*$),则家庭面临的借款约束是松的,$\lambda_t = 0$,这时经济处于无约束机制。

根据家庭收入将式(3.10)区分为无借款约束机制和受借款约束机制,分别用式(3.12)和(3.13)表示相应的家庭消费欧拉方程。可以得到,当家庭信用约束为紧约束时,式(3.9)成立。

$$U_t^c = \beta R_t E_t U_{t+1}^c, Y_t > Y^* \tag{3.12}$$

$$U_t^c = \beta R_t E_t U_{t+1}^c + \frac{\left(\mathrm{HP}_t - \dfrac{E_t \mathrm{HP}_{t+1}}{R_t}\right)}{\theta \mathrm{HP}_t}$$

$$\left[\frac{U_t^h}{\left(\mathrm{HP}_t - \dfrac{E_t \mathrm{HP}_{t+1}}{R_t}\right)} - \beta R_t E_t U_{t+1}^c\right], Y_t \leqslant Y^* \tag{3.13}$$

从式(3.12)、(3.13)可以发现,当家庭收入较高,不受借款约束时,房价变动不进入消费欧拉方程中,也即房价不会对拥有住房的高收入家庭消费产生显著影响;当家庭收入低于某一水平而面临借款约束时,房价进入消费欧拉方程中,对受借款约束家庭的消费产生影响。

假定家庭即期效用函数 $U_t = \ln C_t^H + j \ln H_t^H$,其中 j 表示住房服务效用与非住房消费效用的相对权重。将效用函数代入式(3.12),得到无借款约束家庭的消费欧拉方程如下所示:

$$\frac{1}{C_t^H} = \beta R_t E_t \frac{1}{C_{t+1}^H} \tag{3.14}$$

将式(3.14)在稳态附近对数线性化,得到无借款约束家庭的消费方程:

$$c_t^u = \omega_1 E_t c_{t+1}^u - \omega_2 r_t \tag{3.15}$$

式(3.15)中 ω_1、ω_2 表示正的线性化常数,小写字母 c_t、r_t 表示该变量偏离稳态水平的百分比。可见,这类家庭的消费遵循持久收入—生命周期理论,当期收入不会影响当期消费。

当家庭受信用约束时,则式(3.9)成立,可以用来表示受信用约束家庭的当前消费与收入、房价等变量之间的关系。将式(3.9)变形后得到消费表达式：

$$C_t^H = Y_t^H - \mathrm{HP}_t(\theta H_t^H - H_{t-1}^H) - R_{t-1}B_{t-1}^H \tag{3.16}$$

将式(3.16)在稳态附近对数线性化，可以得到受借款约束有房家庭的消费方程[①]：

$$c_t^{CH} = \omega_3 y_t^H + \omega_4(1-\theta)\mathrm{hp}_t - \omega_5 r_{t-1} \tag{3.17}$$

式(3.17)中 ω_3、ω_4、ω_5 表示正的线性化常数。由此可知，受信用约束有房家庭的当前消费受当期收入和房价的影响。由于他们面临信用约束，这些家庭的消费对当前收入具有过度敏感性[②]，而他们所拥有的住房价值上涨将使他们面临的借款约束放松，进而促进消费。注意到，当首付比较低(即贷款房价比越高)时，房价上涨对当期消费的促进作用越发重要。

结合前文，将有房家庭的信用约束条件表达为：基于收入与可得信贷总和(扣除利息支出)的消费水平依然低于效用最大化下的最优消费水平，即满足 $c_t^u > \omega_3 y_t^H + \omega_4(1-\theta)\mathrm{hp}_t - \omega_5 r_{t-1}$。这意味着家庭受借款约束而不能充分平滑消费。此时，家庭收入低于某临界水平，该临界收入是恰好使家庭实现最优消费的收入。

3.2.2 不拥有住房的租房家庭

租房家庭从每期消费和住房服务中获得效用，在资金预算约束下追求预期生命周期效用现值的最大化，其目标函数与有房家庭目标函数基本一致，生命周期为 n 期，如式(3.18)所示。租房家庭的预算约束和收入约束条件分别表示为式(3.19)、(3.20)。

$$\max E_0 \sum_{t=0}^{n} \beta^t U(C_t^R, H_t^R) \tag{3.18}$$

---

① 需要说明的是，对式(3.16)对数线性化的结果发现，在消费的对数线性化方程中，住房、利率和负债等因素也会对消费产生影响，由于本书旨在考查消费对房价和收入的反应，因此略去其他的变量。

② 根据 Flavin(1981)，消费的过度敏感性是指消费对可预测收入变动有反应。

$$C_t^R + \eta \mathrm{HP}_t H_t^R = Y_t^R - \frac{1}{n}\theta \mathrm{HP}_t H_t^R \qquad (3.19)$$

$$Y_t^R < \psi\theta \mathrm{HP}_t H_t^R \qquad (3.20)$$

在式(3.19)中，η 表示住房租售比，$\eta \mathrm{HP}_t H_t^R$ 表示无房家庭每期的房租支付，$\frac{1}{n}\theta \mathrm{HP}_t H_t^R$ 表示租房家庭为将来购房首付款的每期储蓄。式(3.20)是租房家庭的识别条件，即每期收入 Y_t^R 低于购房首付款 $\theta \mathrm{HP}_t H_t^R$ 的某一比例 ψ，当每期收入高于购房首付款的某一比例 ψ 时，租房家庭将购买住房而成为有房家庭。

租房家庭在式(3.19)的预算约束和式(3.20)收入约束条件下，使生命周期效用现值最大化。可以建立拉格朗日函数如(3.21)所示，φ_t 和 σ_t 分别是式(3.19)和式(3.20)的拉格朗日乘子。

$$L = E_0 \sum_{t=0}^{n} \beta^t \big[U(C_t^R, H_t^R) + \varphi_t (Y_t^R - \frac{1}{n}\theta \mathrm{HP}_t H_t^R - C_t^R - \eta \mathrm{HP}_t H_t^R) + \sigma_t (Y_t^R - \psi\theta \mathrm{HP}_t H_t^R) \big] \qquad (3.21)$$

根据库恩-塔克条件，由于 $Y_t^R < \psi\theta \mathrm{HP}_t H_t^R$，可得出 $\sigma_t \equiv 0$，拉格朗日函数可以改写为：

$$L = E_0 \sum_{t=0}^{n} \beta^t \big[U(C_t^R, H_t^R) + \varphi_t (Y_t^R - \frac{1}{n}\theta \mathrm{HP}_t H_t^R - C_t^R - \eta \mathrm{HP}_t H_t^R) \big] \qquad (3.22)$$

式(3.22)分别对消费 C_t^R 和住房 H_t^R 求偏导数，可得到消费和住房的欧拉方程，对拉格朗日乘子 φ_t 求偏导数，得到表示当期消费影响因素的表达式：

$$C_t^R = Y_t^R - \left(\frac{1}{n}\theta + \eta \right) \mathrm{HP}_t H_t^R \qquad (3.23)$$

将式(3.23)在稳态值附近对数线性化，得到租房家庭的消费方程如下：

$$c_t^{CR} = \omega_6 y_t^R - \omega_7 \left(\frac{1}{n}\theta + \eta \right) \mathrm{hp}_t \qquad (3.24)$$

将租房家庭的收入条件(3.20)改写为对数线性形式：

$$y_t^R < \omega_8 \psi \theta \mathrm{hp}_t + \omega_9 h_t \qquad\qquad (3.25)$$

式(3.24)、(3.25)中的 ω_6、ω_7、ω_8、ω_9 表示正的线性化常数。由于受到信用约束,并且不拥有住房,租房家庭的消费支出对当前收入变化具有过度敏感性;同时,租房家庭需要为未来购房进行储蓄,当房价上涨时,租房家庭增加每期储蓄,从而降低当前消费。我们注意到,随着购房首付比和住房租售比的提高,以及租房家庭生命周期的减少,房价上涨对租房家庭消费的抑制作用越大[①]。

3.2.3 房价波动对总消费的影响

Iacoviello(2004)将受信用约束和无信用约束家庭的消费占比视为既定,进而按照固定权重加权求各类家庭的总消费。这往往与实际情形不一致,因为房产价值变动会对受借款约束家庭的信用可得性和消费产生影响,使得各类家庭的占比和总消费相应发生改变[②]。本书放松 Iacoviello(2004)的假定,借鉴 Kajuth(2010)的思路,将受约束家庭的比重视为房价的函数。为了在对数线性表达式中用家庭收入识别不同类型的家庭,对各识别条件分析如下。

1.无信用约束和受信用约束的有房家庭。根据式(3.15)和(3.17)可以得出:当基于收入与可得信贷总和(扣除利息支出)的消费水平依然低于效用最大化下的最优消费水平时(即满足 $c_t^u > \omega_3 y_t^H + \omega_4(1-\theta)\mathrm{hp}_t - \omega_5 r_{t-1}$),这类家庭受信用约束,否则不受信用约束。假定恰好满足无约束条件的家庭临界收入为 y_t^{CH}(即 $c_t^u = \omega_3 y_t^{CH} + \omega_4(1-\theta)\mathrm{hp}_t - \omega_5 r_{t-1}$),则当 $y_t^H \geqslant y_t^{CH}$ 时,有房家庭不受信用约束,否则受到信用约束。经过整理,得到家庭临界收入表达式如下:

---

① 根据式(3.24),租房家庭的购房行为越早(租房时期越短)、购房首付比越高、住房租售比越高,意味着租房家庭为购房进行的每期储蓄和支付更多,将导致每期消费缩减更多。

② 如住房价值提高将放松受约束有房家庭的信用约束,降低经济中受约束有房家庭的比重;而对于租房家庭,房价上涨会提高这类家庭的比重。

$$y_t^{CH} = \frac{\omega_1}{\omega_3} E_t c_{t+1}^u - \frac{\omega_2}{\omega_3} r_t - \frac{\omega_4}{\omega_3}(1-\theta)\mathrm{hp}_t + \frac{\omega_5}{\omega_3} r_{t-1} \tag{3.26}$$

2.受信用约束的租房家庭。该类家庭的限定条件是 $y_t^R < \omega_8 \psi\theta \mathrm{hp}_t + \omega_9 h_t$，即当期收入低于购房首付款的某一比例。假定满足购房首付条件的家庭临界收入 y_t^{CR} 使得 $y_t^{CR} = \omega_8 \psi\theta \mathrm{hp}_t + \omega_9 h_t$ 成立，则当 $y_t^R \geqslant y_t^{CR}$ 时租房家庭购房成为有房家庭；当 $y_t^R < y_t^{CR}$ 时，该类家庭继续租房并为未来购房而储蓄。

假定总收入按分布函数 $F(y_t^k)$（概率密度为 $h(y_t^k)$）在各类经济主体之间分配，经济主体 k 获得收入 y_t^k，则各类型家庭的可识别收入条件为：无约束有房家庭为 $y_t^k \geqslant y_t^{CH}$，受约束有房家庭为 $y_t^{CR} \leqslant y_t^k < y_t^{CH}$，租房家庭是 $y_t^k < y_t^{CR}$。受约束租房家庭占比 π_t 和受约束有房家庭占比 τ_t 可以分别表示如下：

$$\pi_t = \int_0^{y_t^{CR}} h(y_t^k)\mathrm{d}y_t^k = F(\omega_8 \psi\theta\mathrm{hp}_t + \omega_9 h_t) \tag{3.27}$$

$$
\begin{aligned}
\tau_t &= \int_0^{y_t^{CH}} h(y_t^k)\mathrm{d}y_t^k - \int_0^{y_t^{CR}} h(y_t^k)\mathrm{d}y_t^k \\
&= F\Big[\frac{\omega_1}{\omega_3} E_t c_{t+1}^u - \frac{\omega_2}{\omega_3} r_t - \frac{\omega_4}{\omega_3}(1-\theta)\mathrm{hp}_t + \frac{\omega_5}{\omega_3} r_{t-1}\Big] - \\
&\quad F(\omega_8 \psi\theta\mathrm{hp}_t + \omega_9 h_t)
\end{aligned}
\tag{3.28}
$$

从式(3.27)、(3.28)可以得出：当房价上涨时，租房家庭占比 π_t 提高，受信用约束有房家庭占比 τ_t 下降[①]。其中，受约束有房家庭出现分化：一部分较高收入家庭由于房价上涨使得可得信用增加，成为不受信用约束家庭；而一部分较低收入家庭由于房价上涨超过其支付能力，他们将延迟购房行为，继续储蓄和租房，成为受约束租房家庭[②]。同时，注意到 $(\pi_t + \tau_t)$ 表示受信用约束家庭占比（包括受信用约束的有房家庭和租房家庭），因此，当房价上涨时，受信用约束家庭占比下降，则无信用约束家庭的占

---

①　得出以上结论的根据是，随机变量的分布函数 $F(x)$ 是自变量 x 的非降函数。下同。

②　因此，受信用约束的家庭占比随着房价上涨而下降，不受信用约束的家庭比重将会随着房价上涨而提高，而租房家庭的占比随着房价上涨而提高。

比$(1-\pi_t-\tau_t)$将会提高。

为了得到所有家庭的总消费,对各类家庭的消费加权求和,其中,权重取各类家庭的占比。家庭总消费可以表示如下:

$$c_{s,t} = (1-\pi_t-\tau_t)(\omega_1 E_t c_{t+1}^u - \omega_2 r_t) + \tau_t[\omega_3 y_t^H +$$

$$\omega_4(1-\theta)\mathrm{hp}_t - \omega_5 r_{t-1}] + \pi_t[\omega_6 y_t^R - \omega_7(\frac{1}{n}\theta+\eta)\mathrm{hp}_t] \tag{3.29}$$

为表达简洁,令 $a = \dfrac{\omega_1}{\omega_3}E_t c_{t+1}^u - \dfrac{\omega_2}{\omega_3}r_t - \dfrac{\omega_4}{\omega_3}(1-\theta)\mathrm{hp}_t + \dfrac{\omega_5}{\omega_3}r_{t-1}, b = \omega_8\psi\theta\mathrm{hp}_t + \omega_9 h_t$,则可以将式(3.29)重新表示为:

$$c_{s,t} = [1-F(a)](\omega_1 E_t c_{t+1}^u - \omega_2 r_t) + [F(a)-F(b)]$$

$$[\omega_3 y_t^H + \omega_4(1-\theta)hp_t - \omega_5 r_{t-1}] + F(b)[\omega_6 y_t^R -$$

$$\omega_7(\frac{1}{n}\theta+\eta)\mathrm{hp}_t] \tag{3.30}$$

为了考察房价对总消费的影响,求总消费对房价的偏导数,经过调整可得:

$$\frac{\partial c_{s,t}}{\partial \mathrm{hp}_t} = (\omega_1 E_t c_{t+1}^u - \omega_2 r_t)\frac{\omega_4}{\omega_3}F'(a) + F(a)\omega_4(1-\theta) +$$

$$F'(b)\omega_8\psi\theta\omega_6 y_t^R - F(b)\omega_4(1-\theta) - F(b)\omega_7(\frac{1}{n}\theta+\eta) -$$

$$[F'(a)\frac{\omega_4}{\omega_3}(1-\theta) + F'(b)\omega_8\psi\theta][\omega_3 y_t^H + \omega_4(1-\theta)\mathrm{hp}_t -$$

$$\omega_5 r_{t-1}] - F'(b)\omega_8\psi\theta\omega_7(\frac{1}{n}\theta+\eta)\mathrm{hp}_t \tag{3.31}$$

由于收入分布函数 $F(y_t^k)$ 为大于 0 小于 1 的正数,并且概率密度 $h(y_t^k) = F'(y_t^k) > 0$。根据不同的住房市场状况对式(3.31)的可能结果提出假设 1。

假设 1:在不同的房价增长阶段,房价上涨对居民消费的影响方向和效果存在异质性,当房价处于低增长阶段,房价上涨将对居民消费产生促进效果;当房价涨幅超过某一水平时,房价上涨对消费的促进效果被削弱甚至出现挤出效应。

为考察总收入 $y_{s,t}$ 变动是否对房价变动的消费效应产生结构性影响,求模型(3.31)对总收入的偏导数。假设每类家庭具有同样的收入生命周期模式,每类家庭的收入在总收入 $y_{s,t}$ 中所占的比重为 p_i,可以将式(3.30)改写为:

$$c_{s,t} = [1-F(a)](\omega_1 E_t c_{t+1}^u - \omega_2 r_t) + [F(a)-F(b)][\omega_3 p_1 y_{s,t} +$$

$$\omega_4(1-\theta)hp_t - \omega_5 r_{t-1}] + F(b)[\omega_6 p_2 y_{s,t} - \omega_7(\frac{1}{n}\theta+\eta)hp_t] \quad (3.32)$$

进一步可以将模型(3.31)改写为(3.33)式。根据不同的收入增长环境,对式(3.33)的可能结果提出假设 2。

$$\frac{\partial c_{s,t}}{\partial hp_t} = (\omega_1 E_t c_{t+1}^u - \omega_2 r_t)\frac{\omega_4}{\omega_3}F'(a) + F(a)\omega_4(1-\theta) +$$

$$F'(b)\omega_8\psi\theta\omega_6 p_2 y_{s,t} - F(b)\omega_4(1-\theta) - F(b)\omega_7(\frac{1}{n}\theta+\eta) -$$

$$\left[F'(a)\frac{\omega_4}{\omega_3}(1-\theta) + F'(b)\omega_8\psi\theta\right][\omega_3 p_1 y_{s,t} +$$

$$\omega_4(1-\theta)hp_t - \omega_5 r_{t-1}] - F'(b)\omega_8\psi\theta\omega_7(\frac{1}{n}\theta+\eta)hp_t \quad (3.33)$$

假设 2:在不同的家庭收入增长阶段,房价上涨对消费的影响方向和效果存在差异性:当家庭收入处于低增长机制,房价上涨对消费的影响效果不显著甚至出现挤出效应;当家庭收入处于高增长机制,房价上涨对消费产生显著的正向影响。

由于式(3.31)和式(3.33)中包含的住房和抵押市场基本条件如购房首付比、住房租售比等可能会对变量之间的关系产生重要影响,下面进一步提出假设 3。

假设 3:当住房抵押市场条件发生变动时,即在不同的购房首付款比例、住房租售比、租房家庭占比等基本条件下,房价上涨对消费的非线性影响路径和效果也会相应发生改变。

值得指出的是,由于存在诸如不同家庭效用函数的异质性、消费欧拉方程对数线性化处理的近似性、家庭所处环境的简化处理等原因,使得关于模型(3.31)、(3.33)大小和方向的理论结论依然存在较大的不确定性,很难得到直观的确定结论,在此只能通过假设的方式推测可能出现的结果。更为具体和定量的结论有赖于较为严密的实证研究。但无论如何,我们可以判定,房价变动对于总体消费的影响可能存在非线性特征,即在不同的房价增长环境与不同的收入增长环境中,房价变动产生的消费效应会发生改变。并且,住房抵押条件会使房价与消费之间的非线性关系特征发生改变。这种结构性变化不能由传统的线性分析方法进行准确刻画,需要运用更为现实的非线性模型予以描述。

3.3　经验模型、研究变量与数据处理

3.3.1 经验模型

本章的实证研究利用面板门限模型考察房价对居民消费可能产生的非线性影响。这种方法的重要特点是将线性模型的结构突变检验由主观分组检验发展为内生检验,其核心思想在于当门限变量的取值在门限值前后发生改变时,解释变量的系数也随之发生改变。以单门限模型为例,本书建立的面板门限模型可以表示如下:

$$y_{it} = \alpha x_{it} I(q_{it} \leqslant \gamma) + \beta x_{it} I(q_{it} > \gamma) + e_{it}, e_{it} \sim \text{iid}(0, \sigma_t^2) \tag{3.34}$$

其中,y_{it} 表示消费,x_{it} 表示解释变量的向量形式,具体包括收入、利率与房价等变量;q_{it} 表示门限变量,可以是 x_{it} 向量所包含的解释变量之一,也可以是其他变量;γ 是触发机制转换的门限值,$I(\cdot)$ 是指示函数,当 $q_{it} \leqslant \gamma$ 时,$I(\cdot) = 1$,否则 $I(\cdot) = 0$,$e_{it} = (e_{1,it}, e_{2,it})'$ 是残差向量,α、β 分别表示两种机制下的待估参数向量[①]。

首先,运用 OLS 对模型(3.34)进行估计,通过对所有可能的门限值 γ 进行迭代,选择使式(3.34)的残差平方和最小的门限值作为估计值,最小残差平方和与对应的门限值分别表示为:$S_1(\gamma) = \hat{e}_{it}(\gamma)' \hat{e}_{it}(\gamma)$ 和 $\hat{\gamma} =$

---

① 根据门限变量 q_{it} 是否小于门限值 γ,可以将观测值划分为两种不同的机制,其经济含义是当门限变量低于或高于某一门限值时,包含房价在内的所有解释变量对于消费的影响都会出现显著变化。

$argmin S_1(\gamma)$。之后，需要检验门限效应的显著性，检验的原假设 $H_0:\alpha_i$ $=\beta_i(i=0,1,2,3)$，当原假设成立时，模型(3.34)退化为线性回归方程，表示不存在门限效应；当备择假设 $H_1:\alpha_i\neq\beta_i(i=0,1,2,3)$ 成立时，表示门限效应存在。为了解决原假设下门限参数无法识别所导致的传统统计量不服从标准分布问题，本书采用"自助法"予以解决，通过得到大样本下的渐进分布 P 值，当 P 值足够小时则拒绝原假设，认为存在门限效应。令 S_0、S_1 分别表示原假设和备择假设下的残差平方和，对应的 LM 统计量 $F_1(\gamma)=[S_0-S_1(\hat{\gamma})]/\hat{\sigma}^2$，其中，$\hat{\sigma}^2=\hat{\xi}_i'(\gamma)\hat{\xi}_i(\gamma)/T=S_1(\hat{\gamma})/T$（$T$ 表示样本数），LM 统计量可以改写为 $F_1(\gamma)=[S_0-S_1(\hat{\gamma})]T/S_1(\hat{\gamma})$。为了进一步检验可能存在的双门限效应，将面板门限模型设定为：

$$y_{it} = \alpha x_{it} I(q_{it} \leqslant \gamma_1) + \beta x_{it} I(\gamma_1 < q_{it} \leqslant \gamma_2) +$$
$$\lambda x_{it} I(q_{it} > \gamma_2) + \xi_{it} \tag{3.35}$$

上式中，$\gamma_1 < \gamma_2$，在固定第一个门限条件下估计第二个门限，然后检验门限效应的显著性水平和真实性。该过程步骤与单门限的估计检验过程基本相似，在此不再赘述。如果以上模型存在双门限，则需要进一步估计可能存在的多门限值，并进行相关的检验，一直到对应的门限效应不再显著为止。

3.3.2 研究变量与数据处理

本章的研究变量包括：消费增长率、收入增长率、利率与房价增长率。另外，选取房价增长率和收入增长率作为门限变量。本章选用 1998 年至 2012 年中国 35 个大中城市年度数据[①]，共计 525 组样本数据，所有数据来源于 CEIC 中国经济数据库，各城市统计年鉴以及《中国经济景气月报》各期。代理变量的选取与数据处理过程如下。

（1）消费增长率（c）。采用城镇居民人均消费性支出增长率作为代理

---

① 35 个大中城市分别为北京、天津、石家庄、太原、呼和浩特、沈阳、大连、长春、哈尔滨、上海、南京、杭州、宁波、合肥、福州、厦门、南昌、济南、青岛、郑州、武汉、长沙、广州、深圳、南宁、海口、成都、重庆、贵阳、昆明、西安、兰州、西宁、银川、乌鲁木齐。

变量,并剔除通货膨胀因素的影响。具体做法是建立以 1997 年为基期的定基消费价格指数,将各期城镇居民人均消费性支出除以同期的定基消费价格指数,即可得到以 1997 年不变价格表示的实际消费,之后求各年度的消费增长率。

(2)收入增长率(y)。采用城镇居民人均可支配收入增长率作为代理变量,通过将各期的城镇居民人均可支配收入除以同期的定基比消费价格指数,得到以 1997 年价格表示的实际收入值,然后求年度的收入增长率。

(3)利率(r)。采用 5 年期银行贷款利率作为代理变量,当利率发生调整时,根据使用的日期数求年度加权平均值。并剔除通货膨胀因素的影响,得到实际年度利率。

(4)房价增长率(hp)。采用同比房屋销售价格指数作为代理变量,由于该指数是年度同比数据,求得以 1997 年为基期的实际房价增长率。

经过数据处理,各代理变量的基本统计特征如表 3.1 所示。

表 3.1　各代理变量的基本统计特征

变量	均值	最大值	最小值	标准差	观测值
c_{it}	7.206	30.347	-19.968	5.466	525
y_{it}	9.205	37.320	-23.338	4.412	525
r_{it}	4.724	12.830	-10.720	2.604	525
hp_{it}	3.767	45.825	-7.25	4.236	525

3.4　实证研究过程与结果分析

本章的实证研究包括两个部分:第一部分考察 35 个大中城市房价与消费的门限关系;第二个部分根据购房首付比高低区分两类城市,考察房价与消费的非线性关系是否随购房首付比而改变。

3.4.1 变量的平稳性检验

为了避免伪回归,首先对各变量的平稳性进行面板单位根检验。结果发现,所有的变量在 1% 的显著性水平上均拒绝单位根假设,表现出平稳性。因此,可对本书选用的各变量进行回归分析。具体检验结果见表 3.2。

表 3.2　各变量的单位根检验结果

变量	检验方法			
	LLC 检验	IPS 检验	ADF-Fisher	PP-Fisher
c_{it}	-15.43^{***}	-12.42^{***}	277.79^{***}	353.76^{***}
y_{it}	-14.83^{***}	-13.98^{***}	301.74^{***}	348.34^{***}
r_{it}	-8.07^{***}	-5.05^{***}	139.29^{***}	250.51^{***}
hp_{it}	-4.85^{***}	-3.55^{***}	110.15^{***}	134.49^{***}

注:*** 表示在 1% 的显著性水平拒绝存在单位根。

3.4.2　35 个大中城市的门限模型估计

3.4.2.1　以房价增长率为门限变量的门限模型

门限模型的解释变量包含滞后 1 期消费增长率[①],收入增长率、利率和房价增长率。为了考察房价增长率变动是否会使各解释变量对消费的影响产生结构性变动,以房价增长为门限变量的双门限模型设定如下:

$$
\begin{aligned}
c_{it} = &(\alpha_0 c_{it-1} + \alpha_1 y_{it} + \alpha_2 r_{it} + \alpha_3 \mathrm{hp}_{it}) \cdot I(\mathrm{hp}_{it} \leqslant \gamma_2) + \\
&(\beta_0 c_{it-1} + \beta_1 y_{it} + \beta_2 r_{it} + \beta_3 \mathrm{hp}_{it}) \cdot I(\gamma_2 < \mathrm{hp}_{it} \leqslant \gamma_1) + \\
&(\delta_0 c_{it-1} + \delta_1 y_{it} + \delta_2 r_{it} + \delta_3 \mathrm{hp}_{it}) \cdot I(\mathrm{hp}_{it} > \gamma_1) + e_{it} \\
&e_{it} \sim \mathrm{iid}(0, \sigma_t^2)
\end{aligned}
\tag{3.36}
$$

式(3.36)中各变量的含义如前所述。接下来,对模型(3.36)进行估计和检验。首先,采用重排自回归方法估计模型(3.36)的门限值,获得第一个门限的估计值后,再通过自助法模拟 LM 统计量的渐进分布 P 值[②]。如果单门限效应通过显著性检验,则重复以上步骤进行多门限估计和检验,直到多门限效应不能通过显著性检验为止。结果发现,第一个门限值

---

①　方程中纳入滞后 1 期消费增长率 c_{it-1} 可以反映消费习惯对当前消费的影响。

②　本章采用 Eviews6.0 程序对文中的自助法过程进行编程,自助法的模拟重复次数为 1000 次。

为5.63％,自助法模拟发现门限效应显著存在;第二个门限值为7.18％,自助法模拟发现门限效应显著;第三个门限值为9.78％,但是门限效应不显著。如表3.3和表4.4所示。

表3.3 门限效应检验结果(门限变量:房价增长率)

H_0(原假设)	H_1(备择假设)	Threshold	LM检验统计量	结论
无门限效应	1个门限	5.63％	26.51*** (0.00)	拒绝原假设
1个门限	2个门限	7.18％	10.91** (0.00)	拒绝原假设
2个门限	3个门限	9.78％	9.83(0.26)	拒绝原假设

注:①括号内的数字是自助法(Bootstrap)得到的P值。② ***、**分别表示1％、5％的显著性水平。

表3.4 门限模型估计结果(门限变量:房价增长率)

解释变量	线性模型 (c_{it})	门限模型(c_{it})		
		$hp_{it}>7.18％$	$7.18％≥$ $hp_{it}>5.63％$	$hp_{it}≤5.63％$
c_{it-1}	−0.10** (−2.56)	−0.12(−1.37)	−0.03(−0.25)	−0.11** (−2.40)
r_{it}	−0.03(0.37)	−0.18(−0.83)	−0.12(−0.44)	0.03(0.31)
y_{it}	0.60*** (11.53)	0.82*** (7.48)	1.54*** (8.14)	0.44*** (7.30)
hp_{it}	0.09(1.60)	0.02(0.26)	0.27(1.15)	0.16* (1.86)
样本容量	525	87	65	370
R^2	0.22	0.28		
DW	2.15	2.15		

注:①括号内数字为t检验统计量。② ***、**、*分别表示1％、5％和10％的显著性水平。

可以得出,房价增长率为门限变量的模型存在双门限效应。以5.63％和7.18％的房价增长率为门限值,将模型(3.36)区分为三种机制。对门限模型进行估计的结果发现,当房价增长率低于5.63％时,房价增长对消费增长的影响系数为0.16,显著性水平10％;当房价增长率高于5.63％时,房价增长对消费增长的正向影响效果逐渐下降,当房价增长率高于7.18％时,房价对消费的影响不显著。可见,随着房价上涨,房价对消费的正向影响逐渐降低,当经济处于房价高增长阶段,这种推动作用非常微弱且不显著。同时,收入增长对消费增长产生显著的正向影响,说明可支配收入增长是决定居民消费增长的最主要变量。

对上述结果的解释是：在低于 5.63% 的房价低增长机制，受信用约束有房家庭的财富随着房价上涨而提高，信用约束逐渐得到缓解，这对消费增长产生促进作用，租房家庭的租金支出与预防性储蓄增长较低，因此，总体上房价对消费的影响表现为推动作用；当房价增长率高于 5.63% 时，房价上涨通过缓解信用约束对消费的促进作用逐渐降低，部分家庭选择租房致使财富效应降低，并且，租房家庭的租金支出和预防性储蓄增长较快，这使得房价上涨对消费的促进作用大大降低。至此，笔者验证了本章的假设 1。

3.4.2.2 以收入增长率为门限变量的门限模型

以收入增长作为门限变量，考察收入增长率变动是否导致各变量影响消费增长的效应发生结构性变化，解释变量包括收入增长、利率和房价增长。设定的双门限模型形式如下：

$$c_{it} = (\alpha_0 c_{it-1} + \alpha_1 y_{it} + \alpha_2 r_{it} + \alpha_3 hp_{it}) \cdot I(y_{it} > \gamma_2) +$$
$$(\beta_0 c_{it-1} + \beta_1 y_{it} + \beta_2 r_{it} + \beta_3 hp_{it}) \cdot I(\gamma_1 < y_{it} \leqslant \gamma_2) +$$
$$(\delta_0 c_{it-1} + \delta_1 y_{it} + \delta_2 r_{it} + \delta_3 hp_{it}) \cdot I(y_{it} \leqslant \gamma_1) + \xi_{it}$$
$$\xi_{it} \sim iid(0, \sigma_t^2) \tag{3.37}$$

采用与前文相同的方法对收入增长门限值进行搜索和估计，在得到门限模型的估计系数后，检验门限效应的显著性和门限值的真实性。门限值搜索结果发现，11.42% 的收入增长率是第一个门限值，自助法模拟发现门限效应显著；固定第一个门限值，继续搜索第二门限值，结果发现第二个门限值为 13.03%，自助法发现门限效应显著。对第三个门限值的搜索结果为 17.63%，但是门限效应不显著。门限效应检验结果如表 3.5 所示。

表 3.5　门限效应检验结果（门限变量：收入增长率）

H₀（原假设）	H₁（备择假设）	Threshold	LM 检验统计量	结论
无门限效应	1 个门限	11.42%	42.12*** (0.00)	拒绝原假设
1 个门限	2 个门限	13.03%	17.60** (0.02)	拒绝原假设
2 个门限	3 个门限	17.63%	7.49(0.12)	接受原假设

注：①括号内的数字是自助法（Bootstrap）得到的 P 值。② ***、** 分别表示 1%、5% 和 10% 的显著性水平。

接下来以收入增长率 11.42% 和 13.03% 作为门限值,对门限模型(3.37)进行 OLS 估计。门限模型估计结果如表 3.6 所示。结果发现,在收入增长率高于 13.03% 的机制中,房价对消费产生显著的促进作用,估计系数为 0.48;在收入增长率低于或等于13.03% 的其他两种机制中,房价对消费的影响效果不显著,甚至出现负面影响。可能的解释是,在收入高增长阶段,更多的家庭通过购房成为有房家庭,房价通过财富效应和信用约束效应对其消费增长产生正向影响,而租房家庭的收入高增长也会缓解其预防性储蓄支出;在收入低增长时期,较多家庭通过租房解决居住问题,房价上涨的财富效应和信用约束效应降低,并且租房家庭的预防性储蓄动机增强。在三种机制中,收入增长均对消费增长产生显著的正向影响。至此,验证了本章的假设 2。

表 3.6 门限模型估计结果(门限变量:收入增长率)

解释变量	线性模型 (c_{it})	门限模型(c_{it})		
		$y_{it}>13.03\%$	$13.03\% \geqslant$ $y_{it}>11.42\%$	$y_{it} \leqslant 11.42\%$
c_{it-1}	$-0.10^{**}(-2.56)$	$-0.09(-0.86)$	$0.23(1.60)$	$-0.15^{***}(-3.50)$
r_{it}	$-0.03(-0.37)$	$-0.19(-0.93)$	$-0.77^{**}(-2.23)$	$0.12(1.18)$
y_{it}	$0.60^{***}(11.53)$	$0.38^{***}(4.71)$	$1.23^{***}(4.86)$	$0.84^{***}(11.95)$
hp_{it}	$0.09(1.60)$	$0.48^{**}(2.57)$	$-0.12(-0.66)$	$0.07(1.25)$
样本容量	525	58	56	411
R^2	0.28	0.30		
DW	2.11	2.12		

注:①括号内数字为 t 检验统计量。② ***、** 分别表示 1%、5% 和 10% 的显著性水平。

3.4.3 不同首付比城市的门限模型估计

为了研究住房抵押市场条件变动的影响,本章考察购房首付款比例是否影响以上结果。为此,区分了高首付比和低首付比城市,分别考察不同首付比城市房价对消费的非线性影响效果[①]。

---

① 笔者参考中国人民银行《中国房地产金融报告 2010》及各期,用首付款比例区分两类城市,共计 28 个城市。其中,高首付比城市 15 个,包括:南京、宁波、乌鲁木齐、济南、上海、广州、厦门、青岛、哈尔滨、石家庄、北京、杭州、武汉、大连、成都;低首付比城市 13 个,包括:西安、南昌、沈阳、合肥、天津、长沙、福州、南宁、贵阳、重庆、长春、郑州、深圳。

3.4.3.1 高首付比城市的门限模型

首先,以房价增长率为门限变量,考察房价对消费增长的门限影响。模型的设定与估计过程同前,不再赘述。对门限效应的检验结果发现第一个门限值为 7.58%,自助法模拟显示存在显著门限效应;继续估计搜索第二个门限值为 8.05%,自助法模拟显示门限效应不显著。具体检验结果见表 3.7。

表 3.7 高首付比城市的门限效应检验结果(门限变量:房价增长率)

H_0(原假设)	H_1(备择假设)	Threshold	LM 检验统计量	结论
无门限效应	1 个门限	7.58%	14.49** (0.04)	拒绝原假设
1 个门限	2 个门限	8.05%	7.02(0.48)	接受原假设

注:①括号内的数字是自助法(Bootstrap)得到的 P 值。② ** 表示 5% 的显著性水平。

接下来,以 7.58% 为门限值估计单门限模型。估计结果如表 3.8 所示。当处于低于 7.58% 的房价增长机制时,房价增长对消费增长产生正向显著影响,系数为 0.27;当处于高于 7.58% 的房价增长机制时,房价增长对消费增长产生负向影响,效果不显著。

表 3.8 高首付比城市的门限模型估计结果(门限变量:房价增长率)

解释变量	线性模型 (c_{it})	门限模型(c_{it})	
		$hp_{it} > 7.58\%$	$hp_{it} \leqslant 7.58\%$
c_{it-1}	0.05(0.54)	0.01(0.08)	0.06(0.68)
r_{it}	−0.001(−0.01)	−0.35(−1.11)	0.08(0.64)
y_{it}	0.71***(8.86)	1.21***(6.66)	0.59***(6.77)
hp_{it}	0.14**(2.31)	−0.05(−0.56)	0.27**(3.24)
样本容量	225	33	192
AR(1)	−0.27**(−2.48)	−0.28***(−2.76)	
R^2	0.32	0.36	
DW	2.09	2.08	

注:①括号内数字为 t 检验统计量。② ***、** 分别表示 1%、5% 的显著性水平。③AR(1)表示基于 Cochrane-Orcutt 法的一阶自相关修正模型。

另外,无论处于何种机制,收入增长对消费增长都产生显著的正向促进作用。消费习惯对于当前消费增长的影响不显著。而贷款利率的影响方向会随着房价增长率提高由正变负,意味着房价上涨速度提高会增加家庭利息负担,进而压缩消费增长。

为了考察不同收入增长机制下房价与消费的非线性关系,以收入增长率为门限变量建立门限模型。对门限效应的检验结果发现,第一个收入增长门限值为10.57%,自助法模拟发现门限效应显著;第二个收入门限值为13.03%,但是门限效应不显著。具体结果见表3.9。

表3.9 高首付比城市的门限效应检验结果(门限变量:收入增长率)

H_0(原假设)	H_1(备择假设)	Threshold	LM 检验统计量	结论
无门限效应	1 个门限	10.57%	14.77** (0.08)	拒绝原假设
1 个门限	2 个门限	13.03%	7.99(0.50)	接受原假设

注:①括号内的数字是自助法(Bootstrap)得到的 P 值。② ** 表示5%的显著性水平。

以10.57%收入增长率作为门限值估计门限模型,具体结果见表3.10。可以发现,在低于10.57%的收入增长机制中,房价对消费的影响系数为0.14;在高于10.57%的收入增长机制中,房价对消费的影响不显著。收入增长对消费增长产生显著的正向效应。贷款利率对消费的影响随着收入增长提高由正转负,在收入高增长机制中产生较为显著的负面影响。

表3.10 高首付比城市的门限模型估计结果(门限变量:收入增长率)

解释变量	线性模型 (c_{it})	门限模型(c_{it})	
		$y_{it} > 10.57\%$	$y_{it} \leqslant 10.57\%$
c_{it-1}	−0.10(−1.65)	−0.07(−0.68)	−0.14* (−1.93)
r_{it}	−0.01(−0.04)	−0.82*** (−3.09)	0.20(1.51)
y_{it}	0.70*** (8.40)	0.87*** (6.93)	0.72*** (6.21)
hp_{it}	0.12* (1.76)	0.04 (0.27)	0.14* (1.81)
样本容量	225	33	192
R^2	0.29	0.33	
DW	2.29	2.22	

注:①括号内数字为 t 检验统计量。② *** 、** 、* 分别表示1%、5%和10%的显著性水平。

3.4.3.2 低首付比城市的门限模型

以房价增长率为门限变量,建立并估计相应的门限模型。搜索可能的门限值并作显著性检验,结果发现第一个门限值为 3%,第二个门限值为 6.03%,自助法模拟结果发现第一个门限值的门限效应显著,第二个门限值的门限效应不显著。具体结果见表 3.11。

表 3.11 低首付比城市的门限效应检验结果(门限变量:房价增长率)

H_0(原假设)	H_1(备择假设)	Threshold	LM 检验统计量	结论
无门限效应	1 个门限	3%	31.26*** (0.00)	拒绝原假设
1 个门限	2 个门限	6.03%	6.64(0.76)	接受原假设

注:①括号内的数字是自助法(Bootstrap)得到的 P 值。② *** 表示 1% 的显著性水平。

接下来以 3% 房价增长率为门限值估计门限模型,估计结果如表 3.12 所示。当经济处于超过 3% 的房价增长机制时,房价对消费产生比较显著的正向影响,系数为 0.25;当房价处于低于 3% 的增长机制时,房价对消费的影响方向为负且不显著。收入增长始终是推动消费增长的最为重要的变量。

表 3.12 低首付比城市的门限模型估计结果(门限变量:房价增长率)

解释变量	线性模型 (c_{it})	门限模型(c_{it})	
		$hp_{it} > 3\%$	$hp_{it} \leqslant 3\%$
c_{it-1}	−0.08(−1.17)	0.09(1.00)	−0.22**(−2.38)
r_{it}	−0.21(−1.27)	0.03(0.13)	−0.27(−1.22)
y_{it}	0.53***(6.24)	0.95***(7.55)	0.25**(2.45)
hp_{it}	0.09(0.80)	0.25*(1.77)	−0.02(−0.10)
样本容量	195	98	97
R^2	0.17	0.29	
DW	1.99	2.01	

注:①括号内数字为 t 检验统计量。② *** 、** 、* 分别表示 1%、5% 和 10% 的显著性水平。

对比不同首付比城市的估计结果,可以发现,购房首付比会使房价对消费的非对称影响发生改变。可能的解释为:在首付比较高的城市,房价高增长机制中的租房家庭比重提高,并且租房家庭大幅提高预防性储蓄和租金支出,这会抵消甚至反超房价上涨的财富效应和信用约束效应;而房价低增长机制中的租房家庭预防性储蓄较低,且租金支出较低,房价上涨的财富效应与信用约束效应起主导作用[①]。在首付比较低的城市,拥有住房家庭增加,房价高增长机制中的租房家庭预防性储蓄动机较低,房价上涨的财富效应和信用约束效应起主导作用;而房价低增长机制中的有房家庭财富效应和信用约束效应较弱,房价上涨对消费的推动效果也不显著[②]。

为了考察收入增长变动是否会对低首付比城市的房价消费关系产生门限影响,需要估计以收入增长为门限变量的门限模型。为此,搜索可能存在的收入门限值,结果发现第一个门限值为11.54%,自助法模拟结果显示门限效应显著;继续搜索第二个门限值为12.34%,同样发现门限效应显著;第三个门限值为19.95%,门限检验发现该门限效应的显著性水平10%。具体结果见表3.13。

表 3.13 低首付比城市的门限效应检验结果(门限变量:收入增长率)

H₀(原假设)	H₁(备择假设)	Threshold	LM 检验统计量	结论
无门限	1 个门限	11.45%	42.65*** (0.00)	拒绝原假设
1 个门限	2 个门限	12.34%	18.49** (0.03)	拒绝原假设
2 个门限	3 个门限	19.95%	11.09(0.05)	拒绝原假设

注:①括号内的数字是自助法(Bootstrap)得到的 P 值。②***、** 分别表示1%、5%的显著性水平。

由于高于19.95%收入增长率观测值仅有5个,本章仅以11.45%和12.34%收入增长率为门限值估计双门限模型,估计结果如表3.14所示。结果发现,当经济处于超过12.34%的高收入增长机制时,房价增长会对消费增长产生明显的促进作用;当经济处于低于12.34%的低收入增长机制时,房价增长对消费增长的影响较弱且不显著。收入增长依然是推动消费增长的重要力量。

---

① 实际上,高首付比城市大都是房价涨幅较快的一线城市和沿海城市,首付比较低的城市大多是房价涨幅相对较低的二线城市和中西部城市。

② 低首付城市的房价门限值仅为3%,可能是导致以上结果的主要原因。

表 3.14　低首付比城市的门限模型估计结果(门限变量:收入增长率)

解释变量	线性模型 (c_{it})	门限模型 (c_{it})		
		$y_{it} > 12.34\%$	$12.34\% \geqslant$ $y_{it} > 11.45\%$	$y_{it} \leqslant 11.45\%$
c_{it-1}	$-0.08(-1.17)$	$-0.49(-1.62)$	$1.15^{***}(3.55)$	$-0.10^{*}(-1.70)$
r_{it}	$-0.21(-1.27)$	$-0.30(-0.88)$	$-0.42(-0.51)$	$0.04(0.24)$
y_{it}	$0.53^{***}(6.24)$	$0.33^{***}(2.70)$	$0.08(0.10)$	$0.85^{***}(8.16)$
hp_{it}	$0.09(0.80)$	$0.86^{**}(2.28)$	$0.54(0.90)$	$0.05(0.47)$
样本容量	195	24	10	161
R^2	0.17		0.38	
DW	1.99		2.04	

注:①括号内数字为 t 检验统计量。② *** 、** 、* 分别表示 1%、5%和 10%的显著性水平。

比较不同首付比城市的估计结果,可以发现,不同购房首付比要求使得在不同的收入增长机制中房价对消费的非线性影响出现异质性。在首付比要求较高的城市,房价对消费的正向影响出现在收入的低增长机制中;而首付比要求较低的城市,房价对消费的正向影响出现在收入的高增长机制中。可能的解释为:在首付比要求较低的城市,房价涨幅较低,收入高增长使租房家庭购房成为有房家庭,而房价上涨则通过财富效应和信用约束效应促进有房家庭的消费增长;收入高增长降低租房家庭的预防性储蓄。在首付比要求较高的城市,房价涨幅较高,收入高增长使得租房家庭提高预防性购房储蓄,这会大大削弱房价上涨的财富效应和信用约束效应;在收入低增长机制中,相当部分租房家庭面对高昂房价放弃购房打算,降低预防性储蓄并增加非住房消费支出。至此,验证了本章的假设 3。

3.5　结论与政策启示

本章基于 Icoviello(2004)和 Chen(2010)等的思路,以家庭收入为依据区分了三类家庭:不受信用约束的有房家庭、受信用约束的有房家庭和受信用约束的租房家庭。通过求解家庭效用函数的最优化一阶条件,得出不同类型家庭的消费方程。接下来,将受约束家庭和租房家庭的占比视为住房价格的函数,考察了房价对家庭总消费的影响。得出的主要结论有以下几点:

(1)房价不进入高收入有房家庭的消费方程。收入高且拥有住房使得这类家庭免受借款约束,从而能够通过借款有效平滑生命周期消费,并实现效用最大化下的消费水平。当期收入不会对这类家庭的当期消费产生影响,说明无信用约束家庭的消费遵循生命周期—持久收入理论。

(2)受信用约束家庭的消费水平受住房价格变动的影响。对于受信用约束的有房家庭,由于拥有住房,房价上涨缓解其信用约束进而促进当期消费水平,并且,随着住房首付比的降低,这类家庭的信用可得性提高,房价上涨对消费的促进作用越显著;对于受信用约束的租房家庭,由于需要为未来购房进行储蓄,房价上涨将导致他们压缩当期消费,并且,随着购房首付比和住房租售比的提高,以及租房家庭生命周期时间的缩短,房价上涨对租房家庭消费的抑制效应越大。另外,当期收入进入受信用约束家庭的消费欧拉方程,说明这类家庭的消费对当期收入具有过度敏感性。

(3)房价波动对于总体消费的影响可能存在非对称性,即在不同的房价增长环境与不同的总收入增长环境中,房价增长的消费效应会发生改变。住房抵押市场的基本状况如租房家庭占比、购房首付比、住房租售比等因素将导致房价对消费的非线性影响出现结构变迁。

本章利用中国 35 个大中城市年度数据,运用面板门限模型进一步刻画房价影响消费的非线性特征。结果表明:(1)总体看来,在房价增长率 5.63% 与收入增长率 13.03% 两侧,房价增长对消费增长的影响具有门限特征;当经济处于房价低增长和收入高增长机制时,房价对消费增长产生显著的促进效果,反之,房价对消费增长的影响不明显,甚至产生挤出效果。(2)对于高首付比城市,在房价增长率 7.58% 和收入增长率 10.57% 两侧,房价对消费的影响具有门限特征;当处于房价低增长和收入低增长机制时,房价对消费产生显著促进作用。(3)对于低首付比城市,在房价增长率 3% 和收入增长率 12.34% 两侧,房价对消费的影响具有门限效应;当处于房价高增长和收入高增长机制时,房价对消费产生显著的正向效果。(4)可支配收入是消费增长的决定性影响因素。

中国正在构建国际国内双循环相互促进的新发展格局,扩大内需与促进消费、保持房地产市场平稳发展具有重要战略意义。为此,可以考虑以下对策:第一,总体上将大中城市房价控制在低速增长机制,尤其促使那些房价涨幅过快的高首付比城市之房价涨幅回落,并保持在合理区间;而房价涨幅较低的低首付比城市则注意保持其房价稳定性,避免房价出现大起大落;第二,深化收入分配制度改革,切实提高大中城市普通家庭的可支配收入增速,尤其要提高房价涨幅较低的低首付比城市家庭的收入增长速度。第三,改善住房与抵押市场基本状况,采用差异化的购房首付比和贷款偿还期,降低首次购房和改善型购房的门槛,提高有房家庭比重。

4 房价冲击与居民消费增长：厦门的实证研究

根据理论，房价变动对居民消费的影响效果在不同居住区域的家庭之间存在差异性。本章基于扩大内需政策与全球经济复苏背景，回顾了住房财富效应的相关理论与文献，接下来，以厦门市为例，运用协整分析与误差修正模型方法研究房价变动与居民消费的长期均衡与短期波动关系，最后提出对策建议。

4.1 引 言

"扩大内需、促进消费"是我国实现经济发展方式转型的重大举措。围绕这一战略目标，中央政府先后出台一系列扩大内需政策，其中与扩大消费政策有关的举措主要有：一是深化住房分配制度改革，实行住房分配货币化；二是制定汽车产业发展政策和汽车消费政策；三是发展非义务制阶段教育，扩大居民人力资本投资；四是改革公共医疗卫生体制；五是改善农村消费条件，扩大农村消费市场；六是促进假日经济，扩大休闲消费等等。为配合中央政府实施的"扩大内需、促进消费"战略举措，有效应对美国次贷危机引发的全球经济衰退不利影响，2009年5月厦门市出台实施了《厦门市贯彻落实国务院搞活流通 扩大消费政策的实施意见》。具体举措包括：第一，健全农村流通网络，拉动农村消费。具体包括大力推进家电下乡、继续推进"万村千乡市场工程"等措施。第二，增强社区服务功能，扩大城市消费。具体包括：完善城市社区便民服务设施、促进汽车更新消费、发展新型消费模式、培育和发展新的消费热点等措施。第三，提高市场调控能力，切实改善市场环境。具体包括加强流通食品质量安全监管、积极推动诚信经营等措施。第四，促进流通企业发展。具体包括：培育有实力的大型流通主体、支持中小商贸企业发展、加快商业街和专业市场建设。第五，引导开展各种促消费活动，扩大消费。具体包括：鼓励企业开展各种商品促销活动、依托会展业发展带动会展消费等。第六，切实改善市场环境，促进安全消费。具体包括：治理"餐桌污染"，建设"食品放心工程"等。第七，落实商贸流通业扶持政策，支持流通业发展。这一系列政策对于稳定内需和扩大居民消费发挥了积极促进作用，2009年全市实现社会消费品零售总额 488.62 亿元，比上年增长 15.3%；全市社会消费品零售总额累计增幅呈现逐月走高运行的态势，特别是四季度增长较快，10 月、11 月、12 月当月分别比上年同期增长 23.9%、26.4% 和 26.4%，比前九个月当月增幅均高出近 10 个百分点；2010 年 1 至 5 月，全市实现社会消费品零售总额 294.94 亿元，同比增长 26.0%，比去年同期提高 17.5 个百分点，增幅同时在全省九设区市和十五个副省级城市中位居首位，比居第二位的杭州高出 5.3 百分点①。

　　以上扩大内需政策一方面对居民消费支出的增长起到促进作用，有效刺激了内需；另一方面，由于住房、公共医疗和高等教育等领域的市场化改革增强了居民不确定性预期，降低居民消费意愿，导致促进消费的政策效果出现边际递减；并且，由于地方政府出台相关政策的功利性、短期性和应急性特点，不能形成促进居民消费稳定增长的长效保障机制。当前，我国面临着经济发展方式转型。如何实现经济发展方式由主要依靠投资、出口拉动向主要依靠投资、消费与出口共同协调拉动转变？尤其是全球经济复苏背景下，美国等主要经济体过度消费的增长模式发生转变，如何有效扩大国内消费需求、减少外需下降的不利影响、保持经济平稳增长成为中央和地方政府亟待解决的课题。

　　因此，探寻困扰居民消费增长的深层次问题是扩大内需促进消费政

---

　　①　数据来源于厦门市统计局《2009 年厦门国民经济运行情况》《2010 年上半年厦门国民经济运行情况》。

策的核心问题,具有重要的现实价值。这些核心问题包括:第一,如何提高就业水平;第二,如何提高居民收入在国民收入中的分配比例;第三,如何建立健全社会保障体系;第四,如何避免房地产等市场发展对居民消费的负面作用。对于第一、第二、第三个问题,学者们作了大量研究,本章无意赘述。而对于第四个问题,尽管有许多学者认为我国房价过快上涨已成为阻碍居民消费的重要因素(张晓晶,2009;李长安,2009;易宪容,2009),但是规范的理论与实证研究相对较少,尤其是缺少考察房价波动的区域性影响的理论与实证研究。这正是本章研究的出发点。

根据经济理论,房地产市场对经济运行产生复杂影响。房地产市场健康稳定有利于扩大居民住房消费,并拉动房地产相关产业繁荣;而房地产市场无序发展,则可能导致房地产泡沫,挤压居民消费支出,吸纳大量的社会资本进入虚拟资产领域,降低实体经济运行所需资本(顾钰民,2010)。因此,正确认识房地产市场波动对居民消费的影响,对于"扩内需、促消费"目标的实现具有重要意义。住房分配制度改革以来,厦门市房地产市场的迅速发展对区域经济增长做出了重要贡献;与此同时,房价高涨对居民消费产生了深刻影响,进而影响经济转型战略目标的实现。为此,本章考察房价影响居民消费的理论机制,并以厦门市为例实证研究房价与居民消费的波动特征以及二者之间的相互影响,最后提出促进居民消费稳定增长的对策建议。本章的贡献在于:一是深化了房价与居民消费关系的理论视角;二是首次实证检验厦门房价对消费的影响效应,并分析现象背后之原因;三是提出厦门市房地产调控政策的短期、长期目标与主要思路。

本章的理论研究发现:房价对居民消费的影响方向取决于居住模式、各类型家庭所占比例及其边际消费倾向,影响强度则受抵押市场发达程度、住房与抵押市场制度特征等因素的影响。实证研究发现:长期来看,厦门房价上涨对居民消费增长产生一定程度的促进作用,但是如果任由短期内厦门房价涨幅进一步加快,则会对居民消费增长产生明显的"挤出效应"①。因此,为了实现扩大内需政策下厦门居民消费持续稳定增长,

①　本章的"挤出效应"是指房价涨幅提高对居民消费增长产生抑制作用。

厦门市政府在短期内应该采取措施坚决有效抑制房价过快上涨，长期则需维护房地产市场持续健康稳定发展。

4.2 理论回顾与文献综述

4.2.1 国外学者的理论研究

国外学者主要从财富效应、信用约束效应、负收入效应、储蓄效应、预期与信心效应、共同因果性假说等渠道解释了住房价格影响居民消费的理论机制。本章对上述理论机制作详细阐述。

1.财富效应。这是指住宅价格的上涨使得住房所有者的财富增加，进而刺激其消费支出。这一效应可以追溯到庇古与帕廷金提出的实际余额效应论，之后，莫迪格利安尼和弗里德曼等经济学家提出生命周期—持久收入理论。该理论的不足在于忽略了经济主体的异质性。实际上，对于不同居住状况、居住模式意愿、不同年龄和不同居住区域的家庭而言，房价波动产生的财富效应各异。总的来看，由于不同类型家庭存在不同的偏好和住房状况，房价波动可能对总体消费产生影响（Sinai and Soules，2005；Campbell and Cocco，2007）。

2.信用约束效应。这是指信贷市场不完美导致消费者面临融资约束，而房地产作为家庭贷款的重要抵押物，房价上涨使得住房所有者用于获取银行贷款的抵押物价值增加，其借款约束得到缓解，进而可以获得更多的银行贷款用于扩大消费支出。对此，经济学家们大都予以认同（Greenspan and Kennedy，2005；Hatzius，2005；Benito，et al.，2006）。Aoki 等（2004）、Iacoviello（2004）建立理论模型分析房价冲击影响消费的信用约束效应，而 Miles（1994）、Muellbauer 和 Muephy（1997）则不仅承认住房抵押物权益变现为家庭非住房消费提供了流动性，而且强调这种将抵押权益变现的能力取决于抵押市场的竞争条件。

3.负收入效应。这是指房价上涨使租房者面对高住房租金，租房家庭的实际可支配收入减少,进而压缩其消费支出;由于拥有租赁住房的房东和机构投资者得到更高的收益会部分抵消租房者的负收入效应,如果假设租房者的边际消费倾向高于房东和机构投资者的边际消费倾向,则房价上涨会产生负收入效应。总之,负收入效应的力度取决于住房的使用模式结构、租房市场的规模与运作、不同个体(包括租房者、房屋业主和机构投资者)消费对房价波动的反应等。

4.储蓄效应。这是指房价上涨导致计划购房的家庭不得不为更高的购房首付款进行储蓄,在预期收入不变的前提下,这类家庭将减少消费支出。储蓄效应的强度取决于所要求的购房首付比或贷款房价比。在金融体制管制较松的国家和竞争程度高的抵押贷款市场中,所要求的购房首付比较低或贷款房价比(LTV)相对较高,因此房价上涨的储蓄效应较弱,反之则房价上涨将产生较强的储蓄效应(Kennedy and Andersen,1994;Muellbauer and Lattimore,1995)。

5.预期与信心效应。这是指房价上涨使住房所有者在心理上感觉其财富较以往增长,进而扩大其消费支出。这种效应也称为未实现的财富效应,即房价变动的财富效应并不一定需要住房所有者使其住房的资本利得变现并用于支出,消费增加可能仅仅是由于房价上涨带来了心理上的喜悦、满足以及对于未来前景的乐观(Ludwig and Slok,2002;Arnold,et al.,2002)。

6.共同因果性假说。该假说是指住房价格变动和消费变动可能是由共同的原因所驱动,房价并不一定是消费变动的原因。King(1990)和Pagano(1990)提出,家庭对于未来收入预期的修正(由于当期和期望生产率增加)导致住房需求和住房消费需求的增加,由于短期内住房供给相对固定,因而提高了房价。Attanasio 和 Weber(AW)(1994)认为共同因果性假说对于 1980 年代的消费繁荣具有更好的解释力。Attanasio 等(2009)考虑了 1980 年代以来财富和抵押解释房价和消费关系的证据,结论是,共同因果性对于房价与消费共同波动的解释最为显著。

总体看来,房价上涨可能通过财富效应、信用约束效应和预期信心效应对居民消费产生促进作用,而通过负收入效应、储蓄效应对居民消费产生抑制效果,房价波动对居民消费的总体影响取决于以上各种效应的对比。当负收入效应和储蓄效应的抑制作用更为显著时，房价上涨将对居民消费产生"挤出效应"。

4.2.2 国外学者的实证研究

国外学者在该领域的实证研究沿着以下三个方向，大多数研究都发现住房价格上涨对居民消费产生了积极的促进作用。

一是考虑到户主年龄、居住模式结构、居住区域等方面的异质性，利用微观数据对房价变动的财富效应进行了实证检验（Skinner，1996；Campbell and Cocco，2007；Miller，et al.，2011；Calcagno，et al.，2009）。Skinner（1996）使用 PSID 的检验结果发现财富效应在年轻家庭中更加强烈，那些相对年轻的家庭在面对住房财富冲击时会减少积极的储蓄。Campbell 和 Cocco（2007）利用 FES 家庭水平数据进行实证研究，结果发现房价对老年住房所有者的消费具有最大影响，而对年轻租房者的消费影响最小。Disney、Henley 和 Jevons（2002）利用英国的 BHPS 微观数据，检验结果发现住房财富的边际消费倾向为 0.01～0.03，并且房价上涨和下跌对于消费的影响不对称。Miller 等（2011）利用美国数据的研究结果发现：房价的抵押物效应影响是财富效应的 3 倍；家庭受到的金融约束越多，则抵押物效应越强，财富效应越弱，并且总效应保持不变。

二是从总量数据的角度展开实证研究。Case、Quigley 和 Shiller（2005），Bayoumi 和 Edison（2003），Carroll、Otsuka 和 Slacalek（2006），Bostic、Gabriel 和 Painter（2009）等学者发现住房财富对于消费的影响高于股票市场财富；而 Girouard 和 Blondal（2001），Aron、Muellbauer 和 Murphy（2006）等的研究结果却不支持以上的结论。

三是考察住房市场抵押制度在房价波动影响消费中的作用（Giuliodori，2005；Calza，Monacelli and Stracca，2007）。Giuliodori（2005）运用两阶段方法比较了 9 个欧洲国家的房价在货币政策传导中对于消费支出的作用，结果发现：在住房和抵押市场比较发达和抵押市场竞争程度高的经济中，住房价格可以加强货币政策冲击对于消费的影响。Calza、Monacelli 和 Stracca（2007）比较 11 个西方发达国家消费与房价的相关性以及相关性如何随抵押市场状况而变动,结果发现:实际房价与消费的相关性随抵押/GDP 比、住房所有权比和抵押市场竞争度以及 LTV 比的增加而增加。

4.2.3 国内学者的相关研究

由于房地产市场微观调查数据的可得性限制,国内学者的实证研究局限于沿着两个方向:一是采用全国和区域性宏观总量数据的实证研究。其中,基于全国总量数据和 31 个省(市、区)面板数据的研究结果大都发现,1998 年我国住房分配制度改革以来房价上涨对居民消费产生了抑制作用(周建军、欧阳立鹏,2008;袁冬梅、刘建江,2009;洪涛,2006;段忠东,2011;张存涛,2006;刘旦,2008);二是采用大中城市级时间序列数据或面板数据进行实证研究。这类研究大多发现房价上涨对居民消费产生促进作用(李亚明、佟仁城,2007;段忠东,2011;韩瑾,2010)。总体看来,中国学者近些年来对中国房价与消费的关系展开了大量的研究,但是结合中国经济转型特征的规范理论研究尚不多见,基于微观数据的实证研究还有待于进一步深化。经过笔者检索,未发现关于厦门房地产市场与居民消费关系的研究成果。

4.3 厦门住房价格与居民消费波动的基本特征

4.3.1 厦门市住房价格波动的特征事实

厦门市年度住房价格的波动趋势分为三个阶段:一是 1996 年至 2002 年,房价保持温和平稳上涨,增幅在 10% 以下;二是 2003 年至 2007 年,房价涨幅开始加大,并且呈逐年递增的态势,增幅从 2003 年的 15.07% 增加到 2007 年的 43.90%,2007 年达到历史新高9 441元/平方米;三是 2008 年至 2009 年间,在国家出台一系列房地产调控政策的背景下,房价出现高位平整并有所回落,增幅下降至 2008 年的 1.98% 和 2009 年的 −8.61%,至 2009 年达到 8 799元/平方米(见图 4.1)[①]。

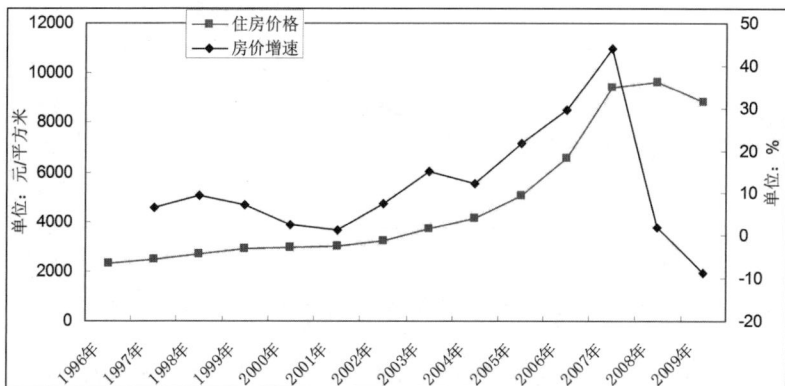

图 4.1 厦门市年度房价的波动趋势(1996—2009 年)

资料来源:厦门市国土资源与房产管理局网站,《厦门经济特区统计年鉴》各期。

从月度房价指标来看,相对于 2002 年 2 月的 3 193元/平方米,厦门月度房价在 2007 年 10 月达到历史最高点 12 057元/平方米,增幅为 278%。随后在国内房地产调控政策和美国金融危机的双重作用下,房价出现回落,至 2009 年 2 月达到阶段性低位 6 232元/平方米;由于 2008 年下半年国家出台一系列的经济刺激计划和房地产刺激政策,厦门房价迅速上涨,至 2009 年 8 月达到 11 838元/平方米,接近 2007 年的历史高位(见图 4.2)。

随着主要大中城市的房地产价格新一轮高涨、通胀预期不断增强,中央针对房地产领域出台了"新国十二条""新国十条"等调控政策,采取的措施包括收紧银行信贷、控制土地供应、扩大保障性住房供给、实行地方政府问责制等,这使得房地产市场出现量缩价滞的局面。如图 4.3 所示,

---

① 需要说明的是,由于这里的分析采用的是年度数据,因此不能反映出某一年度内住房价格的波动状况,如 2008 年年底 2009 年年初房价的回落谷底和 2009 年年底房价相对于年初的环比大涨。这一波动趋势可通过后文的月度房价波动趋势图分析出。另据厦门市国土资源与房产管理局的统计数据,2010 年 1—6 月的商品住房均价达到 11 331元/平方米。

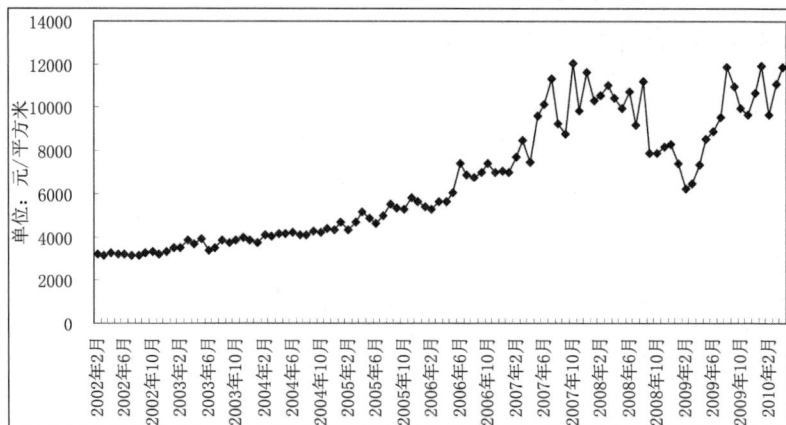

图 4.2　厦门市月度房价的波动趋势(2002 年 2 月—2010 年 4 月)

资料来源:厦门市国土资源与房产管理局网站。

2008 年 10 月至 2009 年 7 月,房价指数处于 100 以下,说明该期间房价增长率为负,从 2009 年 8 月起房价指数不断增加至 2010 年 4 月的 109.60,而后该指数出现回落,说明房价增速减缓,但是仍然维持小幅上涨。

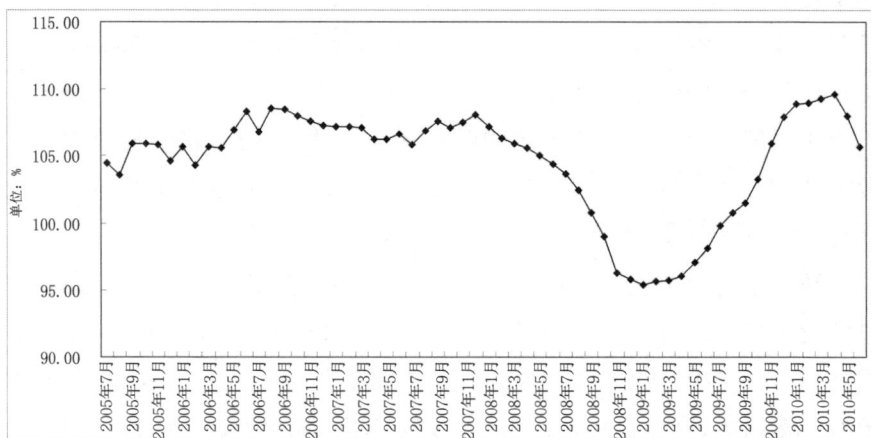

图 4.3　厦门市住房价格指数(同比:2005 年 7 月—2010 年 6 月)

资料来源:中宏网数据库。

4.3.2 厦门市居民消费变动的特征事实

4.3.2.1 城镇居民消费

1985 年至 2009 年,厦门市城镇居民消费的波动趋势分为三个阶段:第一阶段是 1985 年至 1996 年,由于消费支出的基数较低,尽管增长率较高(大多数年份维持在 15% 以上),但是消费绝对水平仍然较低。第二阶段是 1997 年至 2002 年,该期间消费增长缓慢,多数年份的增长率维持在 10% 以下(其中 2002 年的消费增长率接近于零),主要是受亚洲金融危机、国企改制致使大量职工下岗分流、住房医疗教育体制市场化改革、通货紧缩等一系列不利因素的影响,降低了居民的实际可支配收入增幅,加大了居民收入的不稳定性预期。第三阶段是 2003 年至 2009 年,该期间居民消费增长率大幅提高,主要原因有以下几点:一是厦门市经济运行平稳且较快发展,国企改制后企业经济效益好转,使企业职工工资收入较快增加;二是居民消费结构升级,汽车、住宅与通信产品成为新的消费增长点;三是房地产市场的持续高涨,使得住房装修、建材、家具、家电等消费品市场成为新的消费市场亮点;四是居民的收入结构出现多元化趋势,如房租、股票利得收入与房产利得收入等非工薪收入大幅增加;五是该期间物价水平出现较大幅度的上涨,也带动了消费总量的增长。

需要注意的是,居民消费增速在 2008 年、2009 年以来呈现大幅下降的趋势(低于 5%)。这主要是由于 2008 年全球金融危机使厦门经济遭到较大的冲击和负面影响,居民可支配收入增幅出现较大幅度的下降(由 2007 年的 16% 降为 2008 年的 11%、2009 年的 9%),导致居民消费增速也随之大幅度下降,其中耐用消费品消费增速甚至出现连续数月的负增长。具体如图 4.4、图 4.5 和表 4.1 所示。

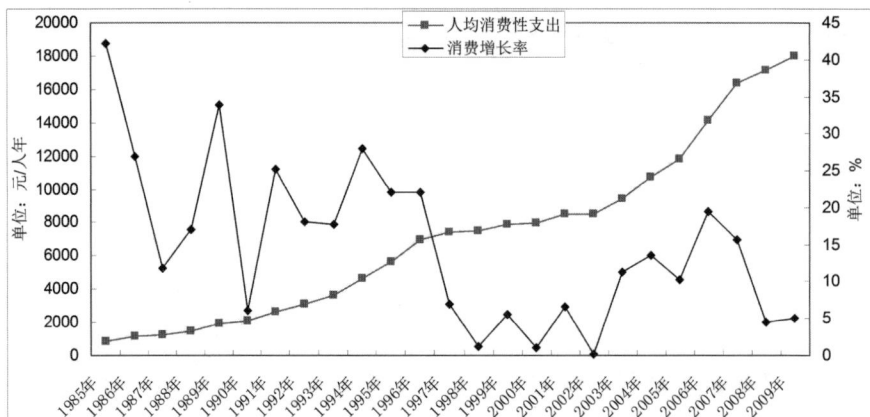

图 4.4　厦门市城镇居民人均消费性支出的波动趋势

资料来源:厦门市统计信息网、《厦门经济特区统计年鉴》各期。

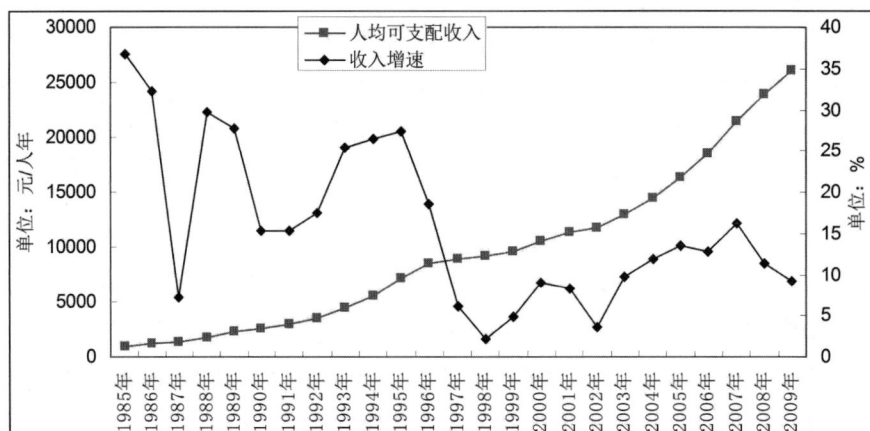

图 4.5　厦门市城镇居民人均可支配收入的波动趋势

资料来源:厦门市统计信息网、《厦门经济特区统计年鉴》各期。

表 4.1　厦门市居民消费结构的变动趋势

时　间	消　费			
	耐用消费品（元/人）	增长%	非耐用消费品（元/人）	增长%
2007 年 12 月	4 288	39.3	7 549	15.9
2008 年 6 月	2 076	29.8	4 138	11.1
2008 年 7 月	2 410	11.3	4 752	10.4
2008 年 8 月	2 902	18.5	5 383	10.0
2008 年 9 月	3 161	17.6	6 047	8.0
2008 年 10 月	3 445	17.9	6 743	7.8
2008 年 11 月	3 646	17.5	7 438	7.8
2008 年 12 月	4 371	1.9	8 179	8.3
2009 年 1 月	387	169.9	935	34.7
2009 年 2 月	671	−15.8	1 946	14.4
2009 年 3 月	1 101	0.0	2 592	16.5
2009 年 4 月	1 356	−7.3	3 285	14.3
2009 年 5 月	1 604	−4.5	4 023	14.9
2009 年 6 月	1 944	−6.4	4 701	13.6
2009 年 7 月	2 400	−0.4	5 388	13.4

资料来源：厦门市统计信息网。

4.3.2.2 居民消费率

从 1985 年至 2007 年，居民消费率变动主要经历了两个阶段：第一个阶段从 1985 年至 2004 年，这阶段居民消费率呈现逐年下降的趋势，至 2003 年达到谷底的 17.14%；第二个阶段从 2004 年至 2007 年，居民消费率先是大幅增加，其后增加幅度减缓，至 2007 年为 28.47%。如图 4.6 所示。

如表 4.2 所示，对居民消费率与房价的相关性检验发现，1996—2003 年城镇居民消费率和住房价格之间的相关系数为−0.9633；而 2003—2007 年城镇居民消费率和住房价格之间的相关系数为 0.9380；1996—2007 年城镇居民消费率和住房价格之间的相关系数为 0.7466。可见，2004 年后随着房价涨幅的大幅度增加，居民消费率与房价之间的相关关系由负变为正。

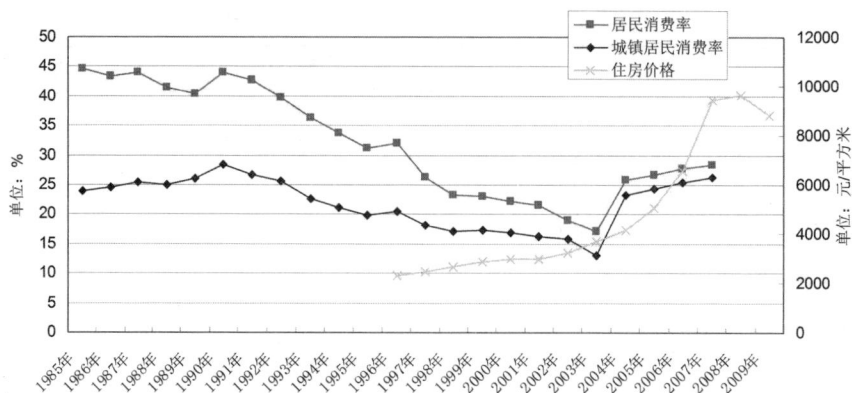

图 4.6　厦门市居民消费率变动趋势(1996—2009 年)

资料来源:根据厦门市国土资源与房产管理局网站,《厦门经济特区统计年鉴》等相关资料计算整理而得;居民消费性和城镇居民消费率缺 2008 年、2009 年的数据。

表 4.2　厦门城镇居民消费率和住房价格之间的相关关系

	时间区域		
	1996—2003 年	2004—2007 年	1996—2007 年
城镇居民消费率和住房价格的相关系数	−0.9633	0.9380	0.7466

资料来源:作者的整理与计算。

4.3.2.3 居民消费与房价的静态相关性

经过测算,年度消费增速与房价增速的静态相关性为 0.7457,这说明居民消费增速与房价增速之间存在较强的正向相关关系。另外,月度居民消费支出与房价之间也在一定程度上保持了共同波动趋势。经过测算,发现二者之间的静态相关性系数为 0.7447,这说明居民消费与房价之间存在较强的正向相关关系。

总之,有关住房价格与居民消费的特征事实部分的研究结论如下:第一,在 2004 年前后,厦门居民消费与住房价格开始出现较大幅度的增长,使得人均消费支出首次突破10 000元,房价首次突破4 000元/平方米;第二,2008 年至 2009 年,由于金融危机的冲击,厦门市居民消费增速与房价增速都出现下降,房价甚至出现阶段性下跌;第三,从长期趋势来看,居民消费与住房价格之间存在较强的正向相关性。如图 4.7 和图 4.8 所示。

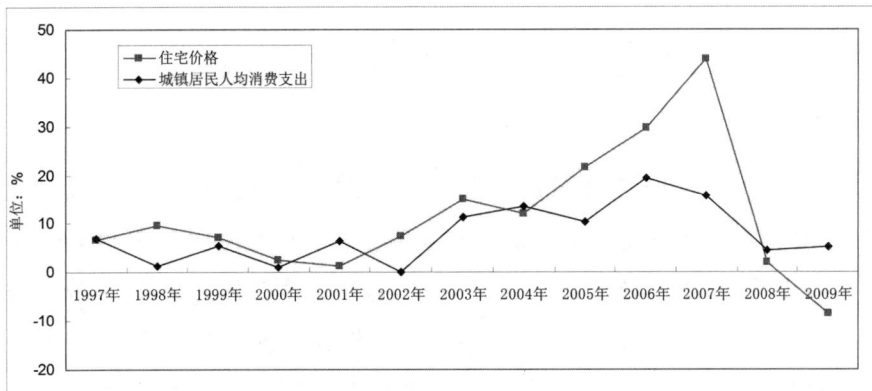

图 4.7　厦门市的年度城镇居民消费与住房价格增速

资料来源：笔者根据厦门市国土资源与房产管理局网站、《厦门经济特区统计年鉴》各期的数据整理计算而得。

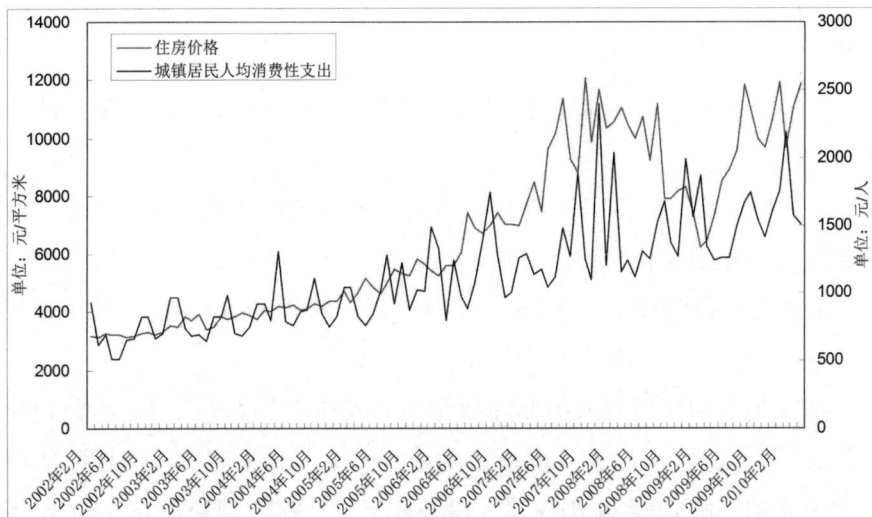

图 4.8　厦门市的月度城镇居民消费和住房价格水平值

资料来源：城镇居民消费性支出的数据来源于《厦门统计月报》和《中国经济景气月报》，住房价格的数据来源于厦门市国土资源与房产管理局网站。

4.4 研究方法、变量选择和数据处理

为了进一步深入考察厦门住房价格与居民消费之间的长期均衡和短期波动关系,本章采用的实证研究方法包括动态相关性分析、E-G 两步法协整关系检验、误差修正模型以及 Granger 因果关系检验等计量分析技术。研究变量包括居民消费、居民收入、房价和股价。其中,以住房价格衡量住房资产,股票价格代表居民持有的金融资产。研究样本区间为 2002 年 2 月至 2010 年 4 月,总共 99 组月度数据。所有的数据均来自《中国经济景气月报》和《厦门统计月报》各期、厦门市国土资源局网站、中国经济信息网等。各研究变量的代理变量及其数据处理过程如下:

1.居民消费(C):采用厦门城镇居民人均消费性支出作为消费的代理变量。

2.居民收入(Y):采用厦门城镇居民人均可支配收入作为收入的代理变量。

3.住房价格(HP):采用厦门市国土资源与房产管理局发布的每月厦门市住宅平均销售价格作为住房价格的代理变量。

4.股票价格(SHA 和 SHE):分别采用上海证券综合指数(SHA)和深圳证券综合指数(SHE)作为股价的代理变量。

居民消费和居民收入的原始数据为月度末累计数据,当月消费和收入的计算公式为:当月数=本月止累计数-上月止累计数。为剔除物价变动因素的影响,笔者首先构建了以 2002 年 2 月为基期的月度定基比居民消费价格指数,计算方法是用 2002 年 2 月至 2010 年 4 月的环比居民消费价格指数通过连乘而得;接下来,将居民消费、居民收入与房价除以月度定基比消费价格指数,得到以 2002 年 2 月不变价格表示的消费、收

入与房价的实际值①。最后，对所有时间序列进行取对数处理。经过处理之后的居民消费、居民收入、房价、股价分别用 LC、LY、LHP、LSHA、LSHE 表示。

4.5 实证研究的结果与分析

4.5.1 动态相关性检验

如图 4.9 所示，当期厦门居民消费性支出与房价的动态相关系数表现出以下特征：第一，以同期相关系数 0.7778 为最大值，随着房价超前或滞后期的增加，二者之间的相关系数逐渐降低；第二，二者的动态相关系数在绝大部分时间为正，这似乎意味着在消费和房价之间存在同向波动关系。

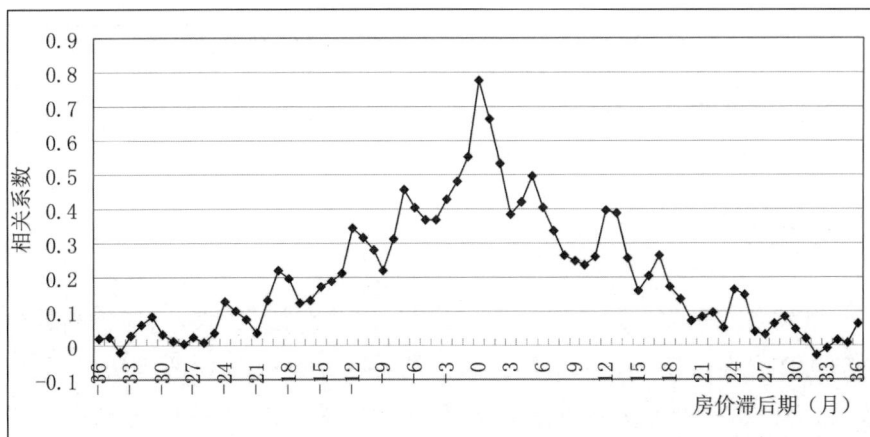

图 4.9　厦门居民消费(LC_t)与住房价格(LHP_{t+j} : $j = 0, \pm 1, \pm 2, \cdots$)的动态相关系数

---

① 当季节性波动恰是整个系统变动规律的来源时，季节调整就可能造成经济变量的季节性行为所提供的有效信息的损失(孙凤，易丹辉，1999)。因此，本章未对所采用的月度数据进行季节性调整。

4.5.2 变量平稳性检验

为利用协整和误差修正模型考察消费与房价之间的长期均衡与短期波动关系,需先检验变量的平稳性。基于 ADF 方法的检验结果发现,所有变量的水平形式在 5% 的显著性水平上不平稳,而所有变量的一阶差分形式在 5% 的显著性水平上是平稳的,因此,可以得出结论:所有变量均为一阶单整变量,即 $I(1)$。具体的单位根检验结果如表4.3所示。

表 4.3 各变量的单位根检验结果

变量	ADF	临界值	形式	结论	变量	ADF	临界值	形式	结论
LC	−2.81	−3.46*	$c,t,11$	不平稳	ΔLC	−7.27	−3.51**	$c,0,10$	平稳
LY	−2.55	−3.46*	$c,t,11$	不平稳	ΔLY	−14.88	−3.51**	$c,0,10$	平稳
LHP	−2.21	−3.46*	$c,t,6$	不平稳	ΔLHP	−3.50	−3.65**	$c,0,5$	平稳
LSHA	−2.79	−3.46*	$c,t,7$	不平稳	ΔLSHA	−3.12	−2.59**	$0,0,5$	平稳
LSHE	−2.44	−3.46*	$c,t,6$	不平稳	ΔLSHE	−3.29	−2.59**	$0,0,5$	平稳

注:其中 ΔLY、ΔLHP、ΔLSHA、ΔLSHE 表示原序列的一阶差分序列,(c,t,n) 分别表示单位根检验模型中的截距项、时间趋势项和滞后阶数。*、** 分别表示 5%、1% 的显著水平。本章所有数据分析均运用 Eviews5.0 软件进行。

4.5.3 协整关系检验

既然各变量为一阶单整的时间序列,因此在消费、收入、房价和股价之间可能存在长期均衡的协整关系。笔者在此运用 E-G 两步法对消费、收入、房价和股价之间的协整关系进行检验:第一步是用 OLS 法估计各变量之间的长期关系方程,并计算方程的非均衡误差;第二步是用 ADF 方法检验残差的平稳性,如果残差是平稳的,则在变量之间存在协整关系,否则不存在协整关系。为此,将消费与收入、房价、股票价格之间的协整关系设定为式(4.1):

$$LC_t = \alpha_0 + \alpha_1 LY_t + \alpha_2 LHP_t + \alpha_3 LSHA_t(LSHE_t) + \mu_{1t} \tag{4.1}$$

式(4.1)中，α_0 为截距项，μ_{1t} 为协整关系式的残差项。居民消费性支出、居民可支配收入、房价和上证综合指数之间的协整关系检验结果如下：

$$LC_t = \underset{(6.72)}{0.728} + \underset{}{0.579} \times LY_t + \underset{(3.53)}{0.275} \times LHP_t -$$

$$\underset{(-0.84)}{0.050} \times LSHA_t + \mu_{1t} \tag{4.2}$$

调整后的 $R^2 = 0.653$ D.W. $= 1.96$ S.E. $= 0.162$

式(4.2)检验结果发现，上证综合指数的估计系数为负且不显著（显著性水平为 60%），说明上海综合指数与居民消费之间的负向关系很弱。另外，将上证综合指数用深证综指代替后，再次估计上述的协整关系模型，发现深证综指的估计系数为 -0.044，但是显著性水平较低（为 63%），因此可以得出结论：消费与深证综指之间存在较弱的负向关系。

鉴于上述的协整关系检验中，股价指数的估计系数较小且不显著，因此将股价指数剔除后，对剩下的变量作协整关系估计。得到协整关系式如式(4.3)：

$$LC_t = \underset{(1.64)}{0.753} + \underset{(6.83)}{0.585} \times LY_t + \underset{(3.55)}{0.223} \times LHP_t + u_t \tag{4.3}$$

调整后的 $R^2 = 0.643$ D.W. $= 1.93$ S.E. $= 0.162$ LM(1) $= 0.09$ LM(2) $= 0.53$

式(4.3)的各估计系数显著性水平高，拟合程度较高，且残差不存在自相关。接下来运用 AEG 协整检验方法，对上述协整方程中残差 u_t 的平稳性进行单位根检验，协整检验类型$(c, 0, 1)$。检验结果如式(4.4)所示：

$$\Delta u_t = \underset{(-0.07)}{-0.001} - \underset{(-7.50)}{1.065} u_{t-1} + \underset{(0.98)}{0.100} \Delta u_{t-1} + \delta_t \tag{4.4}$$

调整后的 $R^2 = 0.48$ S.E. $= 0.16$ D.W. $= 2.01$ LM(2) $= 1.06$

可得长期均衡方程残差的 AEG 统计量为 -7.50。根据 Mackinnon 协整性检验临界值表和公式 $C(\alpha) = \Phi^{\infty} + \Phi_1 T^{-1} + \Phi_2 T^{-2}$，计算可得 1% 显著性水平上的 AEG 临界值为 -4.44，残差 u_t 在 1% 的显著性水平上平稳。因此，在居民消费、可支配收入与住房价格之间存在长期稳定的均衡关系。

从式(4.3)得出,长期来看,影响厦门居民消费的最重要因素是可支配收入,长期弹性系数为 0.585;另外,住宅价格与厦门居民消费之间存在正向长期均衡关系,弹性系数为 0.223,即从长期来看,住宅价格每上涨 1%,居民消费也随之增加 0.223%。

4.5.4 误差修正模型的建立

由于协整关系不能够描述变量之间的短期波动关系,为此将协整关系式中的残差项作为非均衡误差项引入误差修正模型中,设定的误差修正模型如式(4.5)所示:

$$\Delta \mathrm{LC}_t = \lambda_1 u_{t-1} + \sum_{i=0}^{n} \alpha_i \Delta \mathrm{LY}_{t-i} + \sum_{i=0}^{n} \beta_i \Delta \mathrm{LHP}_{t-i} + \sum_{i=1}^{n} \gamma_i \Delta \mathrm{LC}_{t-i} + e_t \quad (4.5)$$

为了估计居民消费、居民收入与房价的误差修正模型,笔者采用 Hendry 从一般到特殊的模型选择方法。其中,根据 AIC、SC 信息准则初步选取滞后阶数,并结合运用自相关 Q 统计量、LM 统计量检验残差序列有无自相关,JB 检验(Jarque-Bera)检验残差的正态性分布。最后选择滞后期 $n=12$,并逐步剔除统计意义上的不显著项,最后得到误差修正模型。如式(4.6)所示:

$$\begin{aligned}
\Delta \mathrm{LC} = &-\underset{(-6.80)}{1.271} u_{t-1} - \underset{(6.92)}{0.731} \Delta \mathrm{LY} - \underset{(-2.44)}{0.272} \Delta \mathrm{LY}_{t-1} - \underset{(-1.73)}{0.187} \Delta \mathrm{LY}_{t-4} - \\
&\underset{(-2.70)}{0.247} \Delta \mathrm{LY}_{t-5} - \underset{(-3.83)}{0.375} \Delta \mathrm{LY}_{t-6} + \underset{(2.81)}{0.248} \Delta \mathrm{LY}_{t-10} + \underset{(3.53)}{0.320} \Delta \mathrm{LY}_{t-11} + \\
&\underset{(2.26)}{0.366} \Delta \mathrm{LC}_{t-1} + \underset{(2.70)}{0.339} \Delta \mathrm{LC}_{t-2} + \underset{(2.60)}{0.251} \Delta \mathrm{LC}_{t-3} + \underset{(2.39)}{0.233} \Delta \mathrm{LC}_{t-5} + \\
&\underset{(3.19)}{0.318} \Delta \mathrm{LC}_{t-6} + \underset{(2.28)}{0.180} \Delta \mathrm{LC}_{t-7} + \underset{(2.19)}{0.156} \Delta \mathrm{LC}_{t-9} + \\
&\underset{(2.15)}{0.128} \Delta \mathrm{LC}_{t-12} - \underset{(-3.12)}{0.498} \Delta \mathrm{LHP}_{t-1} + \underset{(3.60)}{0.549} \Delta \mathrm{LHP}_{t-2} - \\
&\underset{(-2.24)}{0.399} \Delta \mathrm{LHP}_{t-7} - \underset{(-2.23)}{0.352} \Delta \mathrm{LHP}_{t-11} + e_t \quad (4.6)
\end{aligned}$$

可调整 $R^2 = 0.76$ D.W.$=1.85$ JB$=3.21$ LM(1)$=0.77$ LM(2) $=0.81$ ARCH$=0.35$ WH$=0.74$

其中,误差修正模型中的非均衡误差项如下所示:

$$u_{t-1} = \mathrm{LC}_{t-1} - 0.585 \times \mathrm{LY}_{t-1} - 0.223 \times \mathrm{LHP}_{t-1} - 0.753 \quad (4.7)$$

　　将式(4.7)代入式(4.6)中可知，长期来看，房价对居民消费波动的影响系数为0.283。这表明长期中房价上涨对厦门居民消费增长能够起到一定的促进作用。从房价波动对居民消费波动的短期影响看，滞后1月、7月和11月的房价涨幅提高将对当期消费增长产生抑制作用，弹性系数分别为－0.498、－0.399和－0.352；滞后2月的房价涨幅提高对当期居民消费波动产生正向刺激作用，其弹性系数为0.549。总的看来，短期内房价波动影响居民消费波动的净影响系数大约为－0.7，这说明短期内厦门市房价涨幅的提高对当期居民消费增速的影响表现为抑制作用。比较长期房价与短期房价波动对于消费波动的弹性系数①，可以得出，短期内房价上涨对消费增长的抑制作用超过了长期中房价上涨对消费增长的正向促进作用，因此，短期内厦门房价上涨对于消费增长的总体影响表现为"挤出效应"。另外，短期内可支配收入影响消费增长的弹性系数是0.218，长期影响的弹性系数为0.744，可见，可支配收入依然是居民消费增长的主要决定因素。

　　对此，笔者做分析如下：第一，家庭居住模式结构对房价波动的消费效应产生重要影响。对于拥有一套房且不具有改善住房需求的家庭，房价波动的消费影响十分有限；对于拥有一套房且具有改善住房需求的家庭，房价上涨将产生储蓄效应；对于拥有两套房以上的家庭，无论是用于获取资本利得还是出租，房价上涨无疑会产生财富效应；对于租房者群体中的一部分人具有未来购买住房的经济实力和意愿，房价上涨将产生储蓄效应和负收入效应；对于租房者群体中不具有经济实力和购房意愿的，房价上涨产生负收入效应。因此，总体来看，不同群体的结构比重及其边际消费倾向将对房价波动的总消费效应产生关键作用。由于厦门城镇居民中初次购房者家庭与改善住房需求家庭、以及无力购房者家庭的比重还非常高，因此，短期房价过快上涨通过储蓄效应和负收入效应对消费增长产生"挤出效应"是可能的。第二，房价上涨通过放松消费者借款约束进而增加消费有赖于一个发达的住房抵押市场。由于我国大部分地区

---

　　① 长期内住宅价格对短期居民消费波动的影响系数为0.283，短期内住宅价格波动影响居民消费波动的弹性系数大约为－0.7。

(包括厦门)抵押市场的发展程度还十分有限,住房抵押融资工具的运用还十分滞后,住房权益抽取工具还处于起步阶段,大多数的住房所有者都还不能利用住房权益变现来增加消费支出,从而使家庭通过房价上涨的信用约束效应受到局限。

4.5.5 Granger 因果关系检验

协整关系式不能说明变量之间是否存在 Granger 意义上的长期和短期因果关系,而基于误差修正模型则可以对变量之间的因果关系进行检验。根据下面误差修正模型如式(4.8):

$$\Delta \mathrm{LC}_t = \lambda_1 u_{t-1} + \sum_{i=0}^{12} \alpha_i \Delta \mathrm{LY}_{t-i} + \sum_{i=0}^{12} \beta_i \Delta \mathrm{LHP}_{t-i} + \sum_{i=1}^{12} \gamma_i \Delta \mathrm{LC}_{t-i} + e_t \quad (4.8)$$

检验零假设 $H_0^1 : \beta_i = 0 (i = 1, 2, \cdots, 12)$,如果接受 H_0^1,就是接受房价波动在短期不能成为消费波动的 Granger 原因;否则,就是接受房价波动短期内可以成为消费波动的 Granger 原因。检验零假设 $H_0^2 : \lambda_1 = \beta_i = 0 (i = 1, 2, \cdots, 12)$,如果接受 H_0^2,就是接受房价波动在长期内不能成为消费波动的 Granger 原因;否则,就是接受房价长期内可以作为消费波动的 Granger 原因。对相应的变量解释系数作约束检验的 Wald 系数的检验结果如表 4.4 所示。

表 4.4　基于 ECM 的各变量之间的长短期 Granger 因果检验结果

原假设	X^2	概率值	结论
住宅价格不是居民消费的短期原因	32.29	0.00	拒绝
住宅价格不是居民消费的长期原因	82.10	0.00	拒绝
可支配收入不是居民消费的短期原因	82.20	0.00	拒绝
可支配收入不是居民消费的长期原因	95.39	0.00	拒绝

注:以上检验中的结论是在 5% 的显著性水平上作出的。

从表 4.4 可以看出:房价波动是居民消费波动的短期 Granger 原因,并且房价波动在长期内也可以成为居民消费波动的 Granger 原因;另外,居民的可支配收入波动是居民消费波动的长期和短期 Granger 原因。

4.6　结论与对策建议

本章考察房价影响居民消费的理论基础,并以厦门市为例实证考察住房价格与居民消费波动的基本特征及其相互影响。理论研究发现:房价通过财富效应、借款约束效应、负收入效应、储蓄效应、预期与信心效应等机制对居民消费产生影响,房价影响总消费的方向取决于居民居住模式结构、各类型经济主体的比例及其边际消费倾向,影响强度则受抵押市场发达程度、住房与抵押市场制度特征等因素的影响。实证研究发现:从长期来看,厦门房价的上涨可以对居民消费增长产生一定的促进作用;但是,如果任由短期内厦门房价涨幅进一步加快,则会对居民消费增长产生明显的"挤出效应";另外,可支配收入是促进居民消费增长的决定性因素。因此,保持厦门市房地产市场的长期健康稳定发展,坚决有效抑制短期房价过快上涨,并稳步提高居民可支配收入,对于实现扩大内需政策下居民消费稳定增长的战略目标具有至关重要的现实意义。

笔者提出相应的短期、中期、长期对策予以解决。大致思路包括:一是在短期内以有效遏制厦门房价过快上涨为主导,必要时应使房价出现一定程度的回调,从而避免房价过快上涨的"挤出效应";二是在中期内以稳定居民预期为关键,减少影响居民消费的不确定性因素;三是在长期中以提高居民可支配收入和维持房地产市场的健康稳定发展为根本,构建促进消费持续增长的长效动力机制。具体的对策建议包括以下几点。

4.6.1 短期内有效遏制房价过快上涨,避免房价高涨的"挤出效应"

1.进一步限制非厦门居民的投机性购房需求。投机性购房需求往往选择大面积和高价位的户型,从而拉动整体房价水平的上涨,而厦门住房购买需求中,来自外地居民的投资投机性购买占了很大的比重。据统计资料,厦门市的商品住房购买面积中厦门本地居民购买比重仅为41%,非厦门本地居民购买所占比重为59%,其中福建省内购买比重为33%,

省外购买比重为 22%，境外购买比重占 4%。可见非厦门居民的购房面积比重占据了厦门商品住房销售的半壁江山以上，并且外地人购房均价明显高于本地居民的购房均价，这意味着来自外地的投资投机性购房需求支撑了厦门的高房价，这是造成厦门市近些年来房价迅速飙升的重要原因之一。为此应该坚决贯彻《新国十条》①等文件精神，有效抑制外地居民在厦门的投机投资性购房需求：一是商业银行对于不能提供一定年限以上厦门本地纳税证明或社会保险缴纳证明的非厦门市本地居民暂停发放住房贷款；二是地方政府根据实际情况，对于外地居民来厦门购房，在必要的时候可以采取临时性措施，在一定时期内限制其购房资格，限定其购房套数。

2.严格规定本地居民的二套房认定标准并实行差别化的房贷政策②。首先，二套房认定标准的松严程度直接影响调控政策的效果，为此必须严格规定二套房认定标准。对此，厦门可参照北京市对于二套房的认定标准——即"认房又认贷"，具体包括以下 7 种情形：(1)父母名下有住房，以未成年子女名义再购房；(2)未成年时明显有房产，成年后再贷款购房；(3)个人名下有全款购买的住房，再贷款购房；(4)个人名下有贷款购买的住房，结清出售后再贷款购房；(5)首次购房使用商业贷款，再次购房使用公积金贷款；(6)婚前一方曾贷款购房，婚后以另一方名义申请贷款购房，但两人户口没有在一起；(7)婚后双方共同贷款购房，离异后一方再申请贷款购房。第二，为保护合理购房需求，抑制投资投机性的住房购买需求，应结合考虑二套房标准和实际人均住房面积标准，实行差别房贷政策：即当购房家庭同时满足二套房标准和实际人均住房面积标准时，提高首付比和贷款利率；当购房家庭满足二套房标准而不满足人均住房面积标准时（即低于厦门本地人均住房面积时），则不采用差异化的房贷政策。

---

① 即国务院于 2010 年 4 月 17 日发布的《国务院关于坚决遏制部分城市房价过快上涨的通知》(国发〔2010〕10 号)。

② 国家各有关部委于 2010 年国庆前夕继续出台一系列房地产调控措施，其中包括：三套房的购房贷款全面暂停发放；对不能提供一年以上当地纳税证明或社会保险缴纳证明的非本地居民暂停发放购房贷款；落实地方调控细则；囤地囤房者停止开发贷等。对此，厦门市相关部门迅速作出响应，推出了相关的执行细则与措施。

第三,由于第三套房具有投资投机属性,对于本地居民购买第三套房,可停止发放购房贷款。

3.适度采用紧缩性货币政策以稳定市场通胀预期①。房地产市场的高涨和日益强化的通胀预期紧密相关。随着通胀预期的加强,会有越来越多的资金进入实物资产领域规避通胀风险,而房地产资产良好的保值性和增值性为市场主体提供了极佳的通胀风险规避途径。大量的资金为了规避通胀风险,纷纷选择转变为房地产资产形式,对房价高涨起到了推波助澜的作用。通胀水平的提高导致银行存款利率连续处于负利率区间,这将刺激银行存款资金进一步流入房地产资产领域,从而扩大住房市场的需求。我国央行应该适时推出紧缩货币政策,注意合理搭配运用数量型和价格型政策工具,并保持政策的连续性和稳定性。一方面可以降低通胀规避型资金流入房地产市场助推房价的风险,另一方面也对投资投机性购房需求起到更强的抑制作用。

4.6.2 中期内稳定居民住房预期,减少影响消费的不确定性因素

1.扩大社会保障性住房的有效供给,构建合理的住房供应体系。完善的社会保障住房供给制度能够有效降低居民对房价上涨的不确定性预期和居住成本,从而启动其当前非住房消费。因此,应该加强社会保障住房在住房供应体系中的比重,控制非普通商品住房的比重(尤其是严格控制豪宅和别墅的比重)。一个合理的社会住房供给体系除了能够有效抑制房价暴涨外,其主要目标应该是实现"居者有其屋"并稳定大部分居民的住房预期,从而实现促进消费的目标。大多数中低收入家庭依靠经济适用房和中低价位普通商品房满足基本生活型住房需求,少数高收入阶层则依靠市场化住房体系中的非普通型商品住房、豪宅甚至别墅实现更高层次的享受型住房需求,而处于社会底层的低收入群体则主要依靠政

---

① 中国人民银行于 2010 年 10 月 19 日晚宣布自 2010 年 10 月 20 日起上调金融机构人民币存贷款利率 0.25%,之前不久央行要求六大商业银行上调其存款准备金率 50 个基点,这意味着我国货币政策开始由宽松转为紧缩。

府提供的低价房或廉租房实现基本生存型的住房需求。

据厦门市 2010 年 4 月的统计数据显示,面积超过 120 平方米、144 平方米的商品住房,其成交套数占总成交套数的比重分别为 36%、24%;成交金额超过 160 万元、200 万元的商品住房,其成交套数占总成交套数的比重分别为 27%、18%。可见,大面积、高价位的非普通商品住房在厦门住房供给总量中占据了相当大的比重,从而对整体房价起到非常大的带动效应。如果增加中小面积和中低价位普通商品住房的供给、扩大政府主导保障性住房在住房供给体系中的比重,将会对房价飙升起到明显的抑制作用。其中,关键在于保障性住房的供给应该注重有效性,即不仅考虑住房居住本身,还要考虑到相关生活配套设施的建设,才能使购房者真正实现安居,而不是暂时的权宜之计。

因此,厦门市在大力拓展岛内外一体化建设的同时,应该将社会保障性住房与普通商品住房建设的中心逐渐向岛外转移,同时及时跟进相关生活配套、教育、医疗、交通等基本公共服务品的建设,这样才能使购房者得到真正有效的住房供给。

2.降低市场主体的投机性购房预期,释放被高房价吸纳的消费资金。住房具有消费品和投资品的双重属性,当投资者预期房价上涨时,他们会将资金投入房地产资产领域博取资本利得。这一方面降低实体经济的消费需求,另一方面进一步扩大虚拟资产的需求,推动房价持续上涨。可采取以下措施降低市场主体的投机性购房预期。

第一,逐步降低房地产开发环节税,提高房地产保有环节税,实现税负由开发交易环节向保有环节的转移。考虑适时开征房产税[①],可以有效提高投机者的住房持有成本,降低投机性购房预期。需要注意的是,对于不同的住房需求实行差异化的税收政策:对于首套房和自住型改善型住房,应该实行免征保有税和较低保有税;而对于多套房和投资投机型住房,可以实行较高的保有税甚至重税。

---

① 如 2010 年 5 月 31 日国务院发布 2010 年经济改革重点工作意见,将逐步推进房产税改革列入财税改革目标之一,这是国务院首次明确逐步推进房产税。另外,2010 年 7 月 12 日住房和城乡建设部政策研究中心副主任秦虹在深圳出席一场论坛时表示,作为制度建设的房地产税一定会开征。

第二,制定更为严厉的房地产交易环节税收政策。如能考虑开征房产资本利得税等交易环节税种,将会直接降低投资投机购房行为的利润空间。

4.6.3 长期以构建促进消费持续增长的长效动力机制为根本

1.调整国民收入分配格局,保持居民的可支配收入稳定增长。居民可支配收入的稳定增长是实现消费稳定增长的最终保证。由于目前我国国民收入分配等许多制度不合理,以及行政垄断、行政权力支配资源等旧体制的大量存在,政府财政收入和企业利润的增速明显高过居民收入的增长。例如,2004 年至 2009 年的厦门市居民收入的增长速度远远低于财政收入的增长速度,也低于国内生产总值的增长速度。

另外,社会分配不公平、财富迅速向少数人集中的问题也十分突出。社会财富分配失衡直接表现为居民消费增长的乏力。因此,只有对当前的收入分配格局进行实质性的调整,切实提高居民的可支配收入在国民收入中的比例,还富于民,才能促进居民消费,实现经济发展方式的转型。而要实现政府从与民争利到还富于民,不但需要重新定位政府与市场的边界,把资源的基础配置权还给市场,还必须建立和健全一系列制度,防止政府再次越界。

总之,调整居民收入在国民收入分配中的比重是事关扩大内需政策成败的关键,也是一个长期的过程,牵涉到政府、企业、居民各方的利益,也势必触动某些利益集团的既得利益,需要各方共同努力、逐步推进。

2.建立维护房地产市场健康稳定的长效保障机制。房地产价格稳定增长有利于促进居民消费的持续稳定增长,从而实现扩大内需的战略目标。因此,保持房价长期稳定对于构建消费的长期动力机制具有重要意义。我国过去的房地产调控政策具有短期化和功利性特点,干扰了购房者、投资者、银行和房地产商等市场主体的预期,加大了房地产市场的不确定性,不利于维护房地产市场的长期稳定发展,为此必须建立稳定房地产市场的长效保障机制。

一是要尽快建立起合理的房地产调控政策体系,其最终目标是实现房地产市场的持续健康稳定发展,具体可以用房价收入比、住房空置率、住房购租比等指标衡量,其中,必须把住房的居住功能放在首要位置。该政策体系包括金融、财政、土地、保障住房、房地产市场监管等。需要注意各政策协调配合、调控时机选择、该政策体系与宏观调控目标的一致性,以及政策的稳定性和连续性等问题。

二是可以组建如全国房地产市场监督管理委员会的组织机构来行使对房地产市场的监督管理职能,统一协调各项房地产市场监管政策的制定、出台和实施,坚决打击房地产开发商、房产中介、炒房者等主体的违法违规行为、促进房地产市场竞争、完善房地产市场统计与信息披露制度等。

三是规范地方政府的行为,改革中央地方收入分配制度,逐步取消土地财政,使得地方政府没有动力推高地价获利,同时改革政绩考核制度,将住房等民生保障作为地方政府的重要考核指标。

5 住房价格在货币政策传导中的作用效果

货币政策通过住房市场的传导过程包括两个阶段:第一个阶段是货币政策调整对房地产市场供求关系产生影响,进而影响住房价格;第二个阶段是住房价格变动对居民消费与企业投资等经济主体行为的影响。本章首先回顾梳理相关的理论基础和研究文献,接下来,运用基于结构向量自回归模型的反事实模拟方法,分别利用全国宏观数据和四个直辖市数据,实证检验住房价格在货币政策传导过程中的总体作用效果和区域效应。

5.1 引 言

资产价格对货币政策的传导机制一直以来都是货币政策理论的前沿问题,学者们对此进行了大量的理论与实证研究。从已有的相关研究来看,早期关注的焦点集中在股票价格,而对于另外一个重要的资产市场——房地产市场及其价格——在货币政策传导中的作用,直到近些年来才引起学者们的高度重视。这主要是由于近三十年来,世界各主要经济体的住房市场规模扩大、房价波动幅度加剧,以及房地产本身所具有的特殊属性,住房市场开始在货币政策传导机制中发挥日益重要的作用。具体看来,房产的特殊属性主要包括:第一,随着房价持续高涨,在大多数的发达国家与新兴市场国家,住房财富占私人部门净财富的一个相当高的比重;①第二,住房资产在各国家庭之间的分布较之于金融资产更为平均;第三,房地产普遍被各国金融机构作为发放贷款的抵押物,这将使得住房市场成为放大货币政策传导效应的重要渠道。这些新情况新现象提高了各国中央银行对于住房市场的关注度。

住房分配制度改革之后,房地产业被作为中国国民经济的支柱产业得到迅速发展。如图 5.1 和图 5.2 所示,1998 年以来我国住房价格经历了较快速度的上涨,2007 年至 2010 年房价涨幅逐步抬高,波动幅度也不断扩大。随着宏观经济下行和所谓"经济新常态"的出现,2014 年第 3 季度我国房价涨幅处于历史较低水平 6%。另外,狭义货币量增长率从 2009 年第 4 季度的峰值 32.35% 逐步下降到 2014 年第 3 季度的 3.8%,30 日银行同业拆借利率则在 2009 年第 2 季度达到 1.08% 的历史低位后逐步上升,到 2014 年第 3 季度达到 4.14% 的较高水平。经过测算,狭义货币量增长率与房价指数之间的同期相关系数为 0.28,30 日银行同业拆借利率与房价指数之间的简单相关系数为 -0.22。

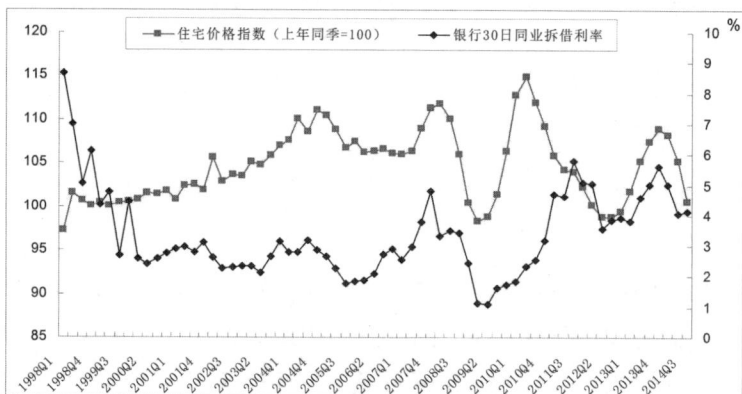

图 5.1 我国住房价格指数与同业拆借利率的波动趋势

注:①左纵轴表示住房价格指数,右纵轴表示拆借利率;②住房价格指数以上年同季为基期。

资料来源:国家统计局网站及笔者的计算。

---

① 据 Muellbauer(2006),截至 2004 年年底,英国家庭的净财富中有 41% 的比重是以住房财富的形式持有的,而美国的数据是 39%。

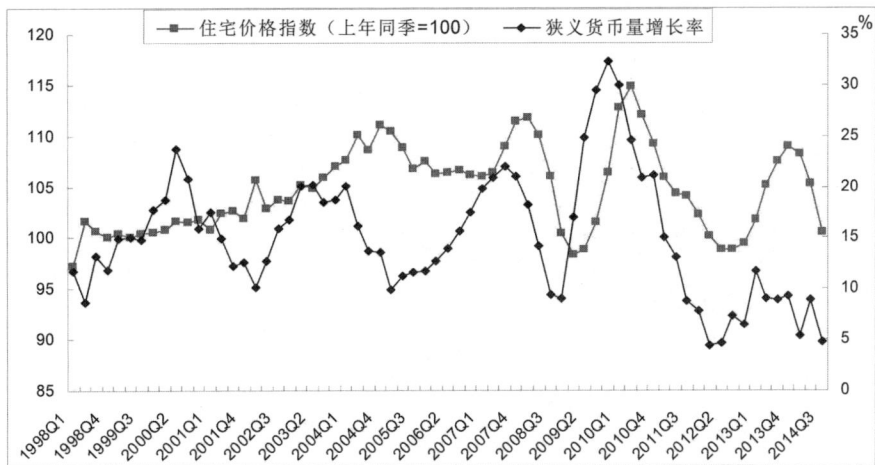

图5.2 我国住房价格指数与狭义货币量增长率的波动趋势

注:①左纵轴表示住房价格指数,右纵轴表示狭义货币量增长率;②所有变量均以上年同季为基期。

资料来源:国家统计局网站及笔者的计算

图5.3和图5.4表示我国城镇消费品零售增长率与城镇居民人均消费支出增长率的变动趋势。可以看出,城镇消费品零售增长率的变动趋势与住房价格指数的变动趋势保持较高的一致性,经过测算,二者之间的同期相关系数为0.53;直观上看,城镇居民消费性支出增长与住房价格指数的关联性不是很高,经过测算,二者之间的简单相关系数为−0.08。根据以上分析初步得出,在货币政策变量与房价,房价与城镇消费之间可能存在较好的传导,房价到居民消费的传导机制似乎较为微弱。

与此同时,中国不同城市的住房市场表现明显的区域性。中国四个直辖市的住房价格变动趋势如图5.5所示。2008年之前,四个直辖市房价走势分歧较大。上海、天津与重庆的房价指数在2003年第4季度至2004年第3季度期间先后经历峰值,之后逐步回落。2008年之后,各直辖市房价波动趋势基本一致,但是北京、上海房价涨幅远远高于天津、重庆,这在2013年第4季度至2014年第3季度尤为明显。

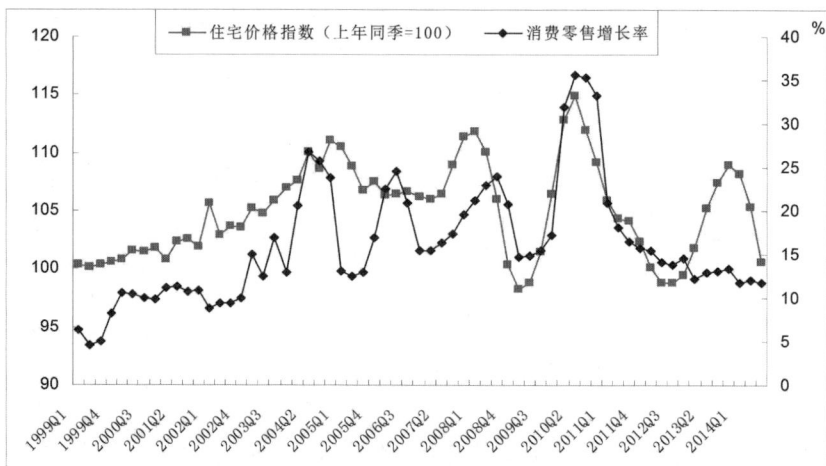

图 5.3　我国住房价格指数与城镇消费增长率的波动趋势

注：①左纵轴表示住房销售价格指数，右纵轴表示城镇消费零售增长率，②所有变量均以上年同季为基期。

资料来源：国家统计局网站及笔者的计算。

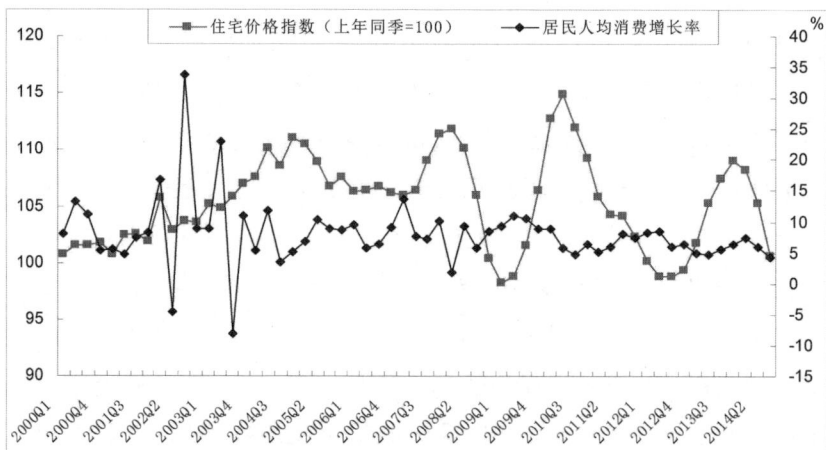

图 5.4　我国住房价格与居民消费增长率的波动趋势

注：①左纵轴表示住房销售价格指数，右纵轴表示居民消费增长率；②所有变量均以上年同季为基期。

资料来源：国家统计局网站及笔者的计算。

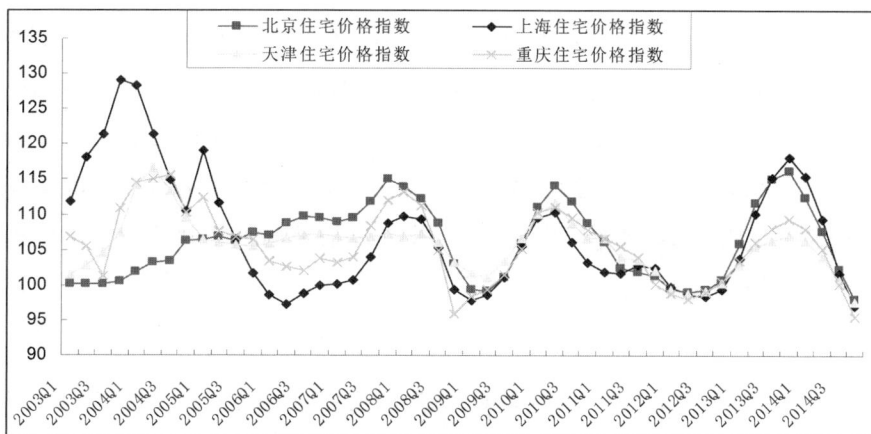

图 5.5 我国四个直辖市住房价格指数的变动趋势

资料来源:国家统计局网站及笔者的计算。

近些年来,保持房地产市场持续健康稳定已经成为国家层面的战略目标,房地产市场与房地产价格成为货币政策当局的重要关注对象。针对房地产市场的宏观调控政策此起彼伏,但是其效果却饱受质疑,甚至出现"越调越涨"的怪圈和论调。作为重要的宏观政策,货币政策是否能够对房价产生有效影响?这关系到中央银行的政策效力,需要作出定量的科学回答。

另外,房价高涨所引发的广泛"房奴""蜗居"现象,甚至所谓的"逃离北上广",实际上涉及货币政策是否经过住房市场实现向居民消费行为的传导问题,也是中央银行必须面对的问题。总之,笔者可以把上述思考归结为一个问题,即房价在货币政策传导过程的作用机制与效果。对此作出科学的定性分析与定量研究具有重要的理论意义与现实价值。此外,由于房地产市场具有典型的区域性特征,并且我国不同城市的房价涨幅、市场主体与经济发展程度等存在较大差异,研究不同城市住房市场对货币政策的传导效应更具现实意义。

本章运用基于结构向量自回归模型的反事实模拟方法,利用中国宏观数据和四个直辖市数据,对房价在货币政策传导机制中的总体作用效果与区域效应进行实证研究。相对于已有的研究,本书的贡献在于:一是在 SVAR 模型中重新设定变量之间的同期关系,使得变量之间的关系假设更为符合现实;二是分别选取城镇消费品零售额和城镇居民人均消费支出作为消费的代理变量,可以更为准确地反映住房价格对不同类型消费的传导效果;三是利用反事实模拟技术进行数值模拟,测算货币政策冲击对居民消费的传导机制中房价的贡献度;四是利用 4 个直辖市的季度数据建立 SVAR 模型进行实证考察,能够更加准确地反映住房市场的地域性与价格波动性。

5.2   理论回顾与文献综述

伴随着近三十年来西方国家房地产价格的大幅度波动,越来越多的西方学者开始关注房地产价格在货币政策传导机制中所起的特殊作用。学者们一致认同,住房价格对货币政策的传导过程分为两个阶段,第一个阶段是货币政策工具变动对住房价格的传导,第二个阶段是房价变动对家庭消费与企业投资等经济主体行为的传导[①]。在第一个阶段,货币政策工具通过对住房市场供求关系产生影响,进而影响房价。短期内,由于住房供给具有滞后性,货币政策主要通过改变住房市场需求导致房价变动。根据 Mishkin(2007),货币政策利率变动主要通过资本使用成本对住房市场需求产生直接影响。住房的资本使用成本可以表示如下[②]:

$$uc = ph\{[(1-t)i - \pi^e] - (\pi_h^e - \pi^e) + \delta\} \tag{5.1}$$

式(5.1)中,ph 是新建房地产的相对购买价格,i 是抵押贷款利率,π_h^e 是房地产价格的预期增值率,δ 是房地产折旧率。$[(1-t)i - \pi^e]$ 为实际

---

①   本书重点考察房价对居民消费的传导机制,而不对房价对企业投资的传导过程展开分析。房价影响企业投资的机制包括资产负债表效应与信贷约束效应,是指房价上涨使银行抵押物价值提高,这将缓解金融市场的信息不对称与金融摩擦问题,增强企业信贷获取能力,进而导致银行信贷扩张与企业投资扩张。

②   在标准的新古典模型中,资本使用成本被视为住房资本需求的重要决定因素。

税后利率,$(\pi_h^e - \pi^e)$为房地产价格的实际预期增值率,π^e为预期通货膨胀率[①]。根据式(5.1)可知,货币政策变动通过影响购房者的实际利息支付负担,进而对其住房持有成本与住房需求产生影响;另外,住房市场需求改变会导致潜在购房者对住房的预期增值率发生改变,这也成为货币政策影响住房持有成本与住房市场需求,进而影响房价的重要途径(Case and Shiller,2003)。如紧缩性货币政策提高住房使用成本,这会挤压住房市场需求并倾向于降低房价,导致住房预期增长率降低,进而提高住房使用成本并对住房需求产生负面影响。

除了资本使用成本渠道,货币信贷工具通过影响住房市场供求双方的信贷可得性,进而对住房价格产生影响。由于住房市场主体尤其是购房者大多面临严重的融资约束,对银行信贷具有很强的依赖性。因此,中央银行通过采用存款准备金政策、公开市场业务等政策工具对商业银行的超额准备金产生影响,进而影响商业银行的信贷扩张意愿与能力,购房者的信贷资金可得性随之改变,导致住房市场需求与房价也将随之改变。值得指出的是,对于利率敏感性较低的国家而言,货币信贷政策工具的影响效果更为显著。

在第二个阶段,住房价格变动通过财富效应(Campbell and Cocco,2007)、资产负债表效应与信用约束效应(Aoki,et al.,2004;Iacoviello,2002)、预期与信心效应(Ludwig and Slok,2002)等渠道对住房拥有者的消费支出产生促进作用,而通过负收入效应和储蓄效应对购房者和租房者的消费行为产生挤出效应(Muellbauer and Lattimore,1995)。由于以上作用机制的方向不一致,房价变动对总体消费的影响效果取决于各种力量的对比。

进一步分析房地产市场对货币政策的传导效果,可以发现:第一,经济主体的利率敏感性、住房抵押贷款可得性、抵押利率结构与期限、住房交易成本等因素会对货币政策变动对住房市场供求与房价的影响产生重要影响;第二,房价变动对居民消费的传导效果在很大程度上受一国住房抵押

[①] 考虑到抵押贷款利息具有抵税的特点,用边际税率 t 对名义抵押利率 i 进行了调整。

市场发达程度,以及抵押利率结构、贷款房价比等住房金融制度的影响①。

根据蒙代尔(1961)的最优货币区理论,在最优货币区内部经济具有同质性,货币政策的传导不具有区域性。但是,在一个大国家经济体中,其内部不同区域的要素环境、经济发展水平与自然禀赋等方面存在差异,则大国可能不存在最优货币区,货币政策的传导效果将表现出区域性。进一步将视角拓展至房地产市场,由于住房位置的固定性以及不能跨区域交易等原因,导致房地产市场具有较为典型的区域性特征,这种区域性特征与不同城市区域的经济发展水平、金融结构、收入水平、市场主体等差异性相结合,是房地产市场对货币政策的传导产生区域效应的重要原因。

学者们以上述传导机制为依据,沿着以下几个方向进行实证研究。第一,检验货币政策冲击对房价的传导效果,他们建立 VAR 模型与 SVAR 模型,也有学者建立理论模型,并通过参数赋值进行数值模拟。大多数研究发现,货币政策冲击对住房价格产生显著的影响,并且这种影响在抵押市场更发达的国家或阶段表现更为明显(Lastrapes,2002;Bjørnland and Jacobsen,2010)。第二,考察房价变动对居民消费的影响效果。已有的文献大多利用宏观总量数据或微观家庭调查数据对各种理论假设进行检验,分析比较房价影响家庭消费的异质性和一致性(Case,Quigley and Shiller,2005;Campbell and Cocco,2007;Guo and Hardin,2014),目前学术界关于房价对消费的传导机制与规模未达成广泛一致。为此,有学者开始将视角拓展至非线性领域(Chen and Chou,2010)。第三,将对房价的货币政策传导效果检验纳入一个统一的 VAR 模型或 SVAR 模型中,通过限制变量的同期关系和滞后关系,利用反事实模拟等方法检验货币政策向居民消费的传导机制中房价的作用效果(Lettau,Ludvigson and Steindel,2002;Giuliodori,2005;Elbourne,2008)。这些文献大多发现房价在货币政策传导过程中发挥了作用,但是效果存在差异性。如 Giuliodori(2005)发现英国房价在利率冲击对消费的传导中发挥重要作用,而 Elbourne(2008)的研究却显示英国房价的贡献度相对较

---

① 关于货币政策的房地产市场传导机制与效率,段忠东(2010)曾经做过较为全面的文献综述。

弱。第四,鉴于大国房地产市场的区域性差异,也有部分学者开始从区域经济角度探讨房地产市场传导货币政策的区域效应(Fratantoni and Schuh,2003)。Fratantoni 和 Schuh(2003)运用区域代理 VAR 方法(HAVAR)研究了房地产市场的区域差异性对于货币政策传导效果的影响。

　　美国次贷危机之后,国内学者在该领域产出了大量的实证研究成果。具体包括以下四个方向:第一,学者们运用不同类型的 VAR 模型考察货币政策冲击对房价的传导效果,大多发现货币政策冲击对房价产生重要响应,这种影响存在区域差异性,并且数量型货币政策工具的效果优于价格型工具,还有文献发现了所谓的"房价之谜"现象(李善桑、沈悦,2012;李智、李伟军、高波,2013;张红、李洋,2013)。第二,检验房价变动对居民消费的影响效果。大多研究利用宏观总量数据,运用线性模型(段忠东,2011;严金海,2012),少数学者开始选用家庭微观数据,采用非线性建模(黄静、屠梅曾,2009;段忠东,2014)。第三,运用各种基于 VAR 的计量模型,如 FAVAR 模型、SVAR 模型、VECM 模型等,通过脉冲响应函数检验房价的作用效果,多数研究认为房价在我国货币政策传导过程中发挥了较为重要的作用,但是关于房价变动影响消费的效果却不一致(丁晨、屠梅曾,2007;王松涛、刘洪玉,2009;冯科,2011)。第四,检验房地产市场对货币政策传导的区域差异性(周京奎,2005;王先柱、毛中根等,2011;张红、李洋,2013)。周京奎(2005)利用中国 4 个直辖市的房地产价格数据与宏观经济数据,实证研究了住宅价格与货币政策之间的互动关系。王先柱、毛中根等(2011)从房地产需求与供给两个层面考察货币政策在房地产市场的传导效应及其区域差异。张红、李洋(2013)基于 GVAR 模型分析房地产对货币政策传导的区域性差异。

　　国内已有研究在以下几个方面还可改进:第一,基于 SVAR 模型的研究,其优势在于可以较好地反映变量之间的同期关系,但是已有文献关于变量同期关系的设定却还可商榷;第二,大多数研究以社会消费品零售总额为对象,较少以居民消费性支出作为消费的代理变量,但是社会消费品零售总额包括居民消费与社会集团的非生产性消费,不能很好地反映居民消费本身;第三,现有文献大多基于省级面板数据或者年度数据,导致不能很好体现不同城市的住房市场波动特征,也不能准确刻画住房市场波动性;第四,少有学者运用反事实模拟方法进行检验,而这种方法可以较好模拟房价在货币政策传导机制中的作用效果。本书旨在从上述领域作出改进,并运用反事实方法进行数值模拟,进而刻画房价对货币政策的传导效果。

5.3 住房价格在货币政策传导中的总体效果

5.3.1 经验模型与研究方法

Sims(1980)提出的向量自回归(VAR)模型作为大规模宏观计量模型的替代方法,是早期用于考察货币政策冲击效果的主要方法。但是,VAR 模型对变量之间关系的设定缺乏理论支撑。该模型采用乔利斯基分解来获得脉冲响应,这种分解技术对变量施加了一个因果顺序限制,但是并无坚实的理论基础,尤其当考察除货币政策之外其他变量的影响时更是如此。当将 VAR 模型用于货币政策传导机制研究时,乔利斯基分解为除政策变量之外的其他变量施加因果顺序限制,从而对模型进行局部识别,但这种局部识别只能识别一个潜在的结构冲击。这也意味着,那些顺序排在政策变量之前的变量会对货币政策作出同期反应,但不会对货币政策产生同期影响;那些顺序排在政策变量之后的变量不会对货币政策作出同期反应,但货币政策却受这些变量的同期影响。如果在 VAR 模型中同时包括利率、汇率、房价等金融变量,并且这些变量共同决定时,上述的因果顺序假定就会出现问题。并且,由于存在局部识别问题,每个 VAR 模型只能用于研究一个冲击,还需要其他模型来考察房价冲击的影响,这意味着一个 VAR 模型仅仅考察一半传导机制。

结构向量自回归(SVAR)模型能够较好地克服 VAR 模型的不足。首先,为了识别货币政策变量以及其他变量如房价的冲击,需要对变量之间的关系进行限制,SVAR 模型能够为这些限制条件提供明确的理论依据;第二,SVAR 模型能够把货币政策传导机制的两个阶段纳入一个单一的模型中进行考察。根据 Elbourne(2008),基于同一 SVAR 模型的研究可以避免在不同模型中房价结构冲击与货币政策结构冲击可能存在的相关性问题。

本节运用基于结构向量自回归模型(SVAR)的反事实模拟方法,对房价在货币政策传导中的总体作用效果进行实证研究。货币政策在住房市场的传导过程包括两个阶段,即货币政策冲击对住房价格变动的作用,以及房价变动对消费与投资的影响。因此,本节的实证研究分为两个部分,第一部分检验货币政策冲击对住房价格的影响,第二部分考察房价变动对消费的作用效果[①]。

在第一部分,笔者估计一个基准的结构 VAR 模型,模型中包括研究所需的基本变量,该基准模型的估计结果用于计算标准的脉冲响应函数,以此分析货币政策冲击对房价的影响。在第二部分,本书将借鉴 Lettau 等(2002)、Giuliodori(2005)所采用的二阶段法。根据二阶段法,第一步估计一个结构向量自回归模型作为基准模型,估计标准的脉冲响应函数反映货币政策冲击对于居民消费的总体影响,其中包含了房价对居民消费的作用;第二步是运用反事实实验模拟货币政策冲击的影响,其中,关闭了基准模型中住房价格影响居民消费的直接渠道[②]。基准模型中货币政策冲击对于居民消费的总效应与反事实模拟的估计结果之间的差异,可以用来反映货币政策传导机制中房价对居民消费的作用效果。

为此,本节建立一个小型的结构 VAR 模型,用于分析变量之间的同期影响与滞后影响,具体表示如下:

$$AX_t = \Gamma_1 X_{t-1} + \cdots + \Gamma_p X_{t-p} + u_t \tag{5.2}$$

其中,X_t 表示$(n \times 1)$维内生变量向量,u_t 表示$(n \times 1)$维结构式冲击

[①] 本书重点考察房价变动对消费的传导,对房价变动传导货币政策的投资渠道,不做过多关注。

[②] 该模拟过程的实现是通过将消费方程中房价对消费的同期影响以及滞后影响系数设定为零,也即将式(5.3)中系数矩阵 A、$\Gamma_1 \cdots \Gamma_P$ 中表示房价影响消费的系数设定为零。

向量。$\Gamma_i, i = 0, \cdots, n$，是$(n \times n)$维系数矩阵，矩阵 A 是反映变量之间同期影响的$(n \times n)$维系数矩阵。结构式(5.2)可以改写为简化式(5.3)。

$$X_t = \Phi_1 X_{t-1} + \cdots + \Phi_p X_{t-p} + e_t \tag{5.3}$$

其中，假定简化式冲击 e_t 满足 $\mathrm{E}(e_t e_t') = \sum$。根据式(5.2)、(5.3)可知，$\Phi_i = A^{-1}\Gamma_i, (i = 1, \cdots, n)$，简化式扰动 e_t 与结构式扰动 u_t 之间的关系可以表示为：

$$Ae_t = Bu_t \tag{5.4}$$

式(5.4)即为 A-B 型 SVAR 模型。其中，结构扰动向量 u_t 是标准化正交的，即其方差协方差矩阵满足 $E(u_t u_t') = I$，并且对矩阵 A、B 强制施加约束 $A \sum A' = BB'$。为了识别 SVAR 模型，需要对同期关系矩阵 A 施加限制(Sims, 1980)。对于 n 元 p 阶的 A-B 型结构式 VAR 模型，需要对矩阵 A 施加 $n(n-1)/2$ 个限制条件才能恰好识别，矩阵 B 为对角矩阵。普遍的做法是假定 A 是一个下三角形矩阵。这实际上假定所有变量对货币政策冲击只能作出滞后 1 期的反应，这对于物价、产出等宏观变量也许合理，但是对于资产价格来说却并非合理。资产价格更有可能对货币政策冲击作出同期反应。另外，由于货币政策目标并非盯住资产价格，因此不会对资产价格变动作出同期反应。为此，需要对 SVAR 模型的同期影响矩阵 A 进行重新假设。

在本节的实证研究第一部分，SVAR 模型包括的内生变量向量可以表示为：$X_t = (\mathrm{LnCPI}_t、\mathrm{LnGDP}_t、\mathrm{LnHP}_t、\mathrm{Ln}M_t \text{ 或 } I_t)$，即内生变量包括物价、产出、房价、货币供应量或利率等。在实证研究第二部分，在已有的内生变量中加入消费，即内生变量向量表示为：$X_t = (\mathrm{LnCPI}_t、\mathrm{LnGDP}_t、\mathrm{Ln}C_t、\mathrm{LnHP}_t、\mathrm{Ln}M_t \text{ 或 } I_t)$。在 5 变量的 SVAR 模型中，为了识别结构式冲击，需要对同期影响矩阵 A 施加 10 个限制。借鉴 Lettau 等(2008)的思路，笔者以下述 5 变量初始矩阵为出发点，通过剔除那些未直接进入货币政策—房价—消费传导机制的变量(即物价与产出)，讨论对该矩阵施加限制的过程。

$$A = \begin{bmatrix} 1 & 0 & 0 & 0 & 0 \\ a_{21} & 1 & 0 & 0 & 0 \\ a_{31} & a_{32} & 1 & a_{34} & a_{35} \\ a_{41} & a_{42} & a_{43} & 1 & a_{45} \\ a_{51} & a_{52} & a_{53} & a_{54} & 1 \end{bmatrix} \tag{5.5}$$

以上矩阵(5.5)实际上已经包含的限定条件有:(1)物价、产出对于货币政策冲击的反应滞后1期,这表现为$a_{15}=0$,$a_{25}=0$。(2)物价、产出也不受房价波动的同期影响,即$a_{14}=a_{24}=0$。(3)消费对物价、产出的影响滞后1期,即$a_{13}=a_{23}=0$,产出对物价的影响滞后1期,即$a_{12}=0$。

为了对A矩阵施加限制,需要重点考察A矩阵的右下三角3×3子矩阵系数满足的假定条件。第一,假定中央银行根据宏观经济波动对货币政策作出同期调整,但是货币政策却只对消费产生滞后1期的影响,即$a_{35}=0$。第二,消费变动不对房价产生同期影响,即$a_{43}=0$[①]。第三,货币政策通常情况下只是关注住房价格,并非直接盯住房价,因此不对房价作出同期反应,即$a_{54}=0$。上述假定使得结构式方程(5.2)的待估计参数个数为10,恰好满足该方程的识别条件。可以将式(5.4)的估计形式重写如式(5.6)所示。

$$\begin{bmatrix} 1 & 0 & 0 & 0 & 0 \\ a_{21} & 1 & 0 & 0 & 0 \\ a_{31} & a_{32} & 1 & a_{34} & 0 \\ a_{41} & a_{42} & 0 & 1 & a_{45} \\ a_{51} & a_{52} & a_{53} & 0 & 1 \end{bmatrix} \begin{bmatrix} e_{\text{LnCPI}} \\ e_{\text{LnGDP}} \\ e_{\text{LnC}} \\ e_{\text{LnHP}} \\ e_{\text{LnM1}} \end{bmatrix} = \begin{bmatrix} b_{11} & 0 & 0 & 0 & 0 \\ 0 & b_{22} & 0 & 0 & 0 \\ 0 & 0 & b_{33} & 0 & 0 \\ 0 & 0 & 0 & b_{44} & 0 \\ 0 & 0 & 0 & 0 & b_{55} \end{bmatrix} \begin{bmatrix} u_{\text{LnCPI}} \\ u_{\text{LnGDP}} \\ u_{\text{LnC}} \\ u_{\text{LnHP}} \\ u_{\text{LnM1}} \end{bmatrix}$$

$$\tag{5.6}$$

式(5.6)意味着住房价格变动对消费支出产生同期的影响,而货币政策相应地对消费变动作出同期的反应,也即货币政策对房价变动作出间接的反应。

在不包含消费的4变量SVAR模型中,对于同期影响矩阵A的限定

---

① 这里本书采用了与Lettau等(2008)类似的假定,这也是大多数文献所采用的假设。

条件与上述分析雷同,只是不包含消费与房价、货币政策的关系假定,仅仅考察物价、产出、房价与货币政策的相互同期影响。具体设定的估计形式如(5.7)所示。

$$
\begin{bmatrix} 1 & 0 & 0 & 0 \\ a_{21} & 1 & 0 & 0 \\ a_{31} & a_{32} & 1 & a_{34} \\ a_{41} & a_{42} & 0 & 1 \end{bmatrix} \begin{bmatrix} e_{\mathrm{LnCPI}} \\ e_{\mathrm{LnGDP}} \\ e_{\mathrm{LnHP}} \\ e_{\mathrm{LnM1}} \end{bmatrix} = \begin{bmatrix} b_{11} & 0 & 0 & 0 \\ 0 & b_{22} & 0 & 0 \\ 0 & 0 & b_{33} & 0 \\ 0 & 0 & 0 & b_{44} \end{bmatrix} \begin{bmatrix} u_{\mathrm{LnCPI}} \\ u_{\mathrm{LnGDP}} \\ u_{\mathrm{LnHP}} \\ u_{\mathrm{LnM1}} \end{bmatrix}
\tag{5.7}
$$

式(5.7)表示货币政策冲击对住房价格产生同期影响,而货币政策并非直接以住房价格作为其政策目标,不对房价波动作出同期的反应,即 $a_{43}=0$。其他假设与式(5.5)相同。

5.3.2 变量选择、数据来源与处理

本节所选取研究变量包括:物价、产出、收入、消费、房价、货币供应量与利率。其中,用货币量与利率表示货币政策冲击。采用 1999 年第 1 季度至 2014 年第 3 季度的季度数据,共计 63 组样本数据。所有的数据均来源于中国国家统计局网站、CEIC 中国经济数据库与中国人民银行网站。研究变量选择与数据处理过程详见表 5.1。

表 5.1　研究变量与数据处理

变量	变量解释	数据处理
CPI/P	定基、同比居民消费价格指数(物价)	对定基居民消费价格指数(CPI),求得以 1997 年 12 月为基期的月度定基 CPI;对季度内数据几何平均求得季度定基比 CPI;运用 X－12 方法进行季节调整;作取对数处理。同比居民消费价格指数(P)无需处理。
GDP	国内生产总值(产出)	通过季度累计 GDP 求得季度值,剔除通胀因素影响得到以 1997 年 12 月为基期的国内生产总值实际值,最后,运用 X－12 方法进行季节调整,并作取对数处理。
INC	城镇居民人均可支配收入(居民收入)	剔除通胀因素影响,得到以 1997 年 12 月为基期的实际收入;运用 X－12 方法进行季节调整,并取对数处理。
C	城镇消费品零售额(城镇消费)	剔除通胀因素影响,得到以 1997 年 12 月为基期的实际消费;最后,运用 X－12 方法进行季节调整,并取对数处理。

续表

变量	变量解释	数据处理
CONS	城镇居民人均消费支出(居民消费)	剔除通胀因素影响,得到以 1997 年 12 月为基期的实际消费;最后,运用 X－12 方法进行季节调整,并取对数处理。
HP	住宅销售价格指数(住房价格)	以 1999 年为基期,假定 1999 年各季度间价格指数反映各季度间的实际变动,其后各季度数据以上年值为基准乘以当期住房销售价格指数,得到以 1999 年为基期的住宅价格指数;最后,取对数处理。
M1	狭义货币供应量(货币量)	剔除通胀因素影响,得到以 1997 年 12 月为基期的货币供应量实际值;最后,进行取对数处理。
I1/I3	1 年期、3 年期银行贷款利率(利率)	当利率发生调整时,根据使用的日期数作为权数求季度内加权平均利率。

经过数据处理的物价、产出、居民收入、城镇消费、居民消费、住房价格、货币量与利率分别用 LnCPI、LnGDP、LnINC、LnC、LnCONS、LnHP、LnM1、I1、I3 表示[①]。

5.3.3 实证研究过程与结果分析

首先,在建立 SVAR 之前,需对所有变量进行平稳性检验,本节运用 ADF 方法对各个变量的平稳性进行单位根检验。具体的检验结果如表 5.2 所示。

表 5.2　各变量的单位根检验结果

变量	ADF	临界值	形式	结论	变量	ADF	临界值	形式	结论
LnCPI	−2.76	−3.49*	$c,t,2$	不平稳	ΔLnCPI	−4.11	−3.54**	$c,0,0$	平稳
P	−4.08	−3.49*	$c,t,1$	平稳	ΔP	—	—	—	—
LnGDP	0.381	−3.49*	$c,t,0$	不平稳	ΔLnGDP	−7.37	−3.54**	$c,0,0$	平稳
LnINC	−2.42	−3.49*	$c,t,0$	不平稳	ΔLnINC	−9.41	−3.54**	$c,0,0$	平稳

---

① 为简化起见,分别将城镇消费品零售额、城镇居民人均消费性支出简称为城镇消费与居民消费。

续表

变量	ADF	临界值	形式	结论	变量	ADF	临界值	形式	结论
LnC	-2.57	-3.49^*	$c,t,2$	不平稳	ΔLnC	-4.00	-3.54^{**}	$c,0,1$	平稳
LnCONS	-2.38	-3.49^*	$c,t,2$	不平稳	ΔLnCONS	-7.46	-3.54^{**}	$c,0,2$	平稳
LnHP	-2.51	-3.49^*	$c,t,1$	不平稳	ΔLnHP	-7.81	-3.54^{**}	$c,0,1$	平稳
LnM1	-0.98	-3.49^*	$c,t,2$	不平稳	ΔLnM1	-5.00	-3.54^{**}	$c,0,2$	平稳
I1	-3.51	-2.91^*	$C,0,1$	平稳	$\Delta I1$	—	—	—	—
I3	-3.42	-2.91^*	$C,0,1$	平稳	$\Delta I3$	—	—	—	—

注:其中 ΔLnCPI、ΔP、ΔLnGDP、ΔLnINC、ΔLnC、ΔLnCONS、ΔLnHP、ΔLnM1、$\Delta I1$ 表示原序列的一阶差分序列,(c,t,n)分别表示单位根检验模型中的截距项、时间趋势项和滞后阶数。$*$、$**$ 分别表示 5%、1% 的显著水平。本节所有数据分析均运用 Eviews6.0 软件进行。

由表 5.2 可知,除利率、物价等变量外的其余变量原序列在 5% 的显著性水平都是非平稳的,而这些变量的一阶差分序列在 1% 的显著性水平上是平稳的,这些变量均为一阶单整序列 $I(1)$。

5.3.3.1 货币政策冲击对住房价格的传导

本节建立三个 4 变量的基准 SVAR 模型。模型 1 的内生变量包括:物价、产出、房价与货币量,即 $X_{1t}=($LnCPI$_t$、LnGDP$_t$、LnHP$_t$、LnM1$_t)$;模型 2 的内生变量是:物价、产出、房价与 1 年期贷款利率,即 $X_{2t}=($LnCPI$_t$、LnGDP$_t$、LnHP$_t$、$I1_t)$;模型 3 的内生变量包括:物价、产出、房价与 3 年期贷款利率,即 $X_{3t}=($LnCPI$_t$、LnGDP$_t$、LnHP$_t$、$I3_t)$。

在单位根检验基础上,协整检验发现,各组变量之间存在长期稳定的协整关系。根据 Sims、Stock 和 Watson(1990),如果各变量之间存在协整关系,则可以从变量水平值的 VAR 模型中得出一致性估计[1]。因此,如同国外大多数同类研究一样,笔者采用水平变量形式的 SVAR 模型,同时加入常数项。

---

[1] 也可以建立变量一阶差分形式的 VAR 模型,但是这会导致遗漏水平变量中所包含的信息,并且可能导致错误设定与过度识别。

1.模型 1 的估计结果$[X_{1t}=(\mathrm{Ln}CPI_t、\mathrm{Ln}GDP_t、\mathrm{Ln}HP_t、\mathrm{Ln}M1_t)]$。

图 5.6 是 SVAR 模型 1 的脉冲响应函数计算结果[①]。

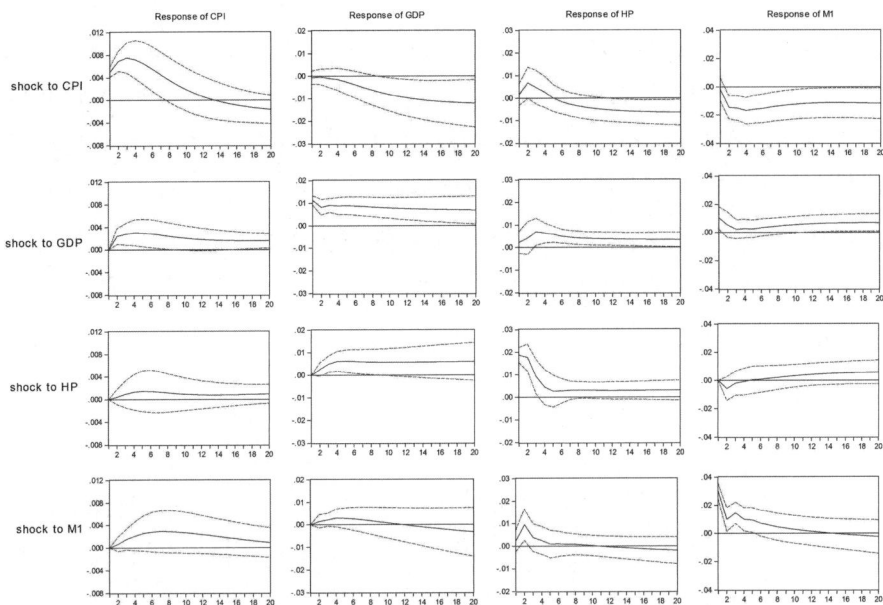

图 5.6　各变量的脉冲响应函数(模型 1)

注:曲线表示对于某变量的 1 单位标准方差冲击,各变量的脉冲响应变动趋势。

其中,横轴表示季度,纵轴表示脉冲响应单位。下同。

可以发现,扩张性的货币量冲击导致宏观经济变量出现正向的响应,物价与产出均表现出经典的倒 U 形波动特征。具体来看,物价的当季响应为零,之后逐渐提高,峰值响应 0.29% 出现在第 7 季度。产出的当季响应为零,之后逐渐增加,第 4 季度时出现峰值响应 0.30%。房价对货币量的扩张作出当季响应 0.24%,第 2 季度迅速上升到峰值 0.95%,第 3 季度迅速下降,此后,这种响应缓慢下降并趋近于零。这说明货币量的扩张会导致住房价格在短期内出现迅速上涨,主要原因可能是由于短期内住房供给调整滞后,而货币量扩张刺激住房需求使房价出现较快上涨;从长期来看,由于住房供给的缓慢增长,房价响应逐渐恢复初始状态。

---

　① 　根据 AIC 与 SC 信息准则,结合 SVAR 模型稳定性检验,以及残差序列自相关和异方差检验,选定滞后阶数为 2。

　　另外,房价冲击会导致物价和产出出现正向响应,这意味着房价上涨会带动经济增长与物价上涨;房价冲击会使得货币量在短期出现负向响应,随后货币响应逐渐由负转正,这可能是中央银行针对房价的调控政策引起的,长期则是由于房价高涨导致的内生性货币供给增加。

　　房价变动的预测方差分解结果显示(见图5.7),房价波动性主要受房价自身冲击所驱动,物价与产出冲击具有重要的贡献度。另外,从第2季度开始,货币量冲击对房价波动性的贡献度在7%～11%之间,在第2季度到达最大值11.52%,之后逐渐下降。值得注意的是,在第2季度至第4季度,货币量的贡献度超过物价与产出,这说明短期内,货币量是房价波动的重要解释因素之一。

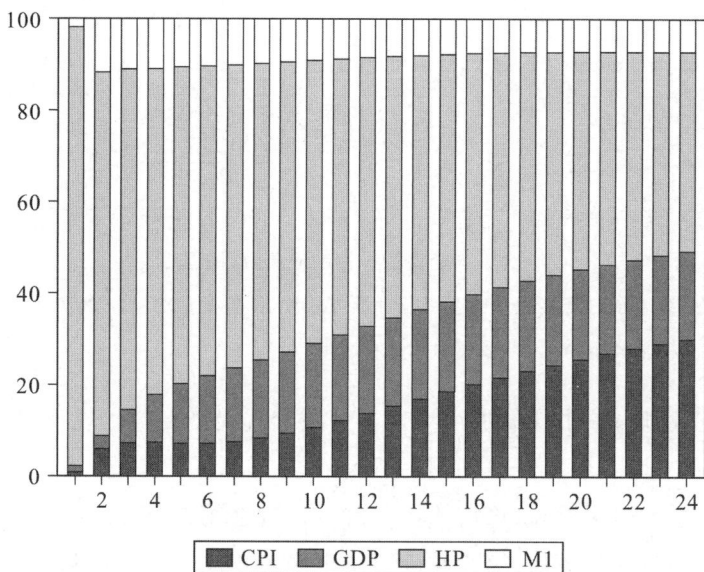

图5.7　房价波动的预测方差分解(模型1)

2.模型2的估计结果[$X_{2t}=(\text{LnCPI}_t、\text{LnGDP}_t、\text{LnHP}_t、I1_t)$]
模型2的脉冲响应函数估计结果如图5.8所示[①]。

　　可以发现,当紧缩性的利率冲击发生时,物价、产出与房价等变量均

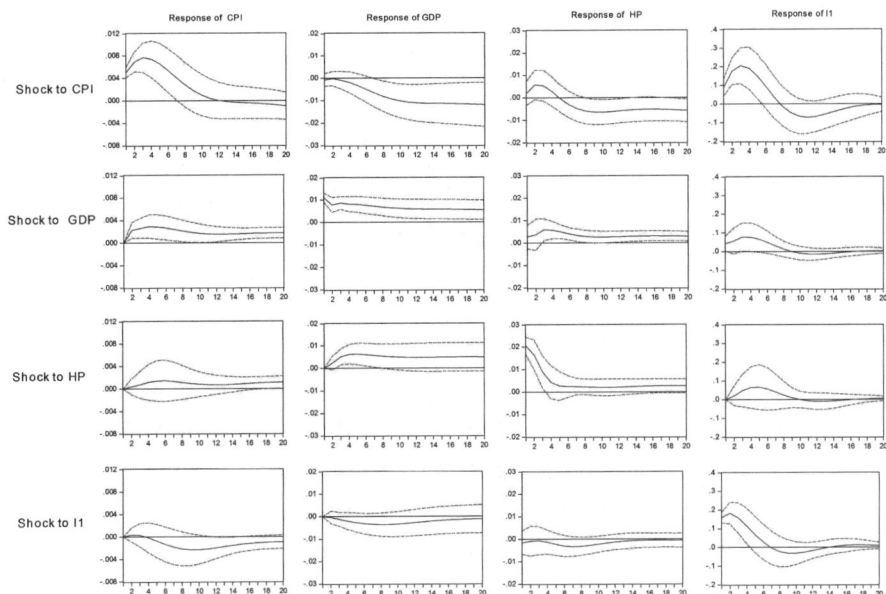

图 5.8　各变量的脉冲响应函数(模型 2)

出现反向调整,所有变量的脉冲响应函数均表现出 U 形波动特征。具体来看,在受到紧缩性利率冲击后,物价在短期内有轻微正向响应,之后出现持续反向调整,到第 10 季度达到响应峰值-0.23%。产出的反向响应在第 8 季度达到峰值-0.36%;房价的当季响应为-0.16%,并且这种反向响应在第 2、3 季度略有缓解,从第 4 季度开始房价的反向响应逐渐扩大,到第 7 季度时达到响应峰值-0.34%。这一特征说明利率紧缩将会导致房价指数的反向调整,并且对房价的抑制效果具有较长的滞后期(约 2 年)。此外,房价冲击导致政策利率的即期响应为零,第 2 季度开始出现正向响应,响应峰值 6.59% 出现在第 5 季度。这说明中央银行的利率政策对房价上涨有滞后反应。

　　房价变动的方差分解结果如图 5.9 所示,房价自身是房价波动最为重要的解释变量,物价与产出也是重要的解释因素。利率的解释能力较弱,其贡献度在 0.45%～4.48% 之间,冲击发生后第 11 季度时利率贡献度达到最大值。结合脉冲响应函数与方差分解结果得出,利率对房价波动的解释效果和力度较为有限,旨在运用价格型货币政策工具调控房价的政策意图难以取得满意的效果。

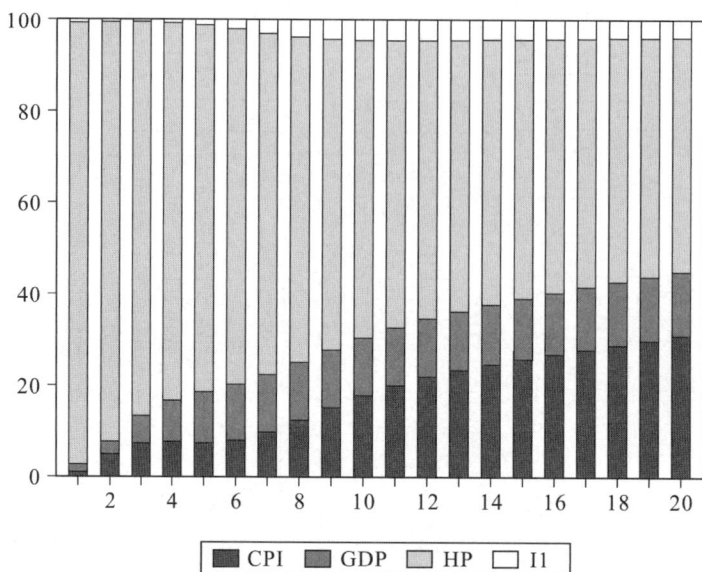

图 5.9　房价波动的预测方差分解（模型 2）

3.模型 3 的估计结果[$X_t = (\text{LnCPI}_t、\text{LnGDP}_t、\text{LnHP}_t、I3_t)$]

进一步用 3 年期贷款利率作为货币政策的代理变量，SVAR 模型 3 的脉冲响应函数结果见图 5.10。结果显示，无论从定性还是定量的角度比较，模型 3 与模型 2 的估计结果都非常相似，但是物价、产出与房价等变量的响应或者峰值略有提高，或者峰值出现时期略有提前。如物价的峰值响应 -0.23% 出现在第 9 季度，产出的峰值响应 -0.41% 出现在第 8 季度，房价指数的响应峰值 -0.35% 出现在第 7 季度。这说明 3 年期银行贷款利率对于宏观经济与房价指数的反向影响效果略有提高。

房价的方差分解结果如图 5.11 所示，3 年期银行贷款利率对房价波动的解释能力在 $2.15\% \sim 6.14\%$ 之间，较 1 年期贷款利率的解释能力略有提高，但是总体看来依然较为微弱。产出与物价对房价波动性具有重要的解释能力。可以得出利率政策对于房价的调控效果差强人意之判断。

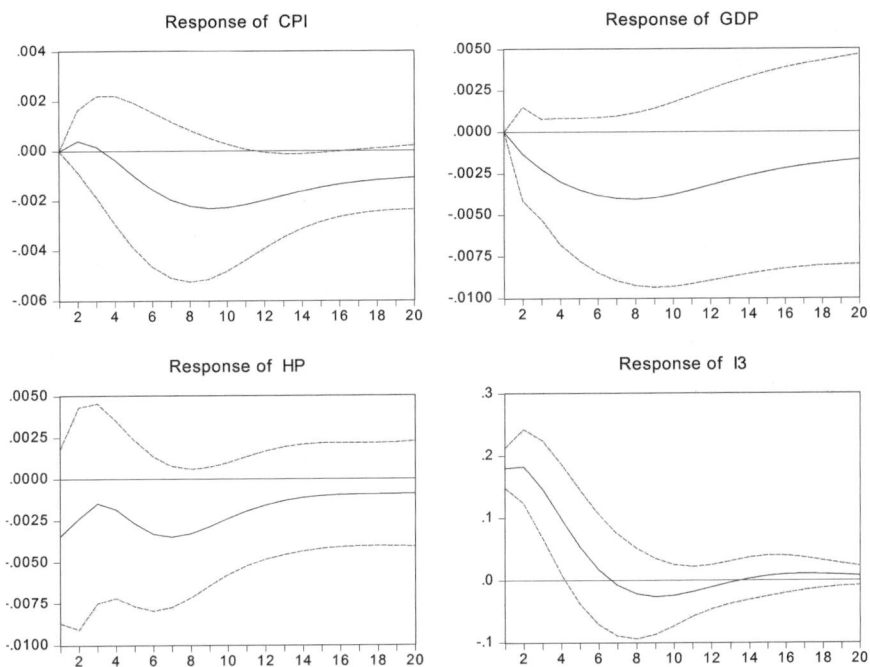

图 5.10 利率冲击的脉冲响应函数(模型 3)

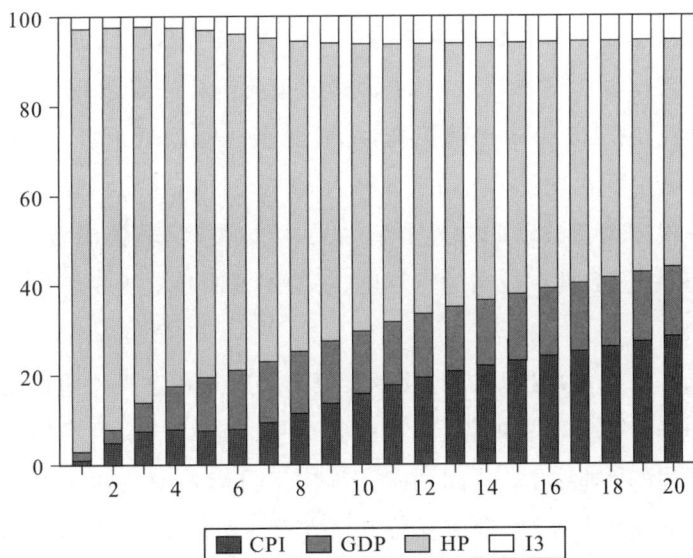

图 5.11 房价波动的预测方差分解(模型 3)

5.3.3.2 货币政策传导中住房价格对城镇消费的作用效果:反事实模拟研究一

首先,以城镇消费零售总额作为消费的代理变量,采用二阶段法考察房价在货币政策冲击向消费传导中的作用效果。为此,需要建立三个 5 变量 SVAR 模型,即在 4 变量 SVAR 模型中加入城镇消费。三个 SVAR 模型包含的内生变量具体如下:模型 4 包含物价、产出、城镇消费、房价与货币量,即 $X_{4t} = (\text{LnCPI}_t 、\text{LnGDP}_t 、\text{LnC}_t 、\text{LnHP}_t 、\text{Ln}M1_t)$;模型 5 包含物价、产出、城镇消费、房价与 1 年期贷款利率,即 $X_{5t} = (\text{LnCPI}_t 、\text{LnGDP}_t 、\text{LnC}_t 、\text{LnHP}_t 、I1_t)$;模型 6 包括物价、产出、城镇消费、房价与 3 年期贷款利率,即 $X_{6t} = (\text{LnCPI}_t 、\text{LnGDP}_t 、\text{LnC}_t 、\text{LnHP}_t 、I3_t)$。

1.模型 4 的估计结果[$X_{4t} = (\text{LnCPI}_t 、\text{LnGDP}_t 、\text{LnC}_t 、\text{LnHP}_t 、\text{Ln}M1_t)$]

第一步是建立基准的 SVAR 模型。与前述方法一致,建立水平形式的 SVAR 模型,加入常数项①。模型 4 的脉冲响应函数计算结果显示(见图 5.12),对于 1 个单位标准方差的扩张性货币冲击,物价、产出与房价的响应轨迹与模型 1 基本相近;城镇消费的正向响应轨迹表现倒 U 形曲线特征,其响应在 1.5 年内迅速提高,之后逐步回落趋近于零,其峰值响应 1.16% 出现在第 6 季度。这说明扩张性的货币冲击将对城镇消费产生促进作用。根据消费波动的方差分解结果,可以发现,城镇消费自身、货币量、产出和物价都具有较高的贡献度,房价的贡献度在 2.5%～8.2% 之间(见图 5.13)。

第二步是对基准模型进行反事实模拟实验。在这里关闭模型 4 的消费方程中房价影响消费的渠道,模拟货币量冲击对城镇消费的影响。按照前文所述的实验方法,关闭消费方程中房价影响消费的同期影响系数与滞后 1、2 期影响系数,同时保持其他方程的估计系数不变,对模型 4 重

---

① 根据 AIC 与 SC 信息准则,以及结合 SVAR 模型稳定性检验、残差序列自相关等检验,选定滞后阶数为 2。

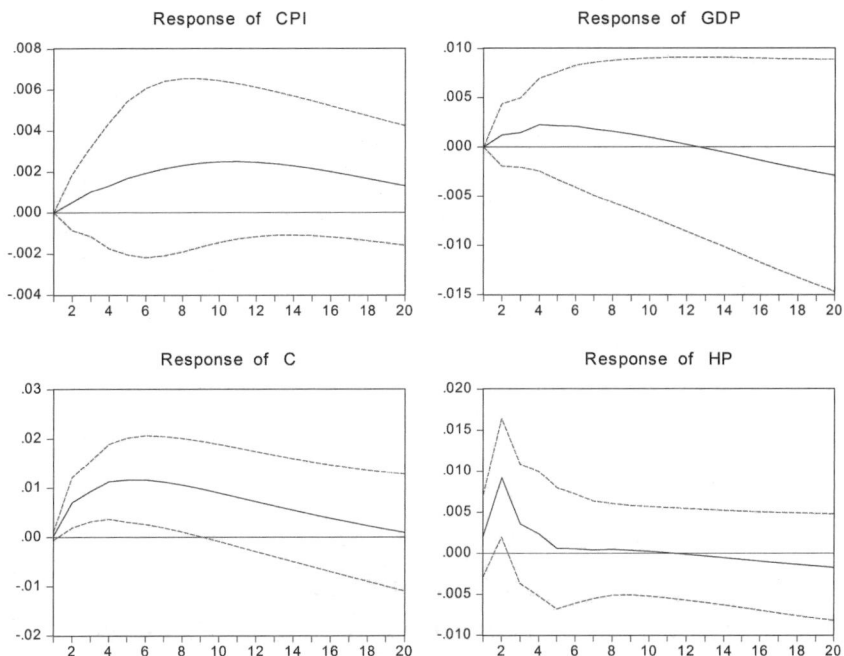

图 5.12 货币冲击的脉冲响应函数(模型 4)

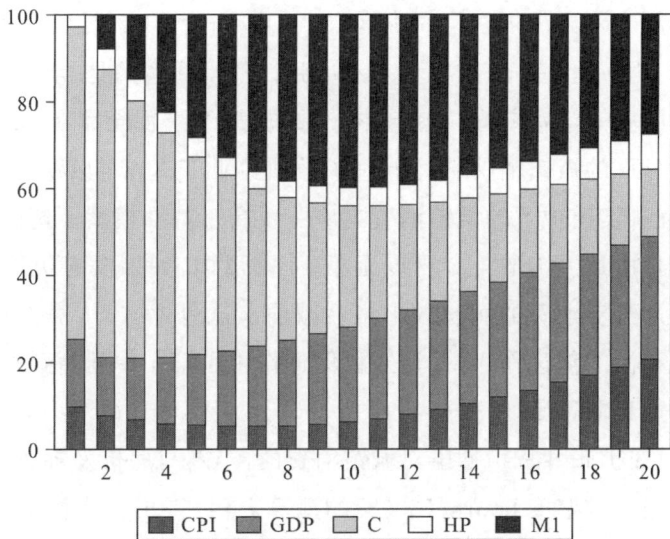

图 5.13 城镇消费波动的预测方差分解(模型 4)

新估计,得到模拟情形下的脉冲响应函数。具体的模拟结果见图 5.14。

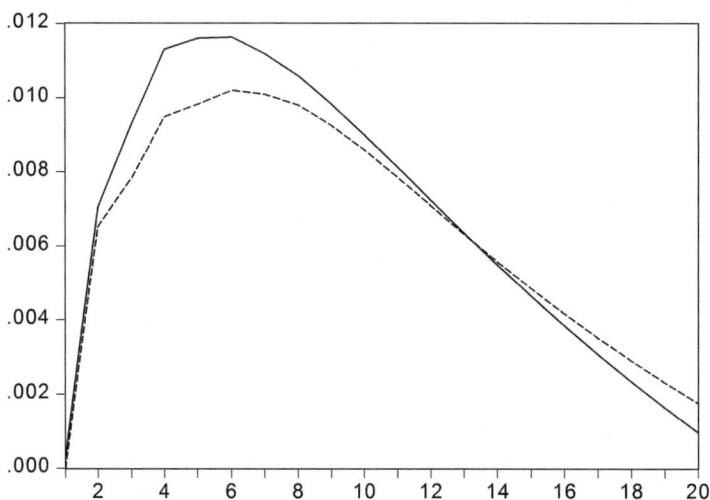

图 5.14 反事实模拟(模型 4)

注:实线表示基准模型的脉冲响应函数,虚线表示反事实模拟情景下的脉冲响应函数。

结果显示,在反事实模拟实验中,扩张性的货币量冲击导致的城镇消费响应峰值 1.02% 出现在第 6 季度,低于基准模型中的城镇消费响应峰值 1.16%,响应轨迹与基准模型基本一致。值得注意的是,前 2 个季度两种情形下的城镇消费响应轨迹基本一致,从第 3 季度至第 14 季度,反事实模拟情形下的城镇消费脉冲响应函数轨迹低于基准模型。从第 14 季度开始,反事实模拟下的城镇消费响应曲线高于基准模型。这说明,在受到扩张性货币量冲击的第 3 季度至第 14 季度内,如果没有房价作用,扩张性货币冲击对消费的刺激效果将会减弱。这也意味着,房价对城镇消费产生了积极的促进作用,并且这种促进作用在第 4 季度达到最大值,之后逐渐降低趋向于零。

总之,在扩张性货币冲击对城镇消费的传导中,房价发挥了较为重要的促进作用。借鉴 Elbourne(2008)的测算方法,得出扩张性货币冲击导致城镇消费提高中,有 13.2% 来自房价的贡献[1]。

2.模型 5 的估计结果[$X_{5t}=(\mathrm{LnCPI}_t \text{、} \mathrm{LnGDP}_t \text{、} \mathrm{LnC}_t \text{、} \mathrm{LnHP}_t \text{、} I1_t)$]

第一步是估计基准 SVAR 模型。模型 5 的脉冲响应函数计算结果见图 5.15。可以发现,紧缩性利率冲击发生后,物价、产出、房价的响应轨迹与模型 2 的响应轨迹在定性与定量特征上都非常接近,表现出 U 形特征。物价的峰值响应-0.25% 出现在第 11 季度,产出的峰值响应-0.47% 出现在第 8 季度,房价的峰值响应-0.41% 出现在第 5 季度。城镇消费的当期响应为零,之后逐渐下降,至第 6 季度达到峰值响应-1.19%,随后逐步恢复并趋向于-0.33%。这说明紧缩性的利率政策将导致物价、产出等主要经济变量回落,房价与城镇消费也会在 1 年至 1.5 年内出现较快回落。

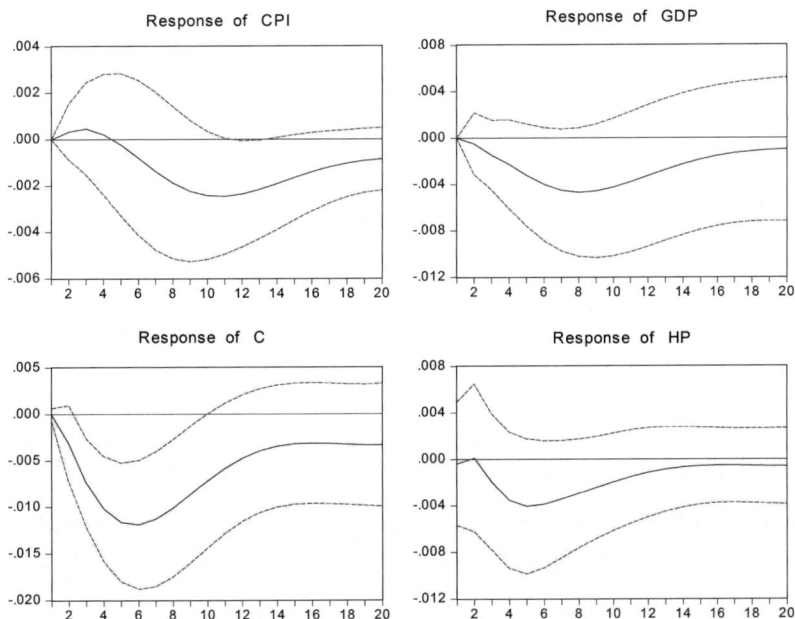

图 5.15　利率冲击的脉冲响应函数(模型 5)

从城镇消费的方差分解结果发现(见图 5.16),贡献度最大的因素包

---

　　[1]　通过计算反事实模拟与基准模型的消费响应峰值变化率可得,即:(1.16%-1.02%)/1.16%×100%=13.2%

括消费自身、产出与利率,物价对城镇消费的解释力较为微弱,另外,房价对城镇消费的解释能力也较为微弱,约为 2%～12%。

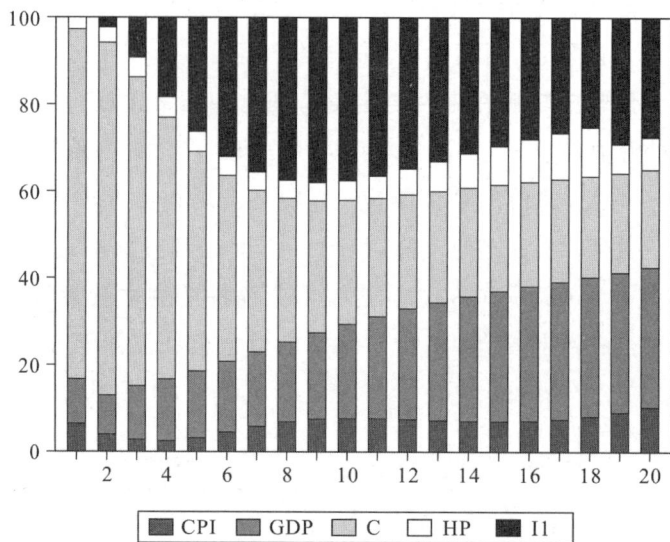

图 5.16 城镇消费波动的预测方差分解(模型 5)

第二步进行反事实模拟实验。具体模拟过程与方法与前文相同。模型 5 的模拟结果见图 5.17。结果显示,由于关闭了消费方程中房价影响消费的当期与滞后估计系数,面对紧缩性利率政策冲击,城镇消费的反向响应峰值－1.13%出现在第 5 季度,响应幅度低于基准模型的响应峰值幅度,响应轨迹与基准模型基本一致,呈现出 U 形调整特征。可以发现,利率冲击发生 1 年之后,反事实模拟情形下的城镇消费响应轨迹与基准模型没有差异,第 5 季度至第 14 季度,反事实情形下的城镇消费反向响应幅度低于基准模型,从第 15 季度开始,反事实情形下的消费响应幅度超过基准模型。这说明,如果没有房价作用,紧缩性利率冲击对城镇消费的抑制效果将会减弱。这也意味着,利率冲击后第 5 季度至第 14 季度,房价下降进一步导致城镇消费的缩减,这种效果在第 8 季度达到最大,之后房价变动对城镇消费的促进效果逐渐下降并趋向于零。

结合城镇消费波动的方差分解结果,可以得出,在紧缩性利率冲击对城镇消费的传导中,房价变动起到积极促进作用,其对城镇消费的解释能

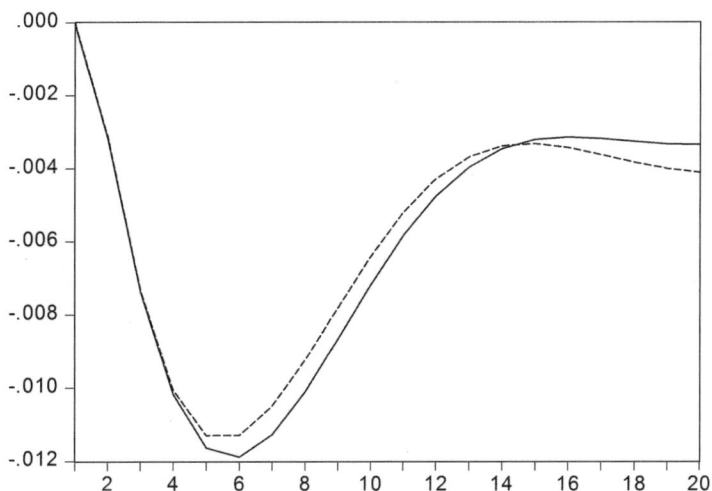

图 5.17　反事实模拟（模型 5）

注:实线表示基准模型的脉冲响应函数,虚线表示反事实模拟情
景下的脉冲响应函数。

力低于产出、利率,但是略高于物价。经过测算,在紧缩性利率冲击导致
的城镇消费下降中,房价下降导致的消费下降占比约为 5%。[①] 可见,房
价变动对城镇消费的传导效果低于扩张性货币冲击中房价的传导效果。

3.模型 6 的估计结果[X_t＝(LnCPI$_t$、LnGDP$_t$、LnC$_t$、LnHP$_t$、$I3_t$)]

第一,以 3 年期银行贷款利率作为货币政策变量,重新建立 SVAR
模型作为基准模型。模型 6 的脉冲响应计算结果如图 5.18 所示。结果
显示,对紧缩性利率冲击,各变量的脉冲响应函数与模型 5 非常相似。此
外,如图 5.19 所示,城镇消费波动的方差分解结果也与模型 5 非常近似,
对城镇消费波动的贡献度最大的因素是消费自身,利率与产出也具有重
要的解释能力,房价对城镇消费波动的贡献度在 2%～15%,并且呈现出
逐渐提高的特征。

①　即求反事实模拟情形与基准模型下消费响应峰值的变化百分比:(1.19%－
1.13%)/1.19%×100%＝5%。

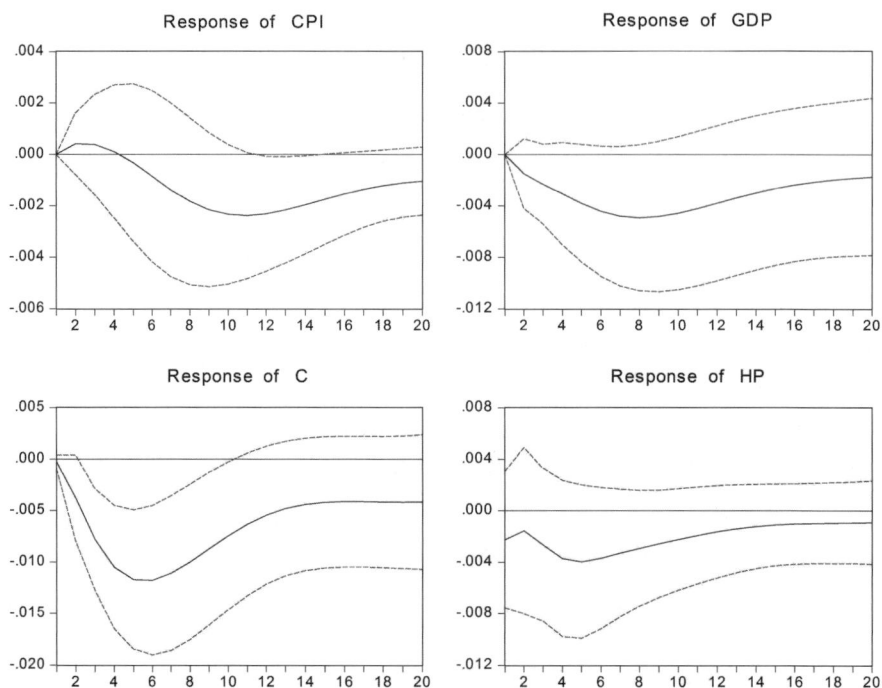

图 5.18 各变量对利率冲击的脉冲响应函数(模型 6)

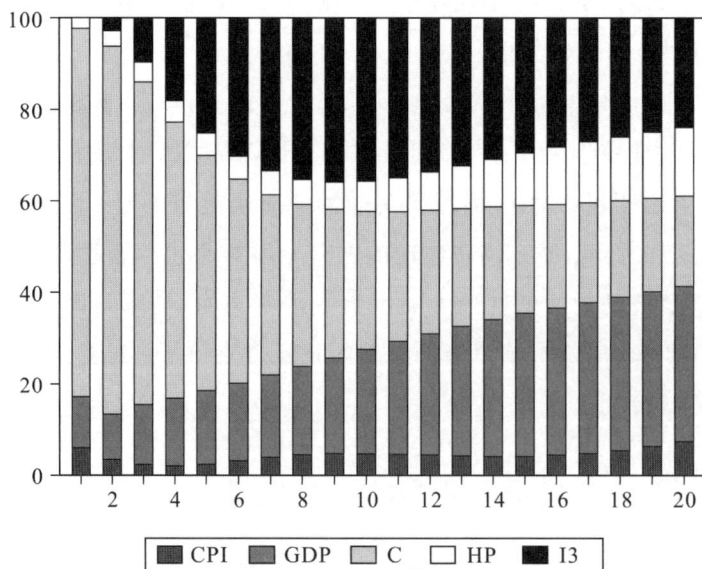

图 5.19 城镇消费波动的预测方差分解(模型 6)

第二步是反事实模拟实验,具体结果见图 5.20。可以发现,在紧缩性利率政策冲击后的 14 季度内,反事实情形下的城镇消费反向响应幅度均低于基准模型情形,从第 14 季度开始,城镇消费的反向响应幅度超过基准模型。这说明,紧缩性利率政策冲击后 2.5 年以内,房价下降将对城镇消费产生抑制作用,并且,房价下降的抑制作用峰值出现在第 8 季度。经过测算,在紧缩性利率冲击导致的城镇消费下降中,房价下降的贡献度约为 5.9%。这与模型 5 的结果非常近似,但是房价对消费缩减的贡献度略有提高。

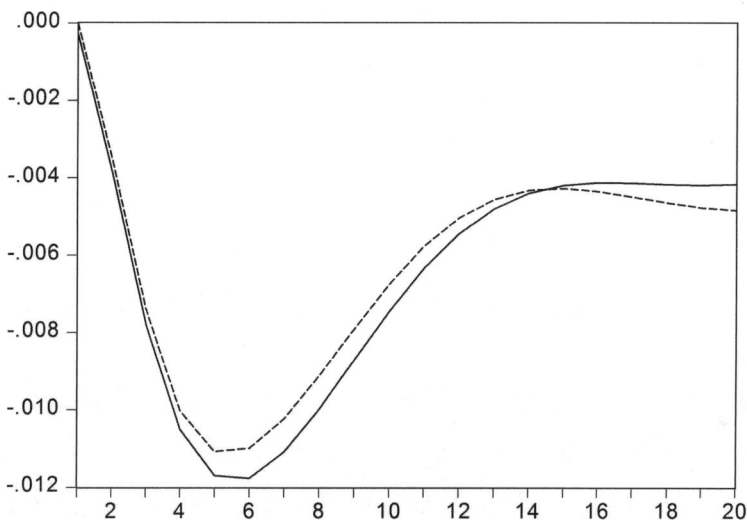

图 5.20　反事实模拟(模型 6)

注:实线表示基准模型的脉冲响应函数,虚线表示反事实模拟情景下的脉冲响应函数。

5.3.3.3　货币政策传导中住房价格对居民消费的作用效果:反事实模拟研究二

接下来,本书以城镇居民人均消费支出作为消费的代理变量,运用二阶段法考察住房价格对货币政策的传导效果。为此,建立两个 5 变量 SVAR 模型。另外,分别采用居民消费价格指数(上年同期＝100)、城镇居民人均可支配收入作为物价和居民收入的代理变量。模型 7 包括的变量:物价、收入、消费、房价与货币量,即:$X_{7t}=(P_t、\text{LnINC}_t、\text{LnCONS}_t、$
$\text{LnHP}_t、\text{LnM1}_t)$。模型 8 包含的变量:物价、收入、消费、房价与利率,即:
$X_{8t}=(P_t、\text{LnGDP}_t、\text{LnC}、\text{LnHP}_t、I1_t)$。这里依然采用 A-B 型 SVAR 模
型及其同期影响矩阵的约束思路,设定的约束条件如下:(1)货币政策不
对居民收入产生同期影响,即 $\alpha_{25}=0$;(2)居民收入不对物价产生同期影
响,即 $\alpha_{12}=0$;(3)消费与房价对居民收入产生滞后影响,$\alpha_{23}=\alpha_{24}=0$;(4)
货币政策不对居民收入作出同期反应,$\alpha_{52}=0$。最终,得到式(5.4)估计形
式如式(5.8)所示:

$$
\begin{bmatrix}
1 & 0 & 0 & 0 & 0 \\
a_{21} & 1 & 0 & 0 & 0 \\
a_{31} & a_{32} & 1 & a_{34} & 0 \\
a_{41} & a_{42} & 0 & 1 & a_{45} \\
a_{51} & 0 & a_{53} & 0 & 1
\end{bmatrix}
\begin{bmatrix}
e_P \\
e_{\text{LnINC}} \\
e_{\text{LnCONS}} \\
e_{\text{LnHP}} \\
e_{\text{LnM1}}
\end{bmatrix}
=
\begin{bmatrix}
b_{11} & 0 & 0 & 0 & 0 \\
0 & b_{22} & 0 & 0 & 0 \\
0 & 0 & b_{33} & 0 & 0 \\
0 & 0 & 0 & b_{44} & 0 \\
0 & 0 & 0 & 0 & b_{55}
\end{bmatrix}
\begin{bmatrix}
u_P \\
u_{\text{LnINC}} \\
u_{\text{LnCONS}} \\
u_{\text{LnHP}} \\
u_{\text{LnM1}}
\end{bmatrix}
$$

$$(5.8)$$

1. 模型 7 的估计结果 $[X_{7t}=(P_t、\text{LnINC}_t、\text{LnCONS}_t、\text{LnHP}_t、$
$\text{LnM1}_t)]$

第一步,建立基准 SVAR 模型[①]。SVAR 模型的脉冲响应计算结果
如图 5.21 所示。结果发现,扩张性的货币冲击导致物价、收入、居民消费
与房价出现正向响应。其中,物价对货币冲击具有较高的敏感度,其正向
响应峰值 32.7% 出现在冲击发生的第 4 季度,之后逐渐回落,在第 17 季
度响应趋向于 4%;居民收入的响应表现出递增的趋势,第 12 季度后逐
渐平稳趋向于峰值 0.44%(第 20 季度);居民消费的响应峰值 0.90% 出现
在冲击后的第 2 季度,第 3~第 7 季度响应轨迹出现较大波动,且波幅逐
渐降低,第 8 季度之后,响应轨迹逐渐稳定并趋向于 0.39%;房价的响应
峰值 1.16% 出现在第 2 季度,之后逐渐回落并趋向于 0.35%。这说明,在
扩张性的货币冲击下,物价、收入和房价都会不同程度地提高,短期内货
币政策对居民消费的影响不太明确,长期会产生正向影响。

---

① 根据各种检验结果以及 AIC、SC 信息准则,确定 SVAR 模型 7 的结构包括常数
项,滞后 2 阶。模型 8 的结构与模型 7 相同,选择过程不再赘述。

Response of P

Response of INC

Response of CONS

Response of HP

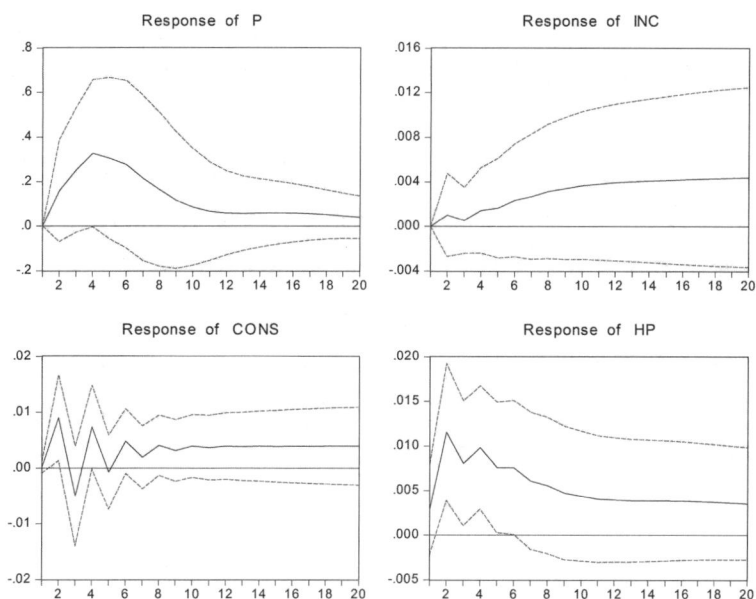

图 5.21 货币冲击的脉冲响应函数(模型 7)

从消费的方差分解结果来看(见图 5.22),居民消费波动的重要解释变量包括消费自身和居民收入,货币量对居民消费的贡献度在 0~15% 之间。房价的解释能力极为有限,最高贡献度也不超过 4%。

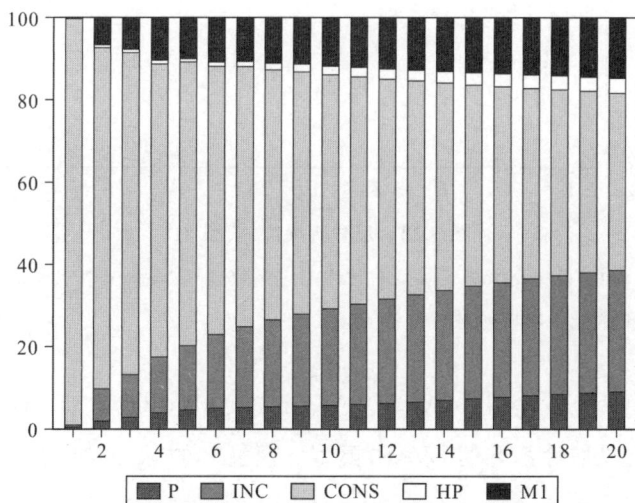

P   INC   CONS   HP   M1

图 5.22 居民消费波动的预测方差分解(模型 7)

第二步是进行反事实模拟,模拟结果见图 5.23。可以发现,货币冲击后的 1 年内,反事实模拟与基准模型的消费脉冲响应轨迹十分接近,呈现出短期内迅速正向响应的特征。从第 3 季度开始,反事实模拟的脉冲响应轨迹略高于基准模型,第 8 季度开始逐渐稳定并趋向于 0.42%。这说明,如果没有房价的作用,扩张性货币冲击对居民消费的推动效果会更强。这意味着房价在货币冲击的传导过程中对居民消费产生了挤出效果,并且挤出效果峰值出现在冲击后第 7 季度。经过测算,扩张性货币冲击对居民消费的传导过程中,房价上涨挤出的居民消费占比约为 7.1%[①]。可以得出,在扩张性的货币冲击传导中,房价上涨对居民消费产生抑制效果,但是总体看来,房价变动对居民消费的解释能力不是十分显著。

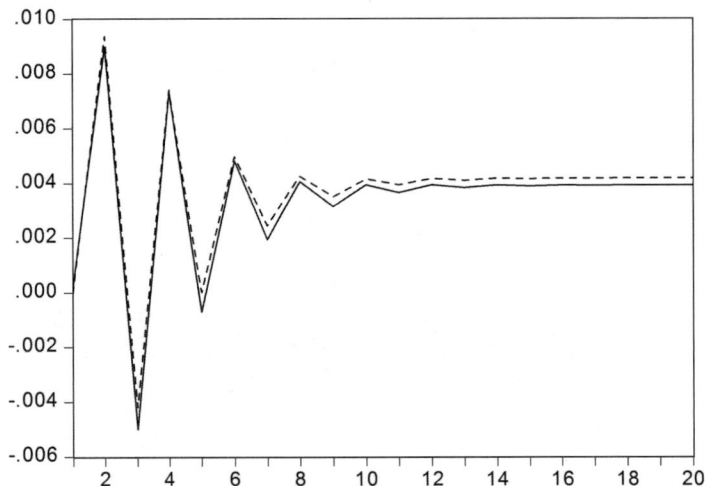

图 5.23　反事实模拟(模型 7)

注:实线表示基准模型的脉冲响应函数,虚线表示反事实模拟情景下的脉冲响应函数。

2.模型 8 的估计结果$[X_{8t}=(P_t、\text{LnINC}_t、\text{LnCONS}_t、\text{LnHP}_t、I1_t)]$

第一阶段估计基准的 SVAR 模型。模型 8 的脉冲响应函数计算结果

---

① 用基准模型相对反事实模拟的响应峰值下降占比可得,即:(0.3939% − 0.3658%)/0.3939%×100%=7.1%。

如图 5.24 所示。研究显示,紧缩性利率政策冲击使得物价指数出现 U 形响应轨迹,其响应峰值-30%出现在冲击后第 6 季度,之后响应幅度逐步下降并趋向于零。居民收入在 9 季度内发生正向响应,响应峰值0.08%出现在冲击后的第 4 季度,之后逐步回落,第 10 季度后出现负向响应,最终趋近于-0.12%。居民消费表现出负响应,其响应峰值-0.38%出现在第 2 季度,之后响应幅度迅速回落,至第 8 季度已经接近于零。房价的负向响应轨迹与模型 5、6 的结果十分接近,其峰值响应-0.37%出现在第 6季度。另外,居民消费波动的方差分解结果显示(见图 5.25),收入、居民消费是消费变动的最为重要的解释变量。物价、利率的贡献度非常微弱,房价对居民消费的贡献度也非常有限,在 1.37%~2.30%之间,略高于物价与利率。

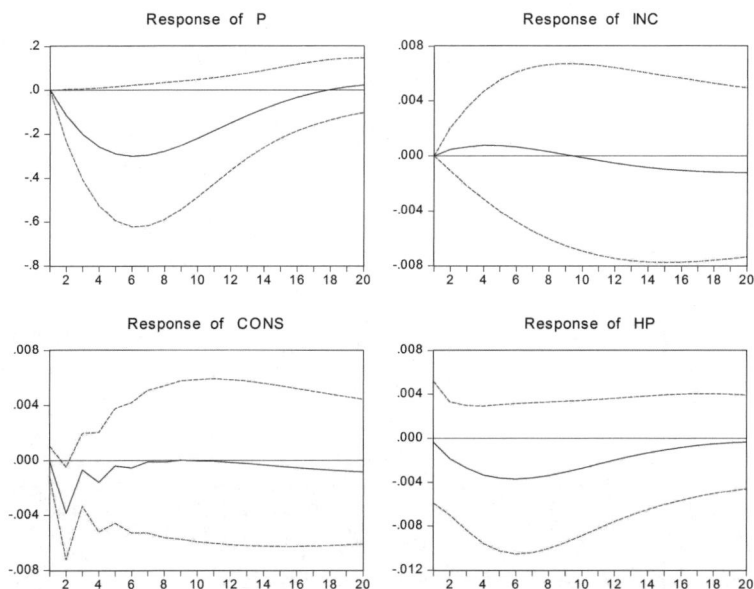

图 5.24 各变量对利率冲击的脉冲响应函数(模型 8)

第二阶段进行反事实模拟实验,模拟结果如图 5.26 所示。可以发现,反事实模拟情形下居民消费的负向响应轨迹与基准模型非常接近,冲击发生的第 10 季度后,反事实模拟中的居民消费负向响应幅度略高于基准模型情形。这说明,如果没有房价作用,紧缩性利率冲击引致的居民消

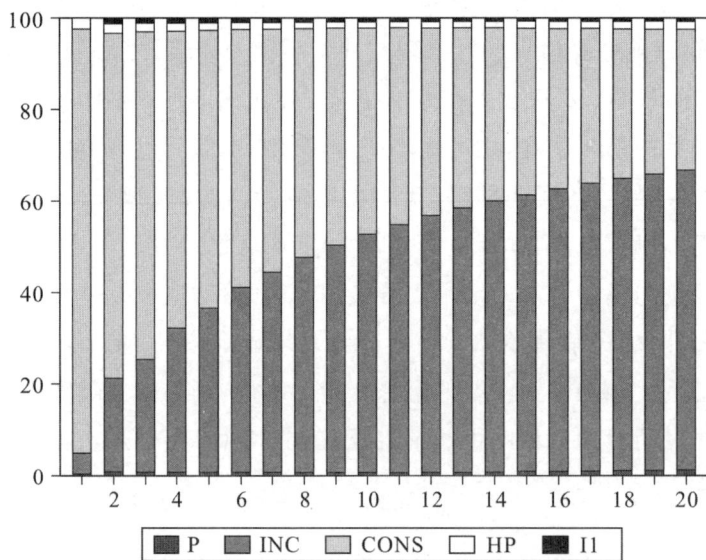

图 5.25　居民消费波动的预测方差分解(模型 8)

费缩减幅度将会更大。这也意味着,房价下降对居民消费产生了非常微弱的促进效果。

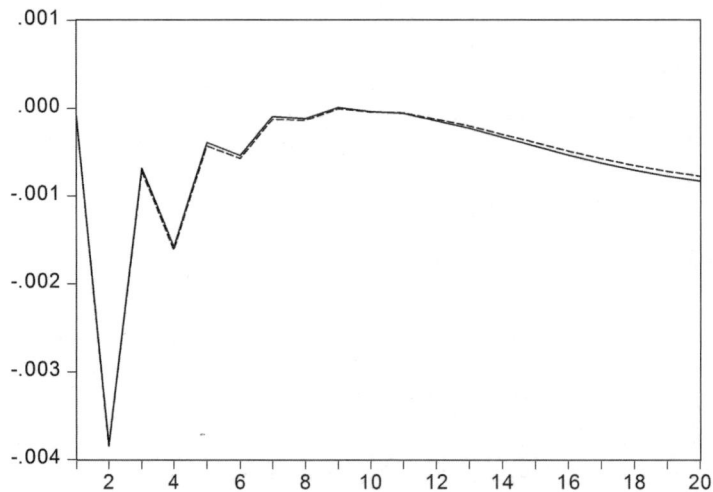

图 5.26　反事实模拟(模型 8)

　　注:实线表示基准模型的脉冲响应函数,虚线表示反事实模拟情景下的脉冲响应函数。

5.3.4 结论与政策启示

本节运用基于结构向量自回归模型的反事实模拟实验,利用中国 1999 年第 1 季度至 2014 年第 3 季度的宏观数据,实证检验住房价格在货币政策传导机制中的作用效果。得出的主要结论有以下几点:

第一,数量型货币政策对房价的传导效果与解释能力都明显优于价格型货币政策。货币量冲击对房价的传导效果较利率冲击的传导效果更为迅速和显著,1 个单位标准方差的扩张性货币冲击将导致房价的正向脉冲响应在 2 个季度内达到峰值 0.95%,而 1 个单位标准方差的紧缩性利率冲击导致房价的负向脉冲响应峰值约为 0.34%~0.41%(滞后期约为 2 年)。另外,货币量对房价变动的贡献度约为 7%~11%,远远高于利率政策对房价变动的贡献度(约为 0.45%~6.14%)。

第二,在货币政策向城镇消费传导的过程中,房价变动发挥着较为显著的促进作用,但是不同政策冲击的传导效果存在差异性。在货币冲击对城镇消费的传导过程中,房价变动的传导效果更为显著,扩张性货币冲击导致城镇消费增幅的约 13.2% 来自房价上涨的贡献;在利率冲击对城镇消费的传导机制中,房价下降导致的城镇消费降幅占比约 5%~5.9%。这意味着,房价在数量型货币政策冲击对城镇消费的传导过程中具有较好的传导效果,优于价格型货币政策。

第三,在货币政策向居民消费的传导过程中,房价变动产生程度不一的反向作用,但是总体上显著度较低,效果较弱。在货币冲击对居民消费的传导机制中,房价上涨导致的居民消费缩减幅度占比约为 7.1%,说明房价在扩张性货币冲击对居民消费的传导过程中对居民消费的负收入效应和储蓄效应超过了财富效应、信用约束效应和预期信心效应总和,也即产生了"挤出效应";在紧缩性利率冲击的传导中,房价下降对居民消费的促进作用非常微弱①。这再次说明,房价在数量型货币政策传导中的作用效果优于价格型货币政策。

总之,我国住房价格变动已经成为货币政策传导的有效途径,但总体传导效果较弱;并且,与价格型货币政策相比较,数量型货币政策冲击通过房价变动向消费传导的效果更加显著。本节的政策启示是:(1)在现有条件下,中央银行应侧重于运用数量型货币政策工具对住房市场波动进行调控,将会产生较好的效果;(2)中央银行应对房价萧条可能引致的居民消费缩减风险引起警惕,并保持房地产市场持续稳定发展,有助于实现扩大消费与经济转型之目标;(3)加快推进利率的市场化形成机制改革,并通过提高居民家庭的住房拥有率等途径,有助于改善房价变动对货币政策冲击的积极传导效果。

5.4 住房价格在货币政策传导中的区域效应

5.4.1 经验模型与研究方法

为了进一步考察住房价格对货币政策传导的区域效应,本节利用中国的四个直辖市数据,仍然采用 Lettau 等(2002)、Giuliodori(2005)等的两阶段方法,运用基于 SVAR 模型的反事实模拟技术展开实证研究。在第一阶段,建立标准的 SVAR 作为基准模型,估计货币政策冲击对房价与居民消费的总体影响;在第二阶段,运用反事实方法模拟货币政策冲击对居民消费的影响,其中,关闭基准模型中房价影响居民消费的直接渠道。基准模型与反事实模拟结果的差异,用来反映各城市房价在货币政策传导中对居民消费的传导效果。

---

① 由于消费品零售总额统计指标包括居民消费与社会集团的非生产性消费,以上结论也意味着,货币政策的传导过程中,房价变动对社会集团的非生产性消费具有重要的促进作用。

本节的 SVAR 模型设定如式(5.2)、式(5.3)和式(5.4)所示,其中,式(5.4)为 A-B 型 SVAR 模型,反映了简化式扰动 e_t 与结构式扰动 u_t 之间的关系。为了识别 SVAR 模型,需要对矩阵 A 施加约束,而矩阵 B 为对角矩阵。对于 n 元 p 阶的 A-B 型 SVAR,需要对矩阵 A 施加 $n(n-1)/2$ 个限制条件才能恰好识别。本节建立 5 变量 SVAR 模型,为了识别结构式冲击,需要对矩阵 A 施加 10 个约束。

本节设定 5 变量 SVAR 模型,内生变量包括:物价、居民收入、居民消费、房价、货币量或利率,即 $X_t = (p_t、\mathrm{inc}_t、\mathrm{cons}_t、\mathrm{hp}_t、m1_t \ 或 \ i_t)$。为了识别结构式冲击,对矩阵 A 作出如下约束:(1)货币政策不对居民收入与物价产生同期影响,即 $a_{15} = a_{25} = 0$;(2)物价、居民收入也不受房价的同期影响,即 $a_{14} = a_{24} = 0$;(3)居民收入与居民消费不对物价产生同期影响,即 $a_{12} = a_{13} = 0$;(4)居民消费对居民收入产生滞后影响,$a_{23} = 0$;(5)货币政策不对居民收入作出同期反应,即 $a_{52} = 0$;(6)货币政策不对消费产生同期的影响,即 $a_{35} = 0$;(7)居民消费不对房价产生同期影响,即 $a_{43} = 0$;(8)货币政策通常情况下并非直接盯住房价,不对房价作出同期反应,即 $a_{54} = 0$。最终,得到模型(5.4)的估计式(5.9),该式意味着住房价格变动对消费产生同期的影响,而货币政策相应地对消费变动作出同期的反应,也即货币政策对房价变动作出间接地反应。

$$
\begin{bmatrix} 1 & 0 & 0 & 0 & 0 \\ a_{21} & 1 & 0 & 0 & 0 \\ a_{31} & a_{32} & 1 & a_{34} & 0 \\ a_{41} & a_{42} & 0 & 1 & a_{45} \\ a_{51} & 0 & a_{53} & 0 & 1 \end{bmatrix} \begin{bmatrix} e_p \\ e_{\mathrm{inc}} \\ e_{\mathrm{cons}} \\ e_{\mathrm{hp}} \\ e_{m1} \end{bmatrix} = \begin{bmatrix} b_{11} & 0 & 0 & 0 & 0 \\ 0 & b_{22} & 0 & 0 & 0 \\ 0 & 0 & b_{33} & 0 & 0 \\ 0 & 0 & 0 & b_{44} & 0 \\ 0 & 0 & 0 & 0 & b_{55} \end{bmatrix} \begin{bmatrix} u_p \\ u_{\mathrm{inc}} \\ u_{\mathrm{cons}} \\ u_{\mathrm{hp}} \\ u_{m1} \end{bmatrix}
$$

$$(5.9)$$

5.4.2 变量选择、数据来源与处理

本节所选取的变量包括:物价、居民收入、居民消费、房价、货币量与利率。其中,货币量与利率表示货币政策冲击。采用北京、上海、天津与重庆等 4 个直辖市 2002 年第 2 季度至 2014 年第 4 季度的季度数据,每

个城市均为 51 组样本数据[①]。所有的数据都来自 CEIC 中国经济数据库、国家统计局数据库、中国人民银行网站、各城市统计信息网等。数据处理过程详见表 5.3。

表 5.3　研究变量与数据处理

变量	变量解释	数据处理
p	同比居民消费价格指数(物价)	同比居民消费价格指数(p)无须处理。另外,利用全国和各城市的环比居民消费价格指数,求得以 2002 年 2 月为基期的季度定基比消费价格指数。
inc	城镇居民人均可支配收入(居民收入)	剔除城市通胀因素影响,得到以 2002 年 2 月为基期的各城市实际居民收入;运用 X-12 方法进行季节调整,并取对数处理。
cons	城镇居民人均消费支出(居民消费)	剔除城市通胀因素影响,得到以 2002 年 2 月为基期的各城市实际居民消费,运用 X-12 方法进行季节调整,并取对数处理。
hp	住宅销售价格指数(住房价格)	假定 1999 年各季度住宅价格指数反映各季度间的实际变动,其后各季度数据以上年值为基准乘以当期住房销售价格指数,得到各城市以 1999 年为基期的住宅价格指数;最后,取对数处理。
$m1$	狭义货币供应量(货币量)	剔除全国通胀因素影响,得到以 2002 年 12 月为基期的货币供应量实际值;最后,进行取对数处理。
$i3$	3 年期银行贷款利率(利率)	当利率发生调整时,根据使用的日期数作为权数求季度内加权平均利率。

5.4.3 实证研究过程与结果分析

5.4.3.1 各变量的平稳性检验

在建立 SVAR 模型之前,需要对各变量进行平稳性检验。本书运用 ADF 方法对 4 个直辖市的所有变量进行单位根检验。结果发现,除物

---

　　①　之所以采用 4 个直辖市作为研究样本,原因有二:一是难以获得其他城市的长期时间序列数据;二是 4 个直辖市可以按照房价涨幅分为一线城市北京、上海,二线城市天津、重庆,因此具有一定代表性。

价、利率为平稳变量外,其余变量的原序列在 5% 的显著性水平表现出非平稳性,而它们的一阶差分序列在 1% 的显著性水平都具有平稳性,即这些变量皆为一阶单整序列 $I(1)$。具体检验结果详见表 5.4。

表 5.4　各变量的单位根检验结果

变量	ADF	临界值	形式	结论	变量	ADF	临界值	形式	结论
p_bj	−3.42	−2.92*	$c,0,1$	平稳	Δp_bj	—	—	—	—
p_sh	−4.34	−4.16**	$c,t,1$	平稳	Δp_sh	—	—	—	—
p_tj	−4.27	−4.16**	$c,t,1$	平稳	Δp_tj	—	—	—	—
p_cq	−4.34	−4.16**	$c,t,1$	平稳	Δp_cq	—	—	—	—
inc_bj	−2.12	−3.50*	$c,t,1$	不平稳	Δinc_bj	−5.73	−3.57**	$c,0,1$	平稳
inc_sh	−3.02	−3.50*	$c,t,1$	不平稳	Δinc_sh	−7.21	−3.57**	$c,0,1$	平稳
inc_tj	−2.14	−3.50*	$c,t,2$	不平稳	Δinc_tj	−5.13	−3.57**	$c,0,1$	平稳
inc_cq	−1.51	−3.51*	$c,t,2$	不平稳	Δinc_cq	−6.00	−3.57**	$c,0,1$	平稳
cons_bj	−2.42	−3.51*	$c,t,2$	不平稳	Δcons_bj	−8.86	−3.57**	$c,0,1$	平稳
cons_sh	−1.70	−3.51*	$c,t,2$	不平稳	Δcons_sh	−5.65	−3.57**	$c,0,1$	平稳
cons_tj	−2.47	−3.51*	$c,t,3$	不平稳	Δcons_tj	−6.66	−3.57**	$c,0,1$	平稳
cons_cq	−2.28	−3.51*	$c,t,2$	不平稳	Δcons_cq	−5.04	−3.58**	$c,0,2$	平稳
hp_bj	−2.45	−3.51*	$c,t,2$	不平稳	Δhp_bj	−3.98	−3.58**	$c,0,2$	平稳
hp_sh	−2.94	−3.51*	$c,t,2$	不平稳	Δhp_sh	−5.26	−3.58**	$c,0,2$	平稳
hp_tj	−2.46	−2.92*	$c,0,2$	不平稳	Δhp_tj	−4.11	−3.57**	$c,0,1$	平稳
hp_cq	−2.39	−3.51*	$c,t,2$	不平稳	Δhp_cq	−3.56	−3.57**	$c,0,1$	平稳
m1_bj	−1.88	−3.51*	$c,t,4$	不平稳	Δm1_bj	−3.73	−3.58**	$c,0,2$	平稳
m1_sh	−1.88	−3.51*	$c,t,4$	不平稳	Δm1_sh	−3.73	−3.58**	$c,0,2$	平稳
m1_tj	−1.88	−3.51*	$c,t,4$	不平稳	Δm1_tj	−3.73	−3.58**	$c,0,2$	平稳
m1_cq	−1.88	−3.51*	$c,t,4$	不平稳	Δm1_cq	−3.73	−3.58**	$c,0,2$	平稳
i3_bj	−3.63	−3.57**	$c,0,2$	平稳	Δi3_bj	—	—	—	—
i3_sh	−4.86	−3.57**	$c,0,2$	平稳	Δi3_sh	—	—	—	—
i3_tj	−3.12	−2.92*	$c,0,1$	平稳	Δi3_tj	—	—	—	—
i3_cq	−5.13	−4.16**	$c,t,2$	平稳	Δi3_cq	—	—	—	—

注:其中,_bj、_sh、_tj 和 _cq 分别对应于北京、上海、天津和重庆。Δp、Δinc、$\Delta cons$、Δhp、$\Delta m1$、$\Delta i3$ 表示原序列的一阶差分序列,(c,t,n) 分别表示单位根检验模型中的截距项、时间趋势项和滞后阶数。*、** 分别表示 5%、1% 的显著水平。所有实证分析均运用 Eviews6.0 软件。

5.4.3.2 住房价格对货币冲击的传导效果

为了考察房价对货币冲击的传导效果,对 4 个直辖市分别建立包括货币量的五变量 SVAR 模型(模型 1),模型 1 包含如下内生变量:物价、居民收入、居民消费、房价和货币量,即 $X1_t = (p_t, \text{inc}_t, \text{cons}_t, \text{hp}_t, m1_t)$。

1.基准模型。在第一阶段,建立标准的 SVAR 模型作为基准模型,并估计脉冲响应函数刻画货币冲击向宏观经济变量的传导效果。需要说明的是,对模型 1 所包含的内生变量进行协整检验发现,在 5 个内生变量之间至少存在一个以上的协整关系。根据 Sims、Stock 和 Watson(1990),如果各变量之间存在协整关系,则可以从变量水平值的 VAR 模型中得出一致性估计[①]。为此,建立水平变量形式的 SVAR 模型,并且加入常数项[②]。

图 5.27 是模型 1 的脉冲响应函数计算结果。可以发现:(1)扩张性货币冲击发生后,4 个直辖市的物价均出现先是正向响应,之后逐步回落并趋向于零的倒 U 形波动特征,响应峰值 28%、21%、23%、18%分别出现在第 5、7、4、5 季度。(2)各个直辖市的收入也表现为正向响应,北京、天津、重庆的收入响应峰值 0.42%、0.51%、0.78%分别出现在第 9、7、10 季度。(3)各直辖市的居民消费表现为正向响应,其中,北京、上海、天津与重庆的响应峰值 0.63%、0.57%、0.44%、1.00%分别出现在第 2、4、2、7 季度。(4)4 个直辖市的房价正向响应峰值在短期内出现后逐步回落,其中,北京、上海、天津与重庆的房价响应峰值 1.28%、2.78%、0.45%、1.10%分别出现在冲击后第 3、2、4、5 季度。

根据上述结果,可以得出以下结论:第一,扩张性货币冲击对各直辖市的主要经济变量产生正向刺激作用,其中,物价的响应幅度较为显著,房价的响应幅度次之,消费与收入的响应幅度较弱。第二,北京、上海的房价响应峰值高于天津、重庆,峰值出现也早于天津与重庆,并且上海房价对扩张性货币冲击具有相对较高的敏感度。

---

① 也可以建立变量一阶差分形式的 VAR 模型,但是这会导致遗漏水平变量中所包含的信息,并且可能导致错误设定与过度识别。

② 根据 AIC 与 SC 信息准则,结合 SVAR 模型稳定性检验,以及残差序列自相关等检验结果,将北京、上海、天津与重庆的模型 1 滞后阶数分别选定为 3、2、2、2。

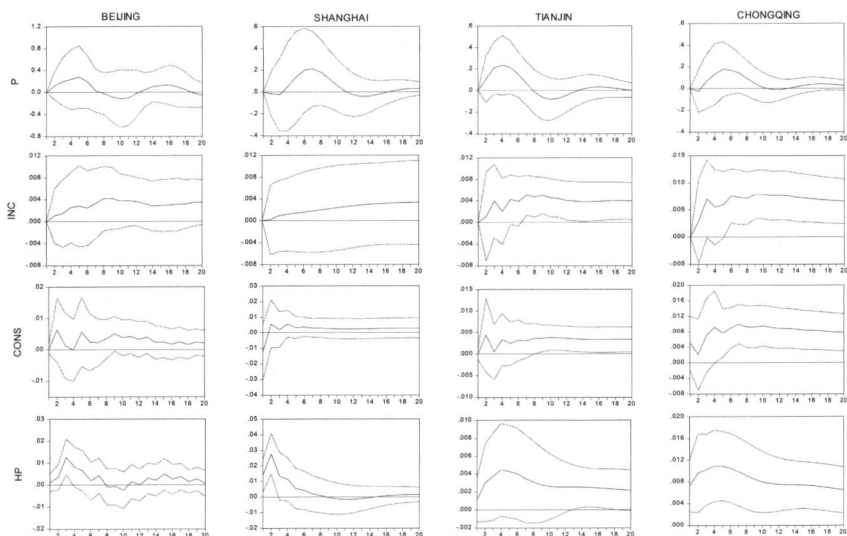

图 5.27 货币冲击的脉冲响应函数(模型 1)

2.反事实模拟。在第二阶段,运用反事实实验模拟货币冲击对居民消费的传导效果。其中,关闭模型 1 的消费方程中房价影响消费的渠道,得到模拟情形下居民消费的脉冲响应函数[①]。反事实模拟结果如图 5.28所示。为了便于比较,图 5.28 中绘出基准模型的脉冲响应函数。

反事实模拟的主要模拟结果分析如下:(1)在发生扩张性货币冲击的第 2 季度后,北京居民消费的反事实模拟与基准模型的脉冲响应函数十分接近,在冲击发生后的第 3~4 季度以及第 6~8 季度,反事实模拟情形下的脉冲响应函数轨迹超过基准模型。这意味着,货币扩张导致的房价上涨对居民消费产生了挤出效果。(2)在货币冲击发生的第 1~2 季度内,以及冲击发生的第 10 季度后,上海居民消费在反事实模拟情形下的脉冲响应函数轨迹明显超出基准模型。这说明,扩张性货币冲击导致的房价上涨对居民消费产生了短期"挤出效应"。(3)在货币冲击后的第 5季度开始,天津居民消费在反事实模拟的脉冲响应函数轨迹高于基准模型,这说明货币扩张导致的房价上涨对居民消费产生了"挤出效果",并且

---

① 即令基准模型的消费方程中房价影响消费的同期系数和滞后系数为零,同时保持其他方程的估计系数不变,重新估计模型 1。

"挤出效果"在第 8 季度达到峰值。(4)与其他城市不同,重庆消费在反事实情形下的脉冲响应函数轨迹短期内(第 1 季度与第 3～4 季度)低于基准模型,这意味着,如果没有房价作用,货币扩张对居民消费的推动作用将会降低,也即房价上涨对居民消费产生了促进效果。

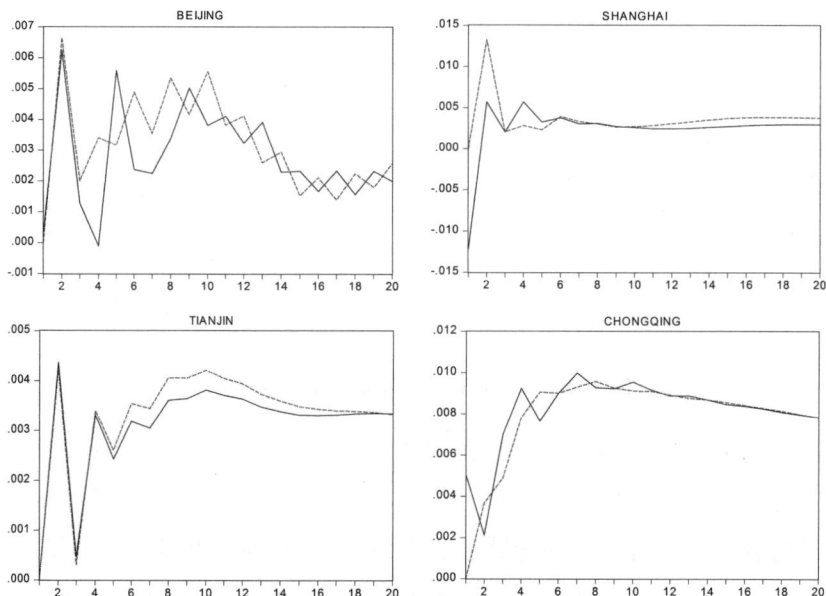

图 5.28　反事实模拟(模型 1)

注:实线表示基准模型的脉冲响应函数,虚线表示反事实模拟情景下的脉冲响应函数。

　　根据上述结果,可以得出:第一,在货币冲击对居民消费的传导过程中,各城市的房价波动起到较为重要的作用。借鉴 Elbourne(2008)的方法,经过测算得出,在扩张性货币冲击对居民消费的传导过程中,北京、上海、天津房价上涨"挤出"的居民消费占比约为 32％、56％、9.5％,重庆房价上涨推动的居民消费占比约为 15％[①]。第二,各城市房价对货币冲击的传导效果存在城市差异,上海、北京房价的传导效果(房价对居民消费的挤出效果)明显高于天津,影响峰值的出现时期也早于天津,在房价涨

---

　　①　即求反事实模拟与基准模型下消费响应峰值的变化百分比,北京:(0.56％－0.38％)/0.56％×100％＝32％,上海:(1.3％－0.57％)/1.3％×100％＝56％,天津:(0.42％－0.38％)/0.42％×100％＝9.5％,重庆:(0.92％－0.78％)/0.92％×100％＝15％。

幅较低的重庆,其房价上涨对消费的促进效果较为显著。

对于上述结果,可能的解释是:北京、上海等一线城市的房价基数过高、涨幅过快,而大量新增流入人口导致租房居民的比重较高,房价高涨使得租房家庭与计划购房家庭的预防性储蓄与房租支出大幅提升,而房价上涨对有房家庭的财富效应会随着房价高涨出现递减,导致这些城市房价上涨对居民消费的总体影响表现为挤出效应。并且,由于北京、上海的房价涨幅领先全国,房价上涨对消费的挤出效果比天津更为显著。重庆处于西部,房价涨幅处于二线城市中下游水平,流入人口比重相对较低,租房家庭比重相对较低,房价上涨对租房家庭与计划购房者的储蓄效应与负收入效应较弱,房价上涨的财富效应发挥主导作用。

5.4.3.3 住房价格对利率冲击的传导效果

为了考察各直辖市房价变动对利率冲击的传导效果,本节分别对 4 个直辖市建立包括利率的 5 变量 SVAR 模型(模型 2),并运用二阶段方法进行研究。模型 2 包含的内生变量为:物价、居民收入、居民消费、房价和利率,即 $X2_t = (p_t \text{、} \mathrm{inc}_t \text{、} \mathrm{cons}_t \text{、} \mathrm{hp}_t \text{、} i_t)$。

1.基准模型

在第一阶段,建立标准的 SVAR 模型作为基准模型,并基于该模型估计脉冲响应函数。由于协整检验结果发现模型 2 的 5 个变量之间存在至少一个以上长期稳定的协整关系,因此,笔者采用水平形式的变量建立SVAR 模型,同时加入常数项[①]。

如图 5.29 所示,模型 2 的脉冲响应函数计算结果如下:(1)当紧缩性利率冲击发生的第 6 季度(1.5 年)内,北京、上海、天津与重庆等城市的物价响应出现倒 U 形轨迹,响应峰值 37%、52%、80%、44% 分别出现在冲击后的第 3 季度。(2)紧缩性利率冲击导致北京居民收入出现负响应,其响应峰值 1.8% 出现在第 14 季度;上海与天津的居民收入在短期出现负响应,之后表现出正响应轨迹,其峰值 0.21%、0.54% 出现在第 12、7 季

---

① 根据 AIC 与 SC 等信息准则,结合 SVAR 模型稳定性检验,以及残差序列自相关等检验结果,将北京、上海、天津与重庆等城市的模型 2 滞后阶数都选定为 2。

度;重庆的居民收入表现出正响应轨迹,峰值 0.35％出现在第 9 季度。(3)北京的居民消费表现出明显的 U 形特征,其峰值－1.1％出现在第 4季度;上海的居民消费也呈现 U 形轨迹,但是幅度弱于北京,峰值－0.26％出现在第 3 季度;天津、重庆的消费短期内出现负响应,之后表现出正向响应,峰值 0.37％、0.29％分别出现在第 9 季度与第 7 季度。(4)北京、天津与重庆的房价表现出正响应,峰值 0.31％、0.71％、0.56％均出现在第 3 季度,只有上海的房价出现反向调整特征,峰值－0.27％出现在冲击后的第 3 季度。

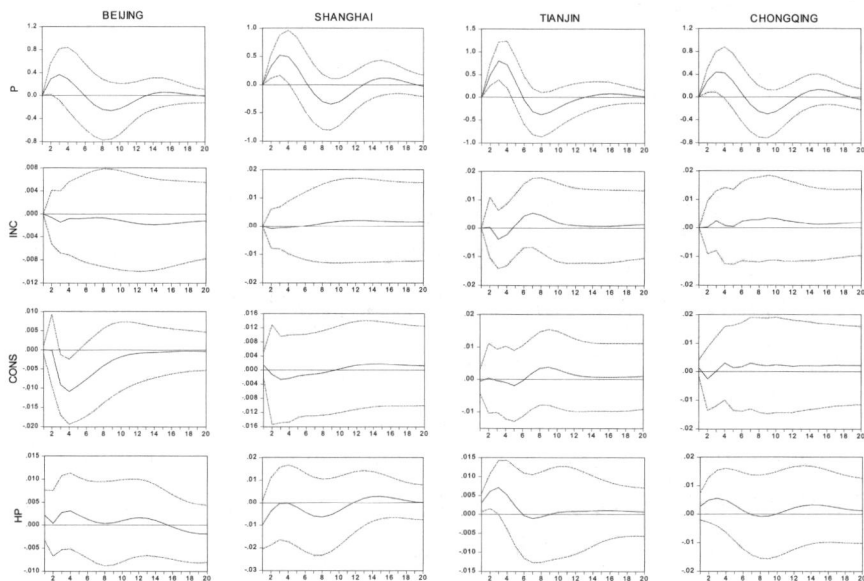

图 5.29 利率冲击的脉冲响应函数(模型 2)

根据上述结果,可以得出:第一,紧缩性利率政策对各直辖市物价的影响在短期内表现为同向影响,即表现出"价格之谜"特征,并且对经济变量的影响效果在各个城市存在较大的差异性。第二,紧缩性利率政策不能对北京、天津与重庆的房价产生有效调控效果,反而会在短期内出现"愈调愈涨"的现象,也即表现出所谓的"房价之谜"现象[①]。

————————

[①] 所谓"房价之谜"是指中央银行连续提高利率的情况下,房地产价格没有受到抑制,反而持续上涨的现象。本书的结果也是与李善燊、沈悦(2012),李智等(2013)的研究结果一致的。

2.反事实模拟

在第二阶段,笔者运用反事实方法模拟紧缩性利率冲击对居民消费的传导效果。其中,关闭了模型2的消费方程中房价影响消费的渠道,即令消费方程中房价对消费的同期影响系数与滞后影响系数为零,同时保持其他的估计系数与基准模型的估计系数一致。具体计算结果如图5.30所示,为了便于比较,图5.30中绘出基准模型的脉冲响应函数。

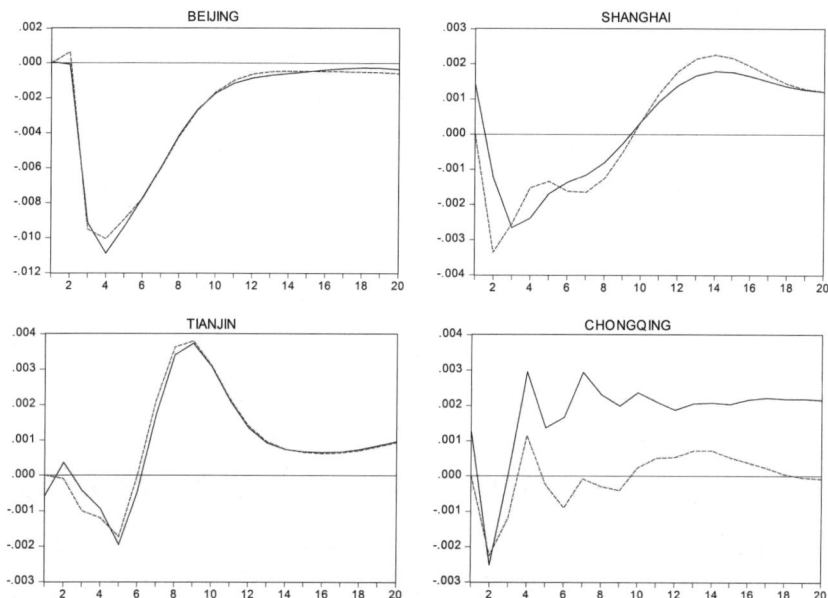

图 5.30 反事实模拟(模型2)

注:实线表示基准模型的脉冲响应函数,虚线表示反事实模拟情景下的脉冲响应函数。

反事实模拟的主要结果如下:(1)利率冲击后的第2季度,北京居民消费在反事实模拟下的响应轨迹高于基准模型,基准模型的消费响应为零,这意味着如果没有房价作用,利率冲击将促进消费增长,也即紧缩利率引致的房价上涨对居民消费产生了"挤出效果";在利率冲击后的第4~5季度与第10~15季度,反事实模拟的消费响应幅度低于基准模型,这同样说明如果没有房价作用,紧缩利率导致的居民消费缩减幅度将会降低,也即房价上涨对居民消费产生了"挤出效果"。(2)利率冲击后的第1~2季度与第6~9季度,上海居民消费在反事实模拟情形下的响应轨迹低于基准模型,这说明利率紧缩引致的房价下跌对居民消费产生"提升效果"[1]。(3)利率冲击后的第2~4季度,天津居民消费在反事实模拟情形下的响应轨迹低于基准模型,这意味着利率紧缩引致的房价上涨对居民消费产生"促进效果";冲击后的第5~10季度,反事实模型下的消费响应轨迹略高于基准模型,说明紧缩利率导致的房价上涨对居民消费产生"挤出效应"。(4)重庆居民消费在反事实模拟下的响应轨迹始终低于基准模型,二者轨迹差距从第3季度开始扩大,这说明紧缩利率导致的房价上涨对居民消费产生财富效应,并且这种促进效果逐步增强。

根据上述结果,可以得出:第一,在利率冲击对居民消费的传导过程中,各直辖市房价变动发挥了较为重要的作用。经过测算,北京房价上涨"挤出"的居民消费占比约为9.1%,上海房价下跌"提升"的居民消费占比为20.6%,天津房价上涨"挤出"的居民消费占比5.5%,重庆房价上涨所推动的居民消费占比为61%[2]。第二,北京、上海、天津的房价变动对居民消费产生反向传导效果,并且,北京、上海房价在利率冲击的传导过程中对居民消费的贡献度高于天津,而重庆房价上涨则对居民消费产生比较显著的"财富效应"。

通过对比发现,以上结果与房价对货币冲击的传导效果基本一致,即房价涨幅较高的北京、上海、天津其房价变动对居民消费产生了反向作用效果,并且北京、上海的反向作用效果较天津更为显著,而房价涨幅较低的重庆其房价对居民消费的影响表现为推动作用。对这一结果的解释在前文已经做出详细分析,在此不再赘述。

5.4.4 结论与政策建议

本节运用基于SVAR模型的反事实模拟方法,利用中国四个直辖市

---

① 这也可以理解为,房价上涨将会对上海居民消费产生挤出效果。

② 即求反事实模拟与基准模型下消费响应峰值的变化百分比,北京:$(1.1\% - 1.0\%)/1.1\% \times 100\% = 9.1\%$,上海:$(0.34\% - 0.27\%)/0.34\% \times 100\% = 20.6\%$,天津:$(0.36\% - 0.34\%)/0.36\% \times 100\% = 5.5\%$,重庆:$(0.30\% - 0.12\%)/0.30\% \times 100\% = 61\%$。

2002 年第 1 季度至 2014 年第 4 季度的季度数据,实证研究住房价格在货币政策传导过程中的区域效应。得出的主要结论有如下几点:

第一,货币政策冲击向各直辖市房价的传导效果具有城市差异。扩张性货币冲击推动 4 个直辖市的房价上涨,但紧缩性利率冲击不能对北京、上海与重庆的房价产生有效抑制效果,却产生了短期推动作用,即出现所谓"房价之谜";货币扩张对北京、上海房价的推动效果超过天津与重庆,而天津、重庆房价对利率紧缩的反应程度超出北京与上海;从整体上看,数量型货币政策对房价的传导效果优于价格型货币政策。

第二,各直辖市房价变动对货币政策的传导效果具有城市差异。扩张性货币冲击向居民消费的传导过程中,北京、上海与天津的房价上涨产生了"挤出效应",并且北京、上海房价的贡献度高于天津、重庆;在紧缩性利率冲击对居民消费的传导过程中,北京、天津的房价上涨产生了"挤出效应",而上海的房价下跌产生"提升效应",并且北京、上海房价的贡献度高于天津;另外,重庆的房价变动在两种货币政策冲击下均对居民消费产生促进效果。

第三,在房价涨幅较高的城市,房价在数量型货币政策传导中的作用效果优于价格型货币政策。在扩张性货币冲击对居民消费的传导过程中,北京、上海与天津房价的贡献度分别为 32%、56% 与 9.5%;在紧缩性利率冲击对居民消费的传导过程中,北京、上海与天津房价的贡献度分别为 9.1%、20.6% 与 5.5%;重庆房价在扩张性货币冲击与紧缩性利率冲击传导中对居民消费的贡献度分别为 15% 与 61%。

总之,4 个直辖市房价在货币政策传导中产生了比较重要的区域效应,并且,在房价高涨幅城市,相对于价格型货币政策,数量型货币政策通过城市房价向居民消费的传导效果更加显著。本节的政策启示是:第一,中央银行应侧重运用数量型货币政策工具调控房地产市场的高涨,将会取得较好的效果;第二,政策制定时应充分考虑货币政策传导的区域差异,针对不同区域采用差异化的政策工具,避免全国一刀切的情况;第三,应对全国不同区域城市的房价分化走势保持警惕,积极维持房地产市场持续稳定发展,有助于实现扩大消费与经济结构转型之目标。

6 住房财富与家庭消费：基于微观数据的实证

本书利用全国与城市的宏观数据实证检验了住房价格对居民消费的影响效果。但是，基于宏观数据的实证研究不能够区分住房财富影响家庭消费的异质性，对这种财富效应的差异性进行研究需要利用家庭层面的微观调查数据。为此，本章在理论回顾与文献述评的基础上，利用西南财经大学的 2015 年 CHFS 数据，运用截面数据模型实证检验住房财富影响家庭消费的总体效应和异质性效果。

6.1 引 言

自 1998 年住房分配制度改革以来，我国城镇居民家庭的住房拥有率得到大幅度提高。与此同时，尤其是 2005 年之后，全国主要大中城市的房价整体出现较大幅度的上涨，住房资产在城镇家庭总资产中的占比日益提高。统计数据显示，2015 年中国城镇家庭的住房拥有率达到 88.1%（李凤等，2016）。2019 年中国城镇家庭的住房拥有率达到 96%，住房资产占家庭总资产的比重约为七成（中国人民银行调查统计司，2020）。2013 年以来中国进入所谓的"经济新常态"，经济高增长模式日趋难以为继。一方面，过度依赖于外需拉动的经济发展模式在世界经济全面衰退的背景下难以为继；另一方面，内需增长在短期内难以有效对冲外部需求的迅速下降。目前，中国经济面临疫情冲击与国际经济政治形势错综复杂的高度不确定性，形成国内大循环为主、国内国际双循环相互促进的新发展格局成为政策当局的战略目标。为此,坚持"房住不炒"的定位,保持房地产市场健康稳定,促进居民消费,扩大有效内需已经成为宏观经济政策的关键选项。

住房资产作为家庭总财富的重要组成部分,其价值变动会对有房家庭的消费支出产生影响。同时,房价迅速上涨也会对租房家庭或者计划购房家庭的非住房消费产生挤出效应。另外,住房具有消费品和投资品的双重属性,必然对家庭资产配置和消费支出产生重要影响。而我国传统的社会观念如"居者有其屋"和较强遗赠动机等,也在一定程度上强化了住房拥有对家庭消费的影响。根据理论,住房财富或房价变动会对不同类型的家庭消费产生异质性影响,也即:不同的家庭居住状况(租房或购房)、户主年龄、家庭收入和财富结构等因素都会影响到住房财富影响家庭消费支出的方向与规模。

国内学者的早期研究大多是基于宏观数据进行的,不能够对住房财富影响家庭消费的作用效果进行深入多角度研究,也不能检验住房财富效应的异质性。基于家庭微观调查数据进行住房财富效应的实证研究相对不足。为此,本章利用西南财经大学中国家庭金融调查研究中心的2015年CHFS数据,从家庭微观角度实证检验住房财富对家庭消费的总体影响和异质性影响。

6.2　理论回顾与文献述评

关于住房财富影响居民消费支出的理论最早可以溯源至 Friedman(1957)的持久收入假说与莫迪格里安尼和安东(1963)的生命周期理论。持久收入假说认为,家庭消费很大程度上取决于其长期预期收入(即持久的收入),人们的消费不会因短期收入的变化而经常变化,只有当短期的收入变化影响到持久收入水平时,才会影响到个人的消费水平。根据生命周期理论,居民按照效用最大化的原则来安排一生的消费和储蓄,使一生中的收入等于消费。因此,每个人消费不是取决于现期收入,而是取决于他一生的全部预期收入,也即:当期的居民家庭消费 C_t 取决于当期居

民家庭收入 Y_t 和当期居民家庭财富 W_t。具体可以表示为：

$$C_t = c_Y Y_t + c_W W_t \tag{6.1}$$

而对于一般家庭而言，式（6.1）又可进一步写为式（6.2）和式（6.3）：

$$C_t = c_Y Y_t + c_A A_t + c_H H_t \tag{6.2}$$

$$C_t = c_Y Y_t + c_A A_t + c_H (\mathrm{HP}_t \times S_t) \tag{6.3}$$

在式（6.1）、式（6.2）与式（6.3）中，A_t 表示家庭金融财富，H_t 表示家庭住房财富，HP_t 表示单位面积的住房价格，S_t 表示住房面积，c_Y 表示收入的边际消费倾向，c_W、c_A 和 c_H 分别表示家庭总财富、金融财富和住房财富影响消费支出的估计系数。由此可知，家庭的消费支出不仅取决于家庭收入，还取决于家庭所拥有的财富水平。当家庭财富水平越高时，家庭的消费水平也就越高。而家庭财富又可以大致分为家庭金融财富（主要为股票、债券等）A_t 和代表家庭固定资产的住房财富 H_t。根据式（6.2）和式（6.3），房价上涨会提高有房家庭的家庭总财富，进而促进居民家庭的消费支出，也即所谓房价上涨的财富效应。

由于持久收入—生命周期理论中没有考虑到不同家庭之间存在的异质性，也就忽略了住房财富/住房价格波动影响不同类型家庭消费的异质性。也即：对不同居住区域、不同户主年龄、不同居住模式、不同财富水平与财富结构的家庭，住房财富/住房价格变动影响家庭消费的财富效应具有差异性。针对已有研究的不足，国外学者进行了深入细致的多层次多角度研究。Miles（1994）对财富效应表示质疑，他认为从总消费角度来看，住房市场需求与供给的平衡会使房价上涨的财富总量趋向于零，因而不会对总消费产生影响。虽然住房上涨影响消费的财富效应尚存争议，但是多数学者都一致认同住房上涨会通过抵押约束效应对家庭消费水平产生较大影响（Aoki，et al.，2004；Greenspan and Kennedy，2005；Iacoviello，2004，2011）。如果房价上升，获取银行信贷的抵押物价值提高，家庭面临的流动性约束得到缓解，可以获得更多的流动性增加其消费支出；反之，如果房价下跌，获取银行贷款的抵押物价值缩减，银行考虑风险因素会收紧流动性，导致家庭消费缩减。Aoki 等（2004）将 Bernanke 等（1999）提出的金融加速器效应扩展至家庭消费的进一步研究，分析了住房财富变动影响家庭消费的抵押约束效应。Miles（1994）则强调抵押约束效应的大小会在较大程度取决于抵押市场竞争条件。Iacoviello（2004）进一步区分了受信用约束家庭和无信用约束家庭，发现当受信用约束家庭的借款能力受到住房财富波动的影响时，住房财富对消费产生显著影响。

　　针对房价上涨可能对计划购房者产生的不利影响，Kennedy 和 Andersen（1994）、Muellbauer 和 Lattimore（1995）提出了房价波动的储蓄效应。他们指出，储蓄效应在较大程度地受国家金融管制与竞争程度的影响，在金融管制较严格、竞争较弱的条件下，购房的首付比较高，住房价格变动的储蓄效应较强。此外，还有学者提出了住房市场影响消费的信心效应。Poterba（2000）等认为，资产价格在一定程度上反映了经济的走向，其价格变动体现了未来收入预期与价格预期的变动趋势。如果住房价格持续上涨，则房产所有者从房价上涨中获得的收益就会由暂时性收入变为持久性收入，增强了市场信心；房产所有者的消费增加会带来一定的示范效应，进而又会带动其他家庭的消费，进一步增加市场信心。

　　西方学者在该领域的实证研究主要集中两个方面：一是利用宏观数据研究房地产价格对家庭消费的总体影响；二是利用微观调查数据从住房居住状态、户主年龄、居住地区、人口特征等角度考察住房财富对家庭消费的总体效应和异质性影响。但是，基于宏观数据的研究难以准确识别出家庭消费的改变是否源自于家庭财富的变动，也无法控制家庭的人口统计与经济特征等，愈来愈多的学者采用家庭微观调查数据进行实证检验。Engelhardt（1996）利用美国家庭微观数据研究发现，房价上升时，家庭的储蓄行为不变；房价下降时，家庭将减少储蓄。Skinner（1996）研究发现，住房价值的增长能够提高年轻住户的消费水平，但对老年住户没有显著影响。Campbell 和 Cocco（2007）基于英国微观数据，结果发现住房财富对老年的房屋所有者有较大的影响。还有学者考虑了其他金融资产的财富效应，并且将其与房地产的财富效应进行了对比。Elliott（1980）考察了消费支出与金融财富和非金融财富之间的关系，研究得出非金融财富的变化对消费没有影响的结论。Case、Quigley 和 Shiller（2005）研究发现住房财富的边际消费倾向高于金融资产的边际消费倾向。Peltonen 等（2012）研究发现亚洲国家的住房财富效应近年来显著增加，并认为金融发展水平或收入水平较低的国家的住房财富效应较突出。

总之,西方学者关于其他金融资产财富效应与住房财富效应比较的研究结论存在较大差异。一方面可能是因为在不同研究中数据口径存在较大差异,另一方面不同国家地区在消费习惯、金融制度、金融市场的完善程度等方面不尽相同也可能导致不同研究的结论不同。

由于微观数据缺乏等客观条件限制,我国学者的早期相关研究主要集中于从宏观总量角度的实证研究。部分学者研究得出,住房资产的财富效应显著。王子龙、许箫迪等(2009)利用中国1996—2007年房地产价格和居民消费的季度数据,基于脉冲响应函数的研究结果表明,房地产价格的正向冲击将导致居民消费增加。崔光灿(2009)利用我国31个省市数据研究发现,房地产价格变化对总消费有显著影响,也即存在住房财富效应。也有学者得出相反的结论。骆祚炎(2007)基于VEC模型的研究表明,由于流动性约束,中国城镇居民住房资产的财富效应微弱,且金融资产财富效应超过住房资产财富效应。周守亮(2010)利用脉冲响应函数研究发现,房地产市场波动在短期内会对消费产生显著的负面影响,中长期则引起通货膨胀正向的波动。

随着中国家庭微观调查数据的建立和完善,国内学者也逐渐开始进行微观层面的住房财富效应研究。学者们一致认同,住房财富或房价变动对家庭消费存在异质性影响,也即住房财富或房价波动对家庭消费的影响取决于家庭住房状况、收入财富、年龄、购房动机与婚姻状况等特征。但是,对于具体的影响方向与效果,学者们并未达成广泛一致,有的结论甚至相互冲突,这可能与模型设定、变量选择与数据处理等过程有关。

有学者研究发现住房财富对家庭消费产生积极影响。黄静、屠梅曾(2009)首次采用"中国健康与营养调查"(CHNS)区分户主年龄、地区、收入等条件进行研究,结果发现住房财富对消费有促进作用,户主越年轻、收入越高的家庭,房地产财富效应越大,但是,该研究未考虑非耐用品消费。在考虑非耐用消费品后,张大永、曹红(2012)基于中国家庭金融调查数据(CHFS)发现,房地产总财富效应大于金融资产的财富效应,住房价值对非耐用品消费的影响程度大于耐用品消费。杜莉、沈建光等(2013)利用上海市的微观入户调查数据得出,房地产价格的上升提高了上海市居民的边际消费倾向,但是对于自有住房和非自有住房者,其实现机制不同。张浩、易行健等(2017)利用两期 CFPS 微观面板数据研究发现,住房资产对家庭消费的财富效应显著。

也有学者研究发现房价上涨对家庭消费产生挤出效应。谢洁玉、吴斌珍等(2012)利用城镇住户调查数据(UHS)实证研究发现:房价对居民消费产生明显的抑制作用,对于有未婚男性的家庭以及现有住房价值较低的家庭,房价上涨对消费的抑制作用更为强烈。王辉龙(2009)的实证研究表明,房价上涨预期会使消费者增加房产配置比重,在短期内会对居民消费产生挤出效应。也有研究并未发现住房财富能够显著影响家庭消费。李涛、陈斌开(2014)区分了资产价值水平的"资产效应"和资产价值变动带来的"财富效应",研究发现住房资产具有轻微的资产效应,不存在财富效应。

6.3　模型设定、研究变量与数据处理

6.3.1 模型设定

本章的实证研究分为两个部分:首先,检验住房财富影响家庭消费的总体效应,接下来,实证研究住房财富影响不同类型家庭消费的异质性效应。住房财富影响消费支出的总体效应检验模型设定如式(6.4)所示:

$$\ln C_i = \alpha_0 + \alpha_1 \ln Y_i + \alpha_2 \ln h W_i + \alpha_3 \ln f W_i + \sum \alpha_{4i} X_i + \varepsilon_i \tag{6.4}$$

其中,$\ln C_i$ 为被解释变量,表示第 i 个家庭消费取对数;解释变量 $\ln Y_i$、$\ln h W_i$、$\ln f W_i$ 分别为第 i 个家庭的家庭收入、住房财富和金融资产取对数,X_i 是代表户主性别、户主年龄、户主教育程度、家庭规模等家庭人口统计特征的控制变量。

为了检验住房财富对家庭消费的影响在不同住房状况、不同户主年龄、不同家庭收入的家庭之间可能存在的异质性效应。本章在式(6.4)的

基础上分别加入住房财富与户主年龄、所在地区、住房套数、家庭收入等指标虚拟变量的交叉项。加入交叉项的模型设定如式(6.5)所示：

$$\ln C_i = \beta_0 + \beta_1 \ln Y_i + \beta_2 \ln h W_i + \beta_3 \ln f W_i + \sum \beta_{4i} X_i +$$

$$\sum \beta_{5k} V_k \times \ln h W_i + \varepsilon_i \tag{6.5}$$

式(6.5)中，解释变量 $V_k \times \ln h W_i$ 为第 i 个家庭住房财富与相应指标虚拟变量的交叉项，其余变量均与式(6.4)保持一致。

6.3.2 研究变量

本章以家庭为基本考察单位，被解释变量为家庭消费。家庭消费以家庭的年度非耐用品消费作为代理变量，理由在于非耐用品消费受家庭收入及财富水平变动的影响较小，以非耐用品消费作为家庭消费的代理变量能够更好地反映住房财富对家庭消费的影响。根据 CHFS 数据，本章将家庭非耐用品消费的测度口径具体界定为：伙食费、水、电、燃料费、物业管理费、日用品消费支出、交通支出、话费支出、文化娱乐支出、服饰支出等。

本章的解释变量包括：家庭收入、住房财富、家庭金融资产以及反映家庭人口统计学特征变量等。核心解释变量住房财富以家庭住房总市值作为代理变量。家庭金融资产是指银行存款、现金、股票、债券等狭义金融资产之和，暂时不考虑家庭的住房公积金、医疗保险、退休金等流动性较低的社保账户类广义金融资产，理由在于狭义金融资产的变动会更为直接地影响家庭消费。家庭收入是指每个家庭的年度工资性收入和退休金收入之和。家庭规模是以家庭总人数作为代理变量。其他控制变量如户主年龄、户主性别、户主婚姻状况、户主受教育程度等家庭统计特征均由户主的信息表示。

模型中虚拟变量的设定如下：

根据家庭所处区位将家庭样本分为三组：东部(region_0)、中部(region_1)、西部(region_2)。家庭所处区域为东部时，region_0 取 1，否则取 0；家庭所处区域为中部时，region_1 取 1，否则取 0；家庭所处区域为西部时，region_2 取 1，否则取 0。

根据户主的婚姻状况将家庭样本分为未婚（marital_0）和已婚（marital_1），当户主婚姻状况为未婚、分居、离婚或丧偶时，marital_0 取 1，否则取 0；当户主婚姻状况为已婚或同居时，marital_1 取 1，否则取 0。

根据户主的受教育程度将家庭样本分为五个不同的受教育程度组，具体包括：小学及小学以下学历（edu_0）、初中学历（edu_1）、高中和中专及职高学历（edu_2）、大专高职学历（edu_3）和大学本科及以上学历（edu_4）。当户主受教育程度为小学及小学以下学历时，edu_0 取 1，否则取 0；当户主受教育程度为初中学历时，edu_1 取 1，否则取 0；当户主受教育程度为高中和中专或职高学历时，edu_2 取 1，否则取 0；当户主受教育程度为大专高职学历时，edu_3 取 1，否则取 0；当户主受教育程度为大学本科及以上学历时，edu_4 取 1，否则取 0。

根据户主年龄将家庭样本分为六组，具体包括：25 岁以下（age_0）、25 至 34 岁（age_1）、35 至 44 岁（age_2）、45 至 54 岁（age_3）、55 至 64 岁（age_4）和 65 岁以上（age_5）。当户主年龄为 25 岁以下时，age_0 取 1，否则取 0；当户主年龄为 25 至 34 岁时，age_1 取 1，否则取 0；当户主年龄为 35 至 44 岁时，age_2 取 1，否则取 0；当户主年龄为 45 至 54 岁时，age_3 取 1，否则取 0；当户主年龄为 55 至 64 岁时，age_4 取 1，否则取 0；当户主年龄为 65 岁以上时，age_5 取 1，否则取 0。

6.3.3 数据来源与数据处理

本章实证研究的数据来源于西南财经大学中国家庭金融调查研究中心的 2015 年 CHFS。CHFS 是中国家庭金融调查与研究中心在全国范围内开展的抽样调查项目，收集了大量有关住房资产与金融财富、收入与消费、人口特征与就业等家庭金融微观层次的相关信息。作为高质量的微观家庭金融数据，对家庭经济、金融行为进行了全面细致的刻画。2015 年第三轮调查样本分布在全国 29 个省（市、区），351 个县，1 396个村（居）委会，有效样本共37 289户。该数据包含了详尽的家庭资产、家庭消费、家庭人口统计特征的信息，十分有利于探究家庭财富与家庭消费之间的关系。

由于本章探究住房财富对城市家庭消费的影响效果，故首先从总样本中筛选出城市家庭共25 635个家庭样本。为了进一步降低极端值的影响,本章排除家庭年收入小于500元、家庭总住房价值小于10 000元以及无房家庭样本。最后,排除存在缺失值的家庭样本后,得到16 758个有效家庭样本。本章的研究变量及其描述统计如表6.1所示。实证研究中分别对家庭消费、家庭收入、住房财富、金融资产取对数,记为:家庭消费(log_consumption)、家庭收入(log_wageincome)、住房财富(log_housevalue)、金融资产(log_finasset)。

表6.1 研究变量及其描述统计

变量	变量解释	均值	标准差
家庭消费(consumption,元)	非耐用品消费	56 117	56 661.29
家庭收入(wageincome,元)	家庭年度工资性收入的总和	66 087	56 496.13
住房财富(housevalue,元)	家庭住房总市值	966 194	1 419 601
金融资产(finasset,元)	银行存款、现金、股票、债券等金融资产的总和	111 025	384 936
家庭规模(familysize,人)	家庭总人数	3.407	1.498
年龄(age,岁)	户主年龄	53.05	14.520
户主性别(sex)	户主是女性时,sex取1,否则取0	0.2908	0.454
户主婚姻状况(marital)	户主未婚取0,户主已婚取1	0.8756	0.330
住房套数(totalhouse)	家庭拥有住房的数量	1.275	0.539
小学及以下学历(edu_0)	户主为小学及以下学历时,edu_0取1,否则取0		
初中学历(edu_1)	户主为初中学历时,edu_1取1,否则取0	0.309	0.462
高中或中专学历(edu_2)	户主为高中或中专学历时,edu_2取1,否则取0	0.243	0.429
大专学历(edu_3)	户主为大专学历时,edu_3取1,否则取0	0.117	0.321
本科及以上学历(edu_4)	户主为本科及以上学历时,edu_4取1,否则取0	0.134	0.341
东部地区(region_1)	家庭位于东部地区时,region_1取1,否则取0	0.559	0.496
中部地区(region_2)	家庭位于中部地区时,region_2取1,否则取0	0.228	0.420

6.4 实证研究过程与结果分析

6.4.1 住房财富影响家庭消费支出的总体效应

首先,笔者运用截面数据模型实证检验住房财富影响家庭消费支出的总体效应。模型中以家庭消费为被解释变量,以家庭收入、住房财富、金融资产为解释变量,同时控制家庭人口统计特征。

具体的估计结果如表 6.2 的模型(1)、(2)所示。其中,模型(2)是以户主年龄虚拟变量替代户主年龄作为解释变量的估计结果。从回归结果中可以看到,住房财富、家庭收入与金融资产对家庭非耐用品消费的影响均显著为正向。其中,住房财富对消费影响效应的估计系数为 0.182,即家庭住房财富每增长 10%,家庭消费会增长 1.82%,这一结果略高于Case、Quigley 和 Shiller(2005)等的测度结果,他们得出欧洲国家 20 世纪90 年代房地产财富消费弹性约为 0.11~0.17。也与国内学者黄静、屠梅曾(2009)的研究结果大体一致。这一结果意味着,中国城市有房家庭住房财富的增长会显著促进非耐用品消费的增长。

表 6.2 住房财富影响家庭消费的总体效应估计结果

解释变量	被解释变量	
	log_consumption	
	(1)	(2)
log_wageincome	0.121 *** (0.004)	0.122 *** (0.004)
log_housevalue	0.182 *** (0.005)	0.181 *** (0.005)
log_ finasset	0.058 *** (0.002)	0.057 *** (0.002)
sex	0.063 *** (0.010)	0.062 *** (0.010)
age	-0.008 *** (0.002)	
age^2	0.00002(0.000)	
age_1		$-0.070(0.044)$

续表

解释变量	被解释变量	
	log_consumption	
	(1)	(2)
age_2		$-0.060(0.043)$
age_3		$-0.171^{***}(0.043)$
age_4		$-0.234^{***}(0.043)$
age_5		$-0.293^{***}(0.043)$
edu_1	$0.043^{***}(0.013)$	$0.047^{***}(0.013)$
edu_2	$0.104^{***}(0.014)$	$0.108^{***}(0.014)$
edu_3	$0.181^{***}(0.018)$	$0.184^{***}(0.018)$
edu_4	$0.242^{***}(0.019)$	$0.244^{***}(0.019)$
familysize	$0.076^{***}(0.003)$	$0.077^{***}(0.003)$
marital_1	$0.109^{***}(0.014)$	$0.107^{***}(0.014)$
region_1	$-0.006(0.011)$	$-0.004(0.011)$
region_2	$-0.024^{*}(0.013)$	$-0.024^{*}(0.013)$
totalhouse	$-0.008(0.009)$	$-0.007(0.009)$
constant	$6.336^{***}(0.078)$	$6.163^{***}(0.071)$
样本容量	16758	16758
R^2	0.403	0.403
Adjusted R^2	0.402	0.403
Residual Std.Error	$0.559(\mathrm{d}f=16742)$	$0.559(\mathrm{d}f=16739)$
F Statistic	$753.009^{***}(\mathrm{d}f=15;16742)$	$628.979^{***}(\mathrm{d}f=18;16739)$

注:①括号内数字为标准差。② *** 、** 、* 分别表示 1%、5%和 10%的显著性水平。

另外,家庭收入的估计系数为 0.121,金融资产的估计系数为 0.058,即家庭收入每增长 10%,家庭非耐用品消费增长 1.21%;家庭金融资产每增长 10%,家庭非耐用品消费增长 0.58%。这一结果说明,相比于金融资产,家庭收入和住房财富是影响家庭消费的更为重要的因素。而住房财富对家庭消费的影响效应又高于金融资产的财富效应,这一结果与张大永和曹红(2012)的研究结论保持一致。总之,本章的估计结果基本与理论分析相一致。

户主性别对家庭消费的影响显著为正，说明女性户主家庭的非耐用品消费高于男性户主家庭。这可能是由于女性户主和男性户主的消费习惯与模式存在一定差异。户主教育程度对家庭消费支出产生显著的正向影响，教育程度虚拟变量的估计系数显著且逐渐递增，显示户主的受教育程度越高，家庭的消费水平越高。户主婚姻状况的估计系数显著，显示户主已婚的家庭消费水平高于户主未婚的家庭。家庭规模的估计系数显著为正，显示随着家庭人口数量的增加，家庭的消费支出也随着增加。家庭拥有住房套数和所在地区的虚拟变量的估计系数均不显著，意味着住房套数和家庭所在地区对非耐用品消费的影响较小。

将解释变量户主年龄和年龄平方项替换为 25 岁以下（age_0）、25 至 34 岁（age_1）、35 至 44 岁（age_2）、45 至 54 岁（age_3）、55 至 64 岁（age_4）和 65 岁以上（age_5）共六个不同年龄家庭组的虚拟变量进行回归，取 25 岁以下家庭组为对照组，其他解释变量均保持不变。回归结果如表 6.2 的模型（2）所示，与户主年龄在 25 岁以下的家庭相比，25 至 34 岁年龄组和 35 至 44 岁年龄组的估计系数不显著，意味着年轻家庭的消费支出不存在显著差异。但是，45 至 54 岁（age_3）、55 至 64 岁（age_4）和 65 岁以上（age_5）的估计系数显著为负，这说明中年老年年龄组的家庭消费显著低于年轻家庭对照组，并且，总体上看，家庭消费随户主年龄增长呈现出逐渐递减的趋势。通过比较发现，表 6.2 中使用年龄及年龄平方项的模型（1）和使用年龄虚拟变量的模型（2）中关键变量的估计结果相近，说明本章的模型设定是稳健的。

6.4.2 住房财富影响家庭消费的异质性效应

为了进一步研究住房财富对不同类型家庭消费的异质性影响，本章运用式（6.5）所示模型进行回归，并且通过分组回归来实证检验住房财富影响家庭消费支出的异质性效应。

6.4.2.1 不同户主年龄家庭的住房财富效应

为了考察不同户主年龄家庭的住房财富效应差异性，把式（6.5）所示模型的交叉项选取为户主年龄虚拟变量与住房财富的交叉项,取 25 岁以下家庭组与住房财富的交叉项为对照组,其他解释变量均保持不变。模型(6.5)的回归结果如表 6.3 的模型(3)所示。可以看到,尽管六个家庭年龄组的住房财富的估计系数均显著为正,有四个年龄组虚拟变量与住房财富的交叉项显著为负,显示随着户主年龄的增长,住房财富对消费支出的影响效果递减。这与黄静、屠梅曾(2009)的研究结果保持一致,而与 Campbell 和 Cocco(2007)在英国研究结论相反。原因可能在于老一辈中国人重土安迁的传统思想更为浓厚,随着年龄的增长其遗赠动机也更加明显,其通过出售或利用房产融资来增加消费的可能性较小。

表 6.3　不同户主年龄和不同住房套数家庭的住房财富效应异质性估计结果

解释变量	被解释变量		
	log_consumption		
	(3)	(4)	(5)
log_wageincome	0.122^{***} (0.004)	0.122^{***} (0.004)	0.122^{***} (0.004)
log_housevalue	0.196^{***} (0.006)	0.168^{***} (0.005)	0.100^{***} (0.010)
log_finasset	0.057^{***} (0.002)	0.057^{***} (0.002)	0.057^{***} (0.002)
log_housevalue×age_1	-0.006^{*} (0.003)		
log_housevalue×age_2	-0.005(0.003)		
log_housevalue×age_3	-0.013^{***} (0.003)		
log_housevalue×age_4	-0.018^{***} (0.003)		
log_housevalue×age_5	-0.023^{***} (0.003)		
totalhouse_2		-1.084^{***} (0.152)	
totalhouse_3		-2.465^{***} (0.402)	
log_housevalue×totalhouse_2		0.077^{***} (0.011)	
log_housevalue×totalhouse_3		0.172^{***} (0.027)	
totalhouse	-0.009(0.009)		-1.000^{***} (0.104)
log_housevalue×totalhouse			0.070^{***} (0.007)
Constant	5.965^{***} (0.061)	6.322^{***} (0.076)	7.301^{***} (0.139)
家庭人口统计特征	YES	YES	YES
样本容量	16 758	16 758	16 758
R^2	0.404	0.407	0.407

续表

解释变量	被解释变量		
	log_consumption		
	（3）	（4）	（5）
Adjusted R^2	0.403	0.406	0.406
Residual Std.Error	0.558 （df=16739）	0.557 （df=16736）	0.557 （df=16738）
F Statistic	629.486*** （df=18;16739）	546.415*** （df=21;16736）	603.908*** （df=19;16738）

注：①括号内数字为标准差。② *** 、** 、* 分别表示 1%、5%和 10%的显著性水平。

6.4.2.2 不同住房套数家庭的住房财富效应

为了检验不同住房拥有套数家庭的住房财富效应异质性，笔者根据家庭拥有的住房套数将家庭样本分为三组，具体设置三个虚拟变量：拥有 1 套房（totalhouse_1，是＝1，否＝0）、拥有 2 套房（totalhouse_2，是＝1，否＝0）、拥有 3 套房及以上（totalhouse_3，是＝1，否＝0）。式（6.5）所示模型中交叉项选取住房套数虚拟变量与住房财富的交叉项，取拥有 1 套房家庭为对照组，其他解释变量均保持不变。具体的回归结果如表 6.3 模型（4）所示。可以发现，拥有住房套数虚拟变量与住房财富的交叉项估计系数均显著为正，拥有 3 套房及以上家庭的虚拟变量交叉项估计系数为0.172，拥有 2 套房家庭的虚拟变量交叉项估计系数 0.077，结合住房财富影响家庭消费的弹性系数 0.168，可得拥有 3 套房及以上的家庭住房财富效应的估计系数为 0.340，拥有 2 套房的家庭住房财富效应估计系数为0.245。这也意味着，拥有住房套数越多的家庭，其住房财富对于消费支出的影响效应越大，住房价值上涨对家庭消费的正向影响越大。

对上述结果的解释如下：由于居住属性是住房的最基本属性，只拥有 1 套房的家庭其住房更多地表现为居住属性，家庭通过出售房产或利用房产融资来增加消费的可能性较小。而家庭拥有的 2 套住房，尤其是 3 套以上住房更多被视为投资性资产，主要体现为住房的资产属性。因此，拥有多套住房的家庭通过出售房产或利用房产融资来增加消费支出的可能性越大。另外,家庭拥有住房套数虚拟变量的估计系数均显著为负,说明住房套数与家庭消费之间存在负相关关系。

为了进一步检验上述结果的稳健性,用家庭拥有的住房套数替代拥有住房套数的虚拟变量。式(6.5)所示模型中交叉项选取拥有住房套数与住房财富的交叉项进行回归,回归结果如表6.3模型(5)所示。估计结果显示,住房财富与拥有住房套数交叉项的估计系数显著为正,且住房套数每增加1套,住房财富对家庭消费的影响弹性平均增长0.07。这也意味着,随着家庭拥有住房套数增加,住房财富对家庭消费支出的影响效果也相应提高。

可见,不同住房拥有套数家庭的住房财富效应的估计结果具有较高程度的稳健性。此外,通过比较发现,在各种模型设定下,家庭收入、住房财富和金融资产等核心解释变量的估计结果十分接近,说明本章的模型设定与估计结果具有较好的稳健性。

6.4.2.3 不同收入家庭的住房财富效应

为了检验不同收入家庭的住房财富效应异质性,本章根据家庭收入将家庭样本分为三组,具体为:低收入组、中等收入组和高收入组[①]。利用式(6.4)所示模型分别以三个不同家庭收入组为样本进行回归,估计结果如表6.4所示。其中,模型(6)、(7)和(8)分别是低收入家庭、中收入家庭和高收入家庭的估计结果。通过对比三组家庭样本的估计结果,可以发现,核心解释变量住房财富影响家庭消费的弹性系数在三个家庭组别中分别为0.179、0.173、0.166,表明随着家庭收入的提高,住房财富对家庭消费的影响弹性略有降低。对此可能的解释是:相对而言,家庭收入越低的家庭,其利用住房资产获取流动性进而扩大消费支出的意愿和可能性越大。

---

① 以家庭收入的三分位数36 000元、72 000元将全部家庭样本划分为三组,即:低收入家庭组——家庭年收入低于36 000元,中收入家庭组——家庭年收入为36 000～72 000元,高收入家庭组——家庭年收入高于72 000元。

表 6.4　不同收入家庭的住房财富效应

解释变量	被解释变量		
	log_consumption		
	低收入家庭	中收入家庭	高收入家庭
	(6)	(7)	(8)
log_wageincome	0.090***（0.008）	0.170***（0.038）	0.265***（0.021）
log_thousevalue	0.179***（0.008）	0.173***（0.008）	0.166***（0.009）
log_ finasset	0.064***（0.004）	0.039***（0.004）	0.056***（0.004）
sex	0.094***（0.019）	0.049***（0.016）	0.058***（0.016）
age	−0.016***（0.004）	−0.005（0.003）	0.0004（0.003）
age²	0.0001*（0.000）	0.00001（0.000）	−0.00004（0.000）
edu_1	0.044**（0.022）	0.026（0.022）	0.012（0.028）
edu_2	0.139***（0.025）	0.059**（0.023）	0.068**（0.028）
edu_3	0.213***（0.040）	0.145***（0.030）	0.128***（0.030）
edu_4	0.266***（0.044）	0.210***（0.032）	0.171***（0.030）
familysize	0.098***（0.005）	0.059***（0.005）	0.045***（0.005）
marital_1	0.119***（0.024）	0.075***（0.025）	0.060**（0.027）
region_1	0.020（0.021）	−0.026（0.019）	−0.020（0.020）
region_2	−0.002（0.023）	−0.040*（0.021）	−0.029（0.024）
totalhouse	0.002（0.020）	−0.035**（0.016）	0.006（0.012）
constant	6.768***（0.150）	6.141***（0.420）	4.861***（0.245）
家庭人口统计特征	YES	YES	YES
样本容量	5715	5426	5617
R^2	0.347	0.195	0.296
Adjusted R^2	0.346	0.193	0.294
Residual Std.Error	0.617（$df=5699$）	0.525（$df=5410$）	0.517（$df=5601$）
F Statistic	202.302***（$df=15;5699$）	87.350***（$df=15;5410$）	156.856***（$df=15;5601$）

注：①括号内数字为标准差。② ***、**、* 分别表示 1％、5％和 10％的显著性水平。

家庭收入每增加 1％，低收入组家庭消费增长 0.09％；中等收入组家庭消费增长 0.17％；高收入组家庭消费增长 0.265％。这一结果意味着，随着家庭收入的增加,家庭收入对家庭非耐用品消费支出的影响弹性也相应提高。高收入组家庭非耐用品消费受家庭收入的影响最大,原因可能在于高收入组家庭的消费结构中包含更大比例的文化、娱乐、教育、旅行等非必需品消费支出,而非必需品需求的收入弹性较大,导致高收入组家庭消费支出的收入弹性较大。而低收入家庭的必需品消费占比较高,而必需品消费受家庭收入变动的影响较小,体现出较为保守的消费行为。

其他控制变量的估计结果如下:低收入组的女性户主家庭的估计弹性系数超过中高收入组女性户主家庭;所有组别的家庭消费支出均表现出随着户主教育程度而相应提高的特点,低收入组的户主教育程度估计弹性超过中高收入家庭组的户主教育程度;所有组别的家庭消费支出随着家庭规模相应增加,低收入组的家庭规模估计系数超过中高收入组的家庭规模估计系数;已婚家庭的消费支出超过未婚家庭,中低收入组家庭的已婚状况估计系数超过中高收入组家庭的已婚状况估计系数。

为了检验估计结果稳健性,本章按照相同的分组方式,设置低、中、高三个不同家庭收入组虚拟变量。在模型(6.5)中取交叉项为家庭收入组虚拟变量与住房财富的交叉项后进行回归。回归结果显示,收入不同的家庭其住房财富效应没有显著差异,与分组回归得出的结论保持一致。[①]

6.5 结论与政策启示

本章利用西南财经大学中国家庭金融调查研究中心 2015 年的 CHFS 数据,较为深入全面地研究了住房财富对家庭非耐用品消费的总体影响,进而探究了住房财富对于不同户主年龄、不同收入、不同住房状况家庭消费的异质性影响。本章的研究结论主要有以下几点:

第一,中国城市有房家庭的住房财富会显著促进家庭非耐用品消费,并且,住房财富效应超过金融资产的财富效应,即住房财富的增长相较金融资产会带来更大程度的家庭消费增长;相比于金融资产,家庭收入和住

---

① 文中不同家庭收入组虚拟变量与住房财富交叉项的估计结果未在此列出。

房财富是影响家庭非耐用品消费更为重要的因素①。

第二，住房财富效应在不同户主年龄与不同住房拥有状况的家庭之间存在异质性。随着户主年龄的增长，住房财富效应大体呈现出下降趋势，而随着家庭拥有住房套数的增加，住房财富效应大体呈现出上升趋势。

第三，住房财富效应在不同收入家庭之间存在异质性，随着家庭收入的提高，住房财富对家庭消费支出的影响效果略有降低；家庭收入对消费支出的影响弹性在不同收入家庭之间存在异质性，收入越高的家庭，其消费支出的收入弹性越大。

本章的政策启示如下：第一，在疫情冲击叠加国际政治经济形势错综复杂的背景下，保持房地产市场持续健康稳定，避免住房价格大起大落，有助于促进居民消费与扩大内需，进而缓解经济下行压力，也有助于形成国际国内双循环相互促进的发展新格局。第二，探索发展完善我国"以房养老"的养老保障体系、丰富养老保障方式，一方面可以提高老年家庭的可支配收入；另一方面还可以提高老年家庭的住房财富效应，有利于促进居民消费。第三，提高城市家庭的可支配收入水平，尤其是提高中低收入家庭的可支配收入水平，扩大中等收入家庭的比重，对促进居民消费、扩大内需具有重要的作用。

---

① 需要说明的是，由于本章的实证研究中，家庭收入的统计口径仅仅包含了家庭工资性收入，这可能是导致家庭收入对家庭消费的影响弹性小于住房财富的消费弹性之原因。

7 住房拥有与家庭风险金融资产配置

家庭的消费储蓄和资产配置决策存在紧密的内在联系,是家庭金融决策不可割裂的两个环节,即家庭资源的跨期配置和风险配置。前文较为全面考察了住房财富、住房价格对家庭消费的影响。较高的住房财富占比提高家庭的资产组合总体风险暴露,这会对家庭的风险金融市场参与产生重要影响。本章首先对相关的理论基础与研究文献进行回顾梳理;接下来,运用 Heckman 样本选择模型实证检验住房如何对家庭风险金融资产配置决策产生影响。

7.1 研究背景

1998 年住房分配制度改革以来,我国城市居民家庭的住房拥有率显著提高,住房财富占家庭总资产的比重也得到大幅提升。同时,城市居民家庭的风险资产参与率,尤其是股票市场参与率以及股票持有比重却依然较低。据西南财经大学 2015 年家庭金融调查数据显示,平均而言,城市家庭的住房拥有率约为 89.3%,住房财富占家庭总资产的比重约为 70%,而股票市场参与率仅为 13.0%,股票持有市值占家庭金融资产的比重也仅为 5.8%。中国人民银行 2019 年中国城镇居民家庭资产负债情况调查显示,我国城镇居民家庭的住房拥有率达到 96%,住房资产占家庭总资产的比重为 59.1%,而股票持有占家庭金融资产比重仅为 6.4%。从世界范围来看,房产普遍都是各国家庭最为重要的资产。各国家庭也往往具有较高的住房拥有率却较少参与股票市场,也即存在广泛的"有限参与"和"股权溢价"之谜。西方发达国家中至少有约三分之一家庭不参与股票市场,一半以上家庭不参与股票市场更为普遍,更为严重的甚至有近80%的家庭不参与股市(Campbell,2016)。可见,与西方国家相比,我国城市家庭存在更为严重的"有限参与"和"股权溢价"现象。

2020年全球新冠疫情的暴发和蔓延对世界经济形成重大冲击,我国在应对疫情冲击的同时,面临国际政治经济形势的高度不确定性。如何保持金融稳定,守住不发生系统性风险的底线,进而形成以国内大循环为主、国内国际双循环相互促进的新发展格局成为政策当局的战略目标。住房具有消费品和投资品的双重属性,住房拥有和住房风险必然会对家庭的消费与资产配置产生重要影响。根据背景风险理论,较高的住房财富占比会提高家庭的资产组合总体风险暴露,这会对家庭的风险金融市场参与产生重要影响。在一定条件下,经济主体的微观行为会引发重要的宏观经济效应。在此背景下,深入考察家庭的住房拥有与资产配置的关联机制具有现实价值,不仅有助于促进微观主体的资产合理配置、降低总体风险暴露,也可以为促进房地产市场稳定,进而实现金融稳定之政策目标提供支撑。

本章利用西南财经大学家庭金融调查2015年的CHFS数据,运用Heckman样本选择模型对住房拥有和家庭风险资产配置的关系进行实证研究。相较于已有研究,本书的主要贡献是:一是考虑到是否持有风险资产对风险资产持有比重产生的"样本选择"问题,运用Heckman两步法进行修正。事实上,只有那些参与风险资产的家庭样本,才构成可观测的风险资产持有比重样本,因此,如果在估计风险资产持有比重方程时不予以修正,可能产生估计误差。二是专注于住房风险与家庭风险资产配置的关系,在控制家庭净财富的同时,以房产价值作为解释变量,这样可以更好地衡量住房风险。三是较为深入地考察了不同住房状况、不同年龄和不同财富家庭的房产拥有与风险资产配置之间的异质性效应。

7.2　研究述评与理论机制

7.2.1 相关研究述评

经典的生命周期消费与资产组合理论忽略了住房及其约束等现实，不能对家庭的消费与资产组合决策的生命周期实际特征作出合理解释，也不能有效解释"股票市场有限参与"与"股权溢价"等错误投资现象。为此，学者们在分析中引入住房，基于两种理论框架考察房产拥有或房产风险如何影响家庭的资产配置决策：一是基于均值方差框架展开分析(Brueckner,1997;Flavin and Yamashita,1998,2002;Pelizzon and Weber 2008)。Brueckner(1997)将 Henderson 和 Ioannides(1983)的住房投资约束概念引入均值方差分析框架，首次分析了住房消费需求对家庭资产组合决策的约束和扭曲效应[①]。在 Brueckner(1997)基础上，Flavin 和 Yamashita(1998,2002)的研究发现，年轻家庭持有房产比重较高，因而减少股票持有比重，降低总体风险暴露；而老年家庭持有房产比重较低，承担资产组合风险较低，因而持有股票比重较高。Saarimaa(2008)研究发现，房产风险对最优股票持有比重产生的负面影响随着风险厌恶程度提高而被放大。另一部分文献基于生命周期消费与资产组合动态框架展开研究。Pelizzon 和 Weber(2008)研究发现，如果资产收益和住房收益正相关，房产投资者会运用风险金融资产对冲住房风险；如果住房收益与股票收益不相关，住房风险仅仅影响投资者的风险厌恶程度，而不会产生风险对冲动机。

二是建立生命周期消费与资产组合动态模型进行研究(Cocco,2005;Hu,2005;Yao and Zhang,2005)。Cocco(2005)研究发现，房价风险对家

---

①　住房投资约束是指住房业主的住房投资至少等于住房消费，才能满足业主的住房消费需求，这会影响家庭的最优资产组合选择。

庭股票投资产生挤出效应,尤其是对于金融净财富较低的家庭,房价风险的挤出效应越发明显。Hu(2005)引入内生的住房租购决策与交易成本后发现,住房投资提高了住房业主的资产组合风险和风险厌恶水平,进而挤出股票市场参与;租房家庭的资产组合中持有股票比重超过住房业主家庭[①]。随着相关研究的深入,学者们逐渐考虑到房产和风险资产的相关性以及影响。Yao 和 Zhang(2005)引入租房市场后的模拟结果发现:第一,住房业主降低股票持有比重,即住房投资对股票产生替代效应,却提高流动性资产组合中的股票持有比重,即获得分散化效应。第二,如果股票收益和住房收益正相关,住房业主降低股票持有以对冲住房多头风险,而租房家庭增加股票持有以对冲住房空头风险。

学者们的实证研究采用住房价值净财富比、房价标准差、房产抵押负债等指标测度家庭的房地产风险暴露。已有研究大多认同,房产风险会对房产业主的风险资产配置产生负面影响(Heaton and Lucas,2000;Yamashita,2003;Kullmann and Siegel,2005;Saarimaa,2008;Arrondel and Savignac,2015)。Heaton 和 Lucas(2000)利用美国 1989—1995 年的美国 SCF 进行实证研究,结果发现房产风险对股票持有比重产生负面影响。Yamashita(2003)利用美国 SCF 数据检验 Flavin 和 Yamashita(2002)模型,结果发现,房屋净财富比与股票投资比例存在很强的关系,高负债购房的家庭持有风险资产的比重较低。他的结论是,当住房投资受到住房消费需求约束时,住房消费需求导致的过度住房投资会使业主承受高杠杆风险,进而减少风险资产持有。Kullmann 和 Siegel(2005)利用美国 1984—2001 年的 PSID 数据,分别用房屋净财富比和房价波动标准差测度房产风险,实证研究发现:住房风险限制股市参与和降低股票比重,而住房所有权和住房价值对业主的股票市场参与产生正面影响。Yao 和 Zhang(2005)利用美国 1984—2001 年的 PSID 数据实证检验,结果发现:第一,房产投资减少流动性财富,进而对股市参与产生挤出效应,即房产的替代效应超过分散化效应;第二,租房家庭的其他房产投资对股

---

① 但是,他没有考虑资产之间的相关性,因而忽略了房产投资的分散化效应和对冲效应。

市参与决策产生正向作用,意味着分散化效应超过替代效应。Saarimaa (2008)利用芬兰 1998 年财富调查数据进行实证研究,结果发现,房产投资对股票参与产生负面影响,既定净财富下的较高房屋价值会降低股市参与率,住房投资还通过减少家庭金融财富降低股市参与。Pelizzon 和 Weber(2008)利用意大利 SHIW 数据的实证研究发现,在既定家庭财富下,住房风险使得业主家庭不愿意持有股票。Chetty、Sandor 和 Szeidl (2017)利用 1990—2008 年美国 SIPP 数据实证研究,结果表明:房产抵押负债通过增加非流动性、提高风险暴露和降低终身财富现值降低股票持有。

针对已有研究大多忽视了其他类型的背景风险,Arrondel 和 Savignac(2015)利用 2004 年法国家庭财富调查数据,全面检验了收入、失业风险和住房风险等背景风险对金融决策的影响。研究表明,法国住房收益与股票收益的相关性不显著,因此,房主通过替代效应降低股票持有比重以限制总体风险暴露。已有文献往往假定住房租购决策先于资产组合决策,忽略了股票持有对住房租购决策的影响。为此,Beaubrun-Diant 和 Maury(2016)运用动态双变量的 Logistic 面板数据模型,利用 1999—2007 的美国 PSID 数据首次考察住房和股票持有的同时内生决策,以及住房租购决策与股票持有决策的动态因果关系。

学者们大多认同,住房风险影响风险资产配置的具体方向与效果取决家庭的住房状况、收入财富、生命周期阶段以及住房资产与金融资产的相关性等因素,也即房产风险对风险资产配置负面效应在不同家庭之间具有异质性(Flavin and Yamashita,2002;Cocco,2005;Yao and Zhang, 2005)。Flavin 和 Yamashita(2002)研究发现年轻家庭持有房产比重较高,因而减少股票持有以降低总体风险暴露;而老年家庭持有房产比重较低,承担资产组合风险较低,因而持有股票比重较高。Cocco(2005)发现对于金融净财富较低的家庭,房价风险的挤出效应越发明显。Yao 和 Zhang(2005)引入租房市场后发现,如果股票和住房收益正相关,住房业主降低股票持有以对冲住房多头风险,而租房家庭增加股票持有以对冲住房空头风险。

此外,也有学者建立生命周期动态模型,考察房产财富或住房收益对家庭风险资产配置的总体效应与异质性影响(Chetty,Sandor and Szeidl,

2017；Fischer and Stamos，2013）。Chetty、Sandor 和 Szeidl（2017）将房产财富分解为住房净值和抵押负债，结果发现抵押负债增加会降低股票市场参与，而住房净财富增长会显著提高股票持有。Fischer 和 Stamos（2013）研究发现，住房市场繁荣周期和住房的高收益预期会促使投资者提高住房投资比重，降低风险资产持有比重。还有学者引入经济人的偏好异质性与住房习惯修正了不变相对风险厌恶效用函数，他们采用 Epstern-Zin 递归效用或住房习惯形成效用，能够更好地解释资产选择行为的异质性（Vestman，2012；Aydilek，2013；Tunc and Pelletier，2013；Kraft，Munk and Wagner，2018）。

国内学者的早期研究侧重于分析居民资产组合选择的总体影响因素，房产仅仅作为影响因素之一，并未单独作为考察对象。这些研究视角较为单一，层次较为简单，大多发现房产投资对居民的风险市场参与产生了负面影响（吴卫星、齐天翔，2007；何兴强、史卫等，2009）。美国次贷危机之后，越来越多的学者开始专门以住房作为对象，研究角度更为多元化，研究层次也更为丰富。这些研究一致认同，住房投资对家庭资产组合的异质性影响主要取决于家庭的住房状态、收入财富、年龄以及居住区域等特征。部分研究指出，住房市场发展在一定条件下能够促进金融市场发展，因为住房财富和房价上涨对房主家庭的金融市场参与和股票投资比重产生提升效应（陈永伟、史宇鹏等，2015；蒋瑛、李翀，2019）。也有研究发现，房产投资风险对家庭的风险金融市场参与决策产生负面影响（吴卫星、高申玮，2016；周雨晴、何广文，2019）。

国内的实证研究尚存在以下不足：第一，已有文献在风险资产参与率和参与程度的模型估计过程中往往没有考虑"样本选择"问题。事实上，只有那些参与风险资产市场的家庭，才构成可观测到的风险资产持有比重样本，也即是否参与风险资产市场的变量对风险资产持有比重的被解释变量产生"偶然断尾"或者"样本选择"问题，如果不予以修正可能产生估计偏差。第二，现有文献往往考察住房财富或房价波动的效应，却未区分住房风险和住房财富的效应，少有学者专注于住房风险及其与风险资产配置的关系。第三，住房拥有对不同类型家庭资产配置的异质性影响还可进一步深入研究。

7.2.2 理论机制

本章考察家庭的房产拥有如何影响家庭资产配置,重点是考察住房业主家庭面临的房产风险暴露在资产配置决策中的作用机制。因此,理论分析围绕家庭面临的房产风险暴露与资产配置的关系展开。背景风险是投资者面临的不可保险或对冲的风险,这类风险由投资者面临的背景因素引发,无法通过金融市场交易予以有效规避,其来源主要包括未来劳动收入的不确定性、失业、健康状况、房地产风险等背景因素。背景风险将会提高投资者的风险厌恶程度,降低风险资产持有,进而限制其总体风险暴露(Pratt and Zeckhauser,1987;Gollier and Pratt,1996)。住房风险是典型的背景风险,是指住房所有者面临的与房产相关投资收入或支出等方面的不确定性,其主要表现形式包括:第一,住房价格的波动性导致投资者承担资本损失或者投资收益的不确定性;第二,住房买卖的高昂交易成本导致房产无法频繁交易,致使投资者承担的低流动性风险;第三,购房者因承诺长期偿还住房抵押贷款本息而面临未来实际可支配收入的不确定性——即承诺支出风险(committed expenditure risk),这种风险的产生是由于投资者未来收入的不确定性和利率调整导致实际利息支付的不确定性。

由于缺乏有效金融工具进行完全的风险分担,住房风险无法通过对冲、保险和分散化等金融手段予以有效规避,这必然会对家庭资产配置产生重要影响。住房风险影响资产配置的理论机制主要归纳为:替代效应、分散化效应、对冲效应与承诺支付效应。(1)替代效应。一方面,住房价格的波动性与房产低流动性会提高住房所有者的总体风险暴露和风险厌恶水平;另一方面,房产的低流动性减少业主家庭的可支配流动性财富,进而促使住房业主降低风险资产参与和风险资产投资比重,也即房产投资对风险资产参与产生了替代效应。(2)分散化效应。如果房产收益与风险资产收益低相关甚至负相关,根据资产组合理论,房产业主将会提高风险资产的持有比重,进而分散家庭所面临的总体资产组合风险。(3)对冲效应。如果房产收益与风险资产收益正相关,持有房产的家庭将会降低风险资产持有比重,进而对冲所面临的房产多头风险,而未持有房产的家庭则增加风险资产投资对冲房产空头风险。(4)承诺支付效应。住房抵押贷款本息偿还的长期承诺支付降低住房业主偿还贷款本息后的实际收入,并且,由于利率调整导致实际利息偿还不确定,使得家庭实际可支配收入的不确定性,这将导致投资者节制,进而降低风险资产持有①(Fratantoni,1998,2001;Cardak and Wilkins,2009)。

总之,家庭面临的住房风险通过替代效应、对冲效应和承诺支付效应对拥有房产家庭的风险资产参与产生负面影响,如果住房业主面临的住房风险暴露提高,他们将会降低风险资产参与比重;此外,住房风险通过分散化效应对房产业主的风险资产参与产生正面影响,房产业主将会增加风险资产参与。因此,住房风险对家庭资产配置的影响取决于以上两种方向效应的对比,这又取决于家庭的住房拥有状况、生命周期阶段、住房与金融资产收益的相关性等因素。

7.3 计量模型

本章的实证研究分为两个部分,第一部分检验住房风险与风险资产配置的总体效应,第二部分考察不同住房状况、不同净财富和不同年龄组家庭的住房风险对风险资产配置的异质性效应。本章的被解释变量为"是否参与风险金融市场或股票市场",以及"风险资产持有比重或股票持有比重"。而风险资产和股票持有比重是否可以被观测到,取决于家庭是否参与金融市场或股票投资,也即是否参与风险金融市场的变量对风险金融市场参与程度的变量产生"样本选择"问题。为此,可采用 Heckman(1979)提出的"两步估计法"(样本选择模型)予以解决。根据该方法,在第一阶段运用 Probit 模型估计风险资产或股票参与的选择方程,并根据

---

① Kimball(1993)提出,面对不可规避的风险时消费者会表现出"节制",这意味着他们会增加安全资产持有。从理论上,节制可以解释股票持有之谜,这是股票溢价之谜的微观原因。

估计结果计算逆米尔斯比率(inverse mills' ratio);在第二阶段将第一阶段计算的逆米尔斯比率作为解释变量加入风险资产持有比重或股票持有比重的回归模型,利用 OLS 估计就能够较好地纠正样本选择偏差问题。

首先,用 Probit 估计住房资产如何影响家庭参与金融市场,该选择方程的 Probit 模型设定如式(7.1)、(7.2)所示。式(7.1)中,z_i 是二值因变量,取值为 1 时表示参与金融市场或股市,取值为 0 表示不参与金融市场或股市。z_i 的取值取决于不可观测的潜变量 z_i^*,当 $z_i^* \geqslant 0$ 时,$z_i = 1$,当 $z_i^* < 0$ 时,$z_i = 0$。式(7.2)中,housevalue 表示住房价值,W_i 表示控制变量,α_1、α_2 为待估参数,ε_i 表示随机扰动项,服从标准正态分布。

$$z_i = \begin{cases} 1, z_i^* \geqslant 0 \\ 0, z_i^* < 0 \end{cases} \tag{7.1}$$

$$z_i^* = \alpha_1 \cdot \text{housevalue} + \alpha_2 \cdot W_i + \varepsilon_i \tag{7.2}$$

接下来,利用选择样本,运用 OLS 估计住房资产如何影响家庭的风险金融市场和股票市场参与程度,该回归模型设定如式(7.3)、(7.4)所示。式(7.3)表示是否参与风险金融市场的变量对风险资产持有比重产生了断尾作用或者样本选择偏差,其中,y_i 表示风险资产或股票持有比重。如果家庭选择参与风险金融市场,则风险金融资产持有比重可以被观测到,否则,风险金融资产持有比重不可观测。式(7.4)中,y_i 是被解释变量,表示风险资产或股票持有比重,X_i 表示控制变量,λ_i 是逆米尔斯比率(inverse mills' ratio)[①],β_1、β_2、β_3 是待估参数,u_i 表示随机扰动项,服从标准正态分布。

$$y_i = \begin{cases} \text{可观测}, z_i = 1 \\ \text{不可观测}, z_i = 0 \end{cases} \tag{7.3}$$

$$y_i = \beta_1 \cdot \text{housevalue} + \beta_2 \cdot X_i + \beta_3 \cdot \lambda_i + \mu_i \tag{7.4}$$

---

① 逆米尔斯比率 λ_i 的计算过程是:利用所有样本估计 probit 模型(7.2),将估计系数 $\hat{\alpha_1}$、$\hat{\alpha_2}$ 代入逆米尔斯比率公式,计算每个样本的逆米尔斯比率 $\hat{\lambda_i}$。λ_i 的计算公式:$\lambda_i = \phi(-W_i' \cdot \alpha)/\Phi(-W_i' \cdot \alpha)$。其中,$\phi(\cdot)$ 表示标准正态分布的密度函数,$\Phi(\cdot)$ 表示标准正态分布的概率分布函数,W_i' 表示核心解释变量和控制变量的向量,α 表示估计系数向量。

通过在回归模型(7.4)中加入 λ_i ,Heckman 样本选择模型解决了样本自选择问题。如果逆米尔斯比率的估计系数 β_3 显著不等于零,则意味着模型中存在样本选择偏差,此时运用一般的 OLS 估计会产生估计值偏差,而采用 Heckman 模型才能得到一致性估计。

7.4 研究变量、数据来源与特征事实

7.4.1 研究变量

本章选取的风险金融资产配置变量,也即被解释变量包括:是否参与风险金融市场(ifrisk)、是否参与股市(ifstock)、风险金融资产持有比重(risk_ratio)和股票投资比重(stock_ratio)。对于"住房风险"的测度指标,西方学者大多选择"房产价值与家庭净财富的比值"衡量,也即家庭净财富中的房产比重越高,家庭面临的住房风险暴露越高。也有学者在控制家庭净财富的同时,以房产价值作为解释变量衡量"住房风险"(Saari-maa,2008)。本书首先以"家庭主要房产价值(不含其他房产,housevalue)"作为解释变量,同时控制家庭净财富,也即家庭净财富既定条件下,较高的房产价值意味较高的住房风险。在稳健性检验部分,本书则分别以"房产价值占家庭净财富之比""家庭房产总价值(含其他房产,thousevalue)"衡量"住房风险"。相较于国内文献往往没有控制家庭净财富,本书的变量选取能够更好地衡量住房风险的影响效果。

其他控制变量的选取如下:家庭收入与财富,包括家庭收入(income)、家庭收入平方(income_sq)、净财富(netwealth)、净财富平方(netwealth_sq);家庭人口统计特征,包括户主年龄(age)、户主教育程度(education)、户主婚姻状况(marriage)、户主性别(gender)、户主户籍(residence)、家庭规模(hhsize);家庭所在区域(region)与家庭风险态度。

最后,选择城镇化水平(urbanization)作为金融服务可得性的代理变量[①]。

研究变量的定义与处理过程说明如下:

根据 CHFS 调查问卷设计,家庭总资产包括金融资产(finasset)、实物资产和社保账户资产[②]。其中,金融资产分为风险金融资产和无风险金融资产,风险金融资产主要包括股票、基金、理财、衍生工具、外汇、贵金属等,无风险金融资产包括储蓄、债券、现金、借出款以及其他金融资产。实物资产包括工商业资产、房产、商铺、车辆以及其他。

被解释变量"是否参与风险金融市场(ifrisk)"是虚拟变量,指投资者是否投资股票、基金、理财、衍生工具、外汇、贵金属等金融资产(是=1,否=0);"是否参与股票市场"(ifstock)是虚拟变量,指投资者是否投资于股市(是=1,否=0);"风险金融资产持有比重(risk_ratio)"是风险金融资产市值(risk)与金融资产市值(finasset)之比;"股票持有比重(stock_ratio)"是股票市值(stock)与金融资产市值(finasset)之比。解释变量"房产价值(housevalue)"是家庭拥有的主要房产市值。

控制变量"净财富(netwealth)"是家庭总资产扣除未清偿债务的余额,"家庭收入(income)"是家庭成员年度工资收入总和。家庭人口统计特征变量中,"户主年龄(age)"包含 5 个年龄组虚拟变量:age_25(25 岁以下年龄组)、age25_34(25~34 岁年龄组)、age35_44(35~44 岁年龄组)、age45_54(45~54 岁年龄组)、age55_64(55~64 岁年龄组)、age65_(65 岁以上年龄组);"户主教育程度"包含 5 个教育程度虚拟变量:education_0(小学及以下)、education_1(初中)、education_2(高中、职高及中专)、education_3(大专及高职)、education_4(本科及以上);"户主婚姻状况(marriage)"包含 1 个虚拟变量(已婚=1,否则=0);"户主性别(gender)"包含 1 个虚拟变量(男=1,女=0);"户主户籍(residence)"包含 1 个虚拟变量(农村户口=1,非农村户口=0);"家庭规模(hhsize)"是指家庭的人口数量;"家庭所在区域"包含 3 个虚拟变量:东部(region_1)、中部(region_

---

① 参考 Saarimma(2008)的做法,城镇化水平可以作为金融服务可得性以及参与成本的代理指标。

② 社保账户资产包括:社会养老保险账户余额、职业年金、医疗保险余额和住房公积金账户余额。

2)、西部(region_3);"家庭风险态度"包含 3 个虚拟变量:风险偏好型(risk_prefer)、风险中性型(risk_neutral)和风险厌恶型(risk_averse)[①]。最后,反映金融服务可得性的控制变量"城镇化程度(urbanization)",本章用城镇人口占总人口比重作为代理变量[②]。

最后,考虑核心解释变量房产价值可能存在内生性。理由在于:第一,家庭拥有房产价值和资产配置之间可能存在相互影响。一方面,较高住房价值可能鼓励家庭参与股票市场;另一方面,较高的金融资产财富也会影响住房购买,进而影响住房价值。第二,模型中可能遗漏同时影响住房价值和风险资产决策的变量,如未来收入预期、经济衰退等外部冲击等,这类变量往往难以全面纳入模型。为此,需要运用工具变量法予以解决。本章选取"住房价值增值(housing_app)"作为住房价值的工具变量,理由是:第一,住房价值增值对当前的住房市值产生直接影响,因而与住房价值之间存在较强相关性;第二,住房价值增值是当前住房市值超过家庭购房费用的部分,可以被视为不受投资者主观意识所支配的外生性变量。

7.4.2 数据来源与特征事实

本章采用的数据来源于西南财经大学中国家庭金融调查研究中心(CHFS)2015 年的数据。CHFS2015 年的调查数据,在 2013 年调查样本基础上继续扩大抽样框,最终选取样本涵盖了除港澳台、新疆和西藏之外的 29 个省市自治区、363 个县1 439村(居)委会,共计37 289个家庭样本和125 248个个人样本。CHFS 调查数据包含了详细的家庭金融资产与非金融资产、负债、收入、住房状况、房产数量与房产价值、家庭风险态度等信息,可以较好地满足本研究所需相关变量计算的要求(甘犁,尹志超

[①] CHFS 调查问卷中反映受访者风险态度的问题(a4003):如果您有一笔资金用于投资,您最愿意选择哪种投资项目? 选项包括:(1)高风险、高回报的项目;(2)略高风险、略高回报的项目;(3)平均风险、平均回报的项目;(4)略低风险、略低回报的项目;(5)不愿意承担任何风险;(6)不知道。本书将选择 1、2 项的受访者定义为风险偏好型,选择 4、5 选项的家庭定义为风险中性型,选择 5、6 选项的受访者定义为风险厌恶型。

[②] 2015 年各省、直辖市和自治区的城镇人口和总人口统计数据来源于 Wind 数据库。

等,2013)。

本章首先考察各类型风险金融资产拥有率、风险金融资产持有占比随着家庭净财富和户主年龄变动的特征事实。笔者对原数据库中的缺失值、明显的错误值进行必要的删除,并且剔除了家庭净财富为负的样本,同时,以城市家庭作为对象,保留了共计24 284个城市家庭样本[①]。

利用这些样本,笔者计算了中国城市家庭的资产拥有率和参与比重的特征事实。如表7.1所示,2015年持有股票、基金的家庭百分比分别为13%、5.1%,约有89.3%的家庭拥有1套以上住房。金融资产拥有率随着净财富增加逐渐提高,如股票拥有率从2.8%提高至30.6%,住房拥有率也从69.9%增加至99%。另外,2015年股票、基金的持有比重分别为家庭金融资产的5.8%、1.3%,住房价值为家庭资产总值的70.1%。

表7.1 不同净财富家庭的资产拥有率与持有比重

单位:%

资产类别	家庭净财富的四分位数				
	全部	25%	50%	75%	100%
拥有资产家庭的百分比					
风险资产	23.4	7.2	13.9	26.1	47.8
股票	13.0	2.8	6.3	13.0	30.6
基金	5.1	1.1	2.5	5.0	12.1
债券	0.8	0.2	0.4	0.6	1.9
理财	13.0	4.3	7.5	14.4	26.4
住房	89.3	69.9	96.1	98.0	99.0
持有资产占金融资产的百分比					
风险资产	11.2	2.9	6.1	11.7	25.0
股票	5.8	1.3	3.0	5.8	13.4
基金	1.3	0.3	0.7	1.4	2.9
债券	0.2	0.1	0.1	0.2	0.6
理财	3.9	1.2	2.2	4.4	8.3
住房	70.1	56.3	76.8	76.5	75.4

注:风险资产、股票、基金、债券和理财的持有比重是各类风险金融资产价值占家庭金融资产总市值的比重,住房持有比重是房产价值占家庭总资产的比重。

---

① 剔除家庭净值为负的样本,可以更好地避免极端值对分析结果的影响,这种处理方式也是和 Saarimma(2008)等一致的。

如表 7.2 所示,股票、基金、住房的拥有率随着户主年龄呈现出钟状的生命周期特征。另外,从资产持有比重看,股票、基金和风险资产的持有比重大致表现出钟状的生命周期特征,而住房持有比重随户主年龄呈现出递增趋势特征。由此,可以得出初步判断:第一,家庭的风险资产拥有率和持有比重随着净财富而增加;第二,股票等风险资产的参与率和持有比重很低,而房产拥有率和持有比重却很高,这可能意味房产风险对风险资产产生替代效应。第三,各类资产持有比重均随户主年龄表现出一定程度的钟状生命周期特征。

表 7.2 不同年龄家庭的资产拥有率与资产持有比重

单位:%

资产类别	年龄组					
	25 岁以下	25～34 岁	35～44 岁	45～54 岁	55～64 岁	65 岁以上
拥有资产家庭的百分比						
风险资产	37.3	37.5	28.8	22.0	19.2	15.4
股票	11.5	18.0	17.9	13.0	11.1	8.0
基金	4.2	7.9	6.2	4.8	4.4	3.6
债券	0.7	0.2	0.5	0.8	0.8	1.3
理财	29.5	25.1	14.6	11.4	10.2	8.0
住房	67.0	80.7	90.3	91.5	91.5	90.1
持有资产占金融资产的百分比						
风险资产	12.5	15.4	14.1	10.7	10.1	8.1
股票	4.1	6.9	8.3	6.1	5.0	3.6
基金	1.4	1.9	1.6	1.1	1.2	1.1
债券	0.1	0.1	0.1	0.2	0.2	0.4
理财	6.4	6.2	3.9	3.3	3.8	3.3
住房	47.8	58.7	66.8	70.0	75.0	76.2

注:风险资产、股票、基金、债券和银行理财的持有比重是各类型金融资产价值占家庭金融资产总值的比重,住房持有比重是房产价值占家庭总资产的比重。

7.4.3 描述统计

本章的关键解释变量是房产价值,而无房家庭不拥有房产,为此仅仅保留城市有房家庭作为研究样本。由于较为充足的家庭收入和净财富才能够保证构成有效的资产组合,因此,本章排除了家庭年收入低于5 000元人民币的家庭,以及净财富与房产净值低于零的家庭[1]。同时,家庭规模过大很难保证资产配置决策的有效性,因此,也排除了家庭规模 10 人以上的家庭。最终,保留了共计16 187个家庭样本。研究变量及其统计描述如表 7.3 所示。

表 7.3 研究变量与描述统计

变量	变量解释	均值	标准差
ifrisk	是否参与风险金融市场(是=1,否=0)	0.262	0.440
ifstock	是否参与股票市场(是=1,否=0)	0.149	0.356
risk_ratio	风险资产持有比重(风险资产/金融资产)	0.130	0.270
stock_ratio	股票持有比重(股票/金融资产)	0.067	0.196
housevalue	房产价值(不含其他房产,百万元)	1.010	1.391
thousevalue	房产价值(含其他房产,百万元)	1.034	1.440
housing_app	房产增值(房产价值−房产获取费用,百万元)	0.759	1.160
h	净财富中的住房价值占比(房产价值/净财富)	0.849	0.636
netwealth	净财富(总资产−总负债,百万元)	1.317	1.933
income	家庭收入(家庭成员年工资收入总和,万元)	7.125	5.667
age	户主年龄	52.950	14.513
age_25	户主年龄在 25 岁以下(是=1,否=0)	0.012	0.111
age25_34	户主年龄在 25 岁至 34 岁之间(是=1,否=0)	0.103	0.303
age35_44	户主年龄在 35 岁至 44 岁之间(是=1,否=0)	0.180	0.385
age45_54	户主年龄在 45 岁至 54 岁之间(是=1,否=0)	0.254	0.436
age55_64	户主年龄在 55 岁至 64 岁之间(是=1,否=0)	0.227	0.419
age65_	户主年龄在 65 岁以上(是=1,否=0)	0.223	0.416
education_0	户主教育程度为小学及以下(是=1,否=0)	0.177	0.382
education_1	户主教育程度为初中(是=1,否=0)	0.309	0.462

---

[1] 笔者借鉴 Saarimma(2008)等的研究,剔除家庭净值为负的样本可以更好地避免极端值对于分析结果的影响。

续表

变量	变量解释	均值	标准差
education_2	户主教育程度为高中、职高或中专(是＝1,否＝0)	0.251	0.433
education_3	户主教育程度为大专或高职(是＝1,否＝0)	0.121	0.121
education_4	户主教育程度为本科、硕士或博士(是＝1,否＝0)	0.142	0.349
marriage	户主婚姻状况(已婚＝1,否则＝0)	0.879	0.327
gender	户主性别(男性＝1,女性＝0)	0.699	0.459
residence	户主户籍(农村户口＝1,非农户口＝0)	0.262	0.434
hhsize	家庭规模(人)	3.380	1.422
region_1	家庭处于东部(东部＝1,否则＝0)	0.579	0.494
region_2	家庭处于中部(中部＝1,否则＝0)	0.221	0.415
region_3	家庭处于西部(西部＝1,否则＝0)	0.200	0.400
risk_prefer	风险偏好家庭(是＝1,否则＝0)	0.106	0.308
risk_neutral	风险中性家庭(是＝1,否则＝0)	0.195	0.396
risk_averse	风险厌恶家庭(是＝1,否则＝0)	0.699	0.459
urbanization	城镇化程度(城镇人口/总人口)	62.505	12.510

7.5　实证研究过程与结果

7.5.1 房产风险对家庭资产配置的总体效应

首先,本书以拥有住房家庭作为样本,检验住房风险如何影响家庭资产组合选择。根据 Heckman 样本选择模型的两步估计法,第一阶段估计家庭是否参与金融市场或股市的选择方程,第二阶段利用选择方程的估计结果计算逆米尔斯比率,进一步估计家庭的金融市场参与程度方程。

7.5.1.1 风险金融市场与股票市场参与率估计结果

表 7.4 的模型(2)、(4)分别是风险资产和股票市场参与率的 Probit 模型估计结果。同时,考虑到解释变量房产价值可能存在的内生性问题,表 7.4 列出了以住房价值增值作为工具变量的 IVProbit 估计结果,模型 (1)、(3)分别是风险资产参与方程和股票市场参与程度方程的 IVProbit 估计结果。为了使估计结果可以比较,将所有估计系数转换为平均边际效应。

表 7.4 风险资产和股票市场参与率的估计结果(Heckman 两步法第一阶段)

	(1) ifrisk IVProbit	(2) ifrisk Probit	(3) ifstock IVProbit	(4) ifstock Probit
housevalue	−0.227***	−0.048***	−0.152***	−0.024***
	(0.024)	(0.006)	(0.024)	(0.004)
income	0.070***	0.018***	0.060***	0.010***
	(0.005)	(0.001)	(0.006)	(0.001)
income_sq	−0.001***	−0.0003***	−0.001***	−0.0002***
	(0.000)	(0.000)	(0.000)	(0.000)
netwealth	0.487***	0.113***	0.369***	0.061***
	(0.025)	(0.007)	(0.025)	(0.004)
netwealth_sq	−0.019***	−0.004***	−0.014***	−0.002***
	(0.001)	(0.000)	(0.001)	(0.000)
age25_34	0.015	0.002	0.195	0.033
	(0.109)	(0.028)	(0.136)	(0.025)
age35_44	−0.076	−0.014	0.312**	0.053**
	(0.109)	(0.028)	(0.136)	(0.025)
age45_54	−0.101	−0.022	0.288**	0.049**
	(0.108)	(0.028)	(0.135)	(0.025)
age55_64	−0.110	−0.023	0.313**	0.053**
	(0.110)	(0.028)	(0.137)	(0.025)
age65_	−0.201*	−0.043	0.221	0.037

续表

	(1) ifrisk IVProbit	(2) ifrisk Probit	(3) ifstock IVProbit	(4) ifstock Probit
	(0.110)	(0.028)	(0.137)	(0.025)
education_1	0.253***	0.058***	0.390***	0.067***
	(0.048)	(0.011)	(0.068)	(0.011)
education_2	0.528***	0.128***	0.736***	0.126***
	(0.049)	(0.011)	(0.068)	(0.011)
education_3	0.664***	0.161***	0.827***	0.141***
	(0.055)	(0.013)	(0.073)	(0.012)
education_4	0.750***	0.180***	0.860***	0.147***
	(0.057)	(0.013)	(0.074)	(0.012)
marriage	0.099**	0.025**	0.142***	0.025***
	(0.043)	(0.010)	(0.051)	(0.008)
gender	−0.079***	−0.018***	−0.098***	−0.017***
	(0.027)	(0.006)	(0.031)	(0.005)
hhsize	−0.067***	−0.016***	−0.048***	−0.008***
	(0.010)	(0.002)	(0.012)	(0.002)
region_1	0.128***	0.030***	0.100**	0.017**
	(0.039)	(0.009)	(0.046)	(0.008)
region_3	0.034	0.007	−0.050	−0.009
	(0.040)	(0.0090)	(0.048)	(0.008)
risk_prefer	0.245***	0.064***	0.474***	0.081***
	(0.042)	(0.010)	(0.043)	(0.007)
risk_averse	−0.513***	−0.123***	−0.453***	−0.078***
	(0.031)	(0.007)	(0.035)	(0.006)
residence	−0.339***	−0.084***	−0.519***	−0.089***
	(0.036)	(0.008)	(0.048)	(0.008)
urbanization	0.000	0.000	0.000	0.000
	(0.001)	(0.000)	(0.00)	(0.000)
cons	−1.328***		−2.421***	

续表

	(1) ifrisk IVProbit	(2) ifrisk Probit	(3) ifstock IVProbit	(4) ifstock Probit
	(0.145)		(0.177)	
N	16 187	16 187	16 187	16 187
pseudo R^2		0.260		0.261
DWH 检验 x^2(p 值)	3.11(0.08)		0.81(0.36)	
一阶段估计 F 值	8 611.47		8 611.47	
工具变量 T 值	155.16		155.16	

注:①括号内数字为标准差。② *** 、** 、* 分别表示 1%、5%和10%的显著性水平。③户主年龄组虚拟变量以 25 岁以下年龄组为相对组,户主教育程度虚拟变量以小学及以下教育程度组作为相对组,家庭所在省域虚拟变量以中部省域作为相对组,家庭风险态度虚拟变量以风险中性家庭组作为相对组。

根据表 7.4 可以得出,关键解释变量住房价值对家庭的风险金融市场与股票市场参与率的边际效应分别为—0.048 和—0.024,并且具有较高的显著性水平,也即,在给定的家庭净财富水平下,较高的住房资产价值降低了家庭的风险金融市场和股市参与概率。这与许多学者的研究结果是一致的(Heaton and Lucas,2000;Kullmann and Siegel,2005;Saarimaa,2008)。根据估计结果,如果住房价值增加一个样本标准差(1.391),家庭参与风险资产的概率降低 6.67%,家庭参与股票市场的概率降低 3.28%。与风险资产参与率均值 26.2%和股票参与率均值 14.9%相比较,住房风险对家庭的风险资产与股票参与产生了不可忽视的影响效果。这也意味着,家庭面临的房产风险暴露对风险资产的替代效应、对冲效应与承诺支付效应超过了分散化效应,进而对风险资产参与产生了挤出效应。对此,可能的解释是:第一,给定的净财富水平,较高的房产价值提高了家庭面临的住房风险,进而降低风险资产参与,以限制总体风险暴露;第二,较高住房价值降低了家庭可支配的流动性财富,从而降低家庭风险资产参与;第三,既定净财富下的较高住房价值也意味着较高的房贷负担与承诺支付风险,这也会降低家庭参与风险资产的意愿。

控制变量的估计结果如下:

第一,家庭收入财富对风险资产和股票市场参与产生正面影响。收入的边际效应分别为 0.018 和 0.010,净财富的边际效应分别为 0.113 和 0.061,并且具有较高的显著性水平,这说明较高的收入和净财富显著提高了家庭参与风险资产和股票市场的概率。但是,收入财富平方的边际效应为负,这说明,收入财富提高家庭金融市场参与率的效果随着家庭收入和财富增加而递减。

第二,股票市场参与表现出较为显著的生命周期效应,25 岁以下年龄组和 65 岁以上年龄组家庭的股市参与率明显低于其他年龄组家庭的。

第三,户主教育程度提高有助于提升家庭的风险资产和股市参与,并且,教育程度提升风险资产和股市参与的效果也随着教育程度提高出现递减。

第四,户主已婚的家庭参与风险金融资产的概率高于户主未婚家庭,这可能意味着已婚状况降低了家庭不确定性,从而提高了风险金融资产参与概率。

第五,女性户主家庭参与风险资产和股市的概率显著高于男性户主家庭,这可能意味着女性户主更愿意承担金融市场风险。

第六,人口规模越多的家庭参与风险资产和股市的概率也较低,这可能意味着,家庭人口规模增加了金融参与决策的非一致性,也可能提高了未来的不确定性预期,从而降低了风险金融市场参与。

第七,家庭所在区域对于风险资产和股票市场参与产生显著影响,东部省域家庭的金融市场参与率最高,西部省域家庭的金融市场参与率最低。

第八,家庭的风险态度是影响风险金融市场参与的重要因素。风险偏好型家庭的风险金融资产和股市参与概率显著高于风险中性家庭,而风险厌恶型家庭的风险金融市场参与概率远低于风险中性家庭。

第九,户主户籍对家庭的风险资产参与和股市参与产生显著影响,城镇户口家庭的风险金融市场参与概率显著高于农村户口家庭。

考虑到房产价值可能存在内生性,本书采用 Newey(1987)、Rivers 和 Vuong(1988)的"两步法"估计 IVProbit 模型。估计结果发现,在 5% 和 10% 的显著性水平,变量外生性检验统计量不能够拒绝房产价值是外生变量的原假设。因此,本书采用不包含内生变量的 Probit 估计结果作为风险金融市场参与率的最终结果。

7.5.1.2 风险金融市场与股票市场的参与程度估计结果

为了纠正样本选择偏差,根据 Probit 模型的估计结果计算逆米尔斯比率 λ_i,在第二阶段运用 OLS 估计包含 λ_i 解释变量的金融市场参与程度方程。具体估计结果如表 7.5 所示。

表 7.5　风险资产与股票持有比重的估计结果(Heckman 两步法第二阶段)

	(5)	(6)	(7)	(8)
	risk_ratio	risk_ratio	stock_ratio	stock_ratio
	OLS	2SLS	OLS	2SLS
housevalue	−0.001	−0.004	−0.024***	−0.019
	(0.007)	(0.010)	(0.009)	(0.015)
income	0.006*	0.007*	0.014***	0.012*
	(0.003)	(0.004)	(0.005)	(0.007)
income_sq	−0.0001	−0.0001	−0.0003**	−0.0002*
	(0.000)	(0.000)	(0.000)	(0.000)
netwealth	0.044***	0.049**	0.096***	0.086**
	(0.015)	(0.020)	(0.023)	(0.036)
netwealth_sq	−0.002***	−0.002**	−0.004***	−0.003**
	(0.001)	(0.001)	(0.001)	(0.001)
age25_34	0.121***	0.120***	0.190***	0.185***
	(0.034)	(0.034)	(0.046)	(0.047)
age35_44	0.160***	0.158***	0.273***	0.266***
	(0.035)	(0.035)	(0.048)	(0.052)
age45_54	0.170***	0.168***	0.283***	0.276***
	(0.035)	(0.035)	(0.048)	(0.052)
age55_64	0.215***	0.214***	0.271***	0.263***
	(0.035)	(0.036)	(0.050)	(0.055)
age65_	0.219***	0.217***	0.256***	0.250***
	(0.036)	(0.037)	(0.049)	(0.051)

续表

	(5)	(6)	(7)	(8)
	risk_ratio	risk_ratio	stock_ratio	stock_ratio
	OLS	2SLS	OLS	2SLS
education_1	0.064 **	0.067 **	0.134 ***	0.122 **
	(0.027)	(0.028)	(0.050)	(0.059)
education_2	0.121 ***	0.127 ***	0.257 ***	0.235 ***
	(0.034)	(0.038)	(0.069)	(0.090)
education_3	0.149 ***	0.156 ***	0.287 ***	0.262 ***
	(0.039)	(0.044)	(0.075)	(0.099)
education_4	0.162 ***	0.170 ***	0.249 ***	0.224 **
	(0.040)	(0.046)	(0.076)	(0.101)
marriage	0.042 **	0.043 **	0.028	0.025
	(0.017)	(0.017)	(0.025)	(0.027)
gender	−0.029 ***	−0.030 ***	−0.033 **	−0.030 *
	(0.010)	(0.011)	(0.015)	(0.016)
hhsize	−0.021 ***	−0.022 ***	−0.016 **	−0.015 **
	(0.005)	(0.005)	(0.007)	(0.007)
region_1	−0.018	−0.016	−0.016	−0.020
	(0.015)	(0.015)	(0.021)	(0.024)
region_3	−0.029 *	−0.029 *	−0.044 *	−0.043 *
	(0.016)	(0.016)	(0.023)	(0.023)
risk_prefer	0.100 ***	0.102 ***	0.215 ***	0.204 ***
	(0.015)	(0.016)	(0.034)	(0.046)
risk_averse	−0.066 ***	−0.071 ***	−0.196 ***	−0.183 ***
	(0.022)	(0.026)	(0.037)	(0.051)
residence	−0.125 ***	−0.130 ***	−0.201 ***	−0.185 ***
	(0.021)	(0.024)	(0.047)	(0.064)
imr	0.119 **	0.134 *	0.447 ***	0.409 ***
	(0.055)	(0.069)	(0.099)	(0.142)
cons	0.052	0.026	−0.728 ***	−0.633 *
	(0.104)	(0.126)	(0.252)	(0.357)

续表

	(5)	(6)	(7)	(8)
	risk_ratio	risk_ratio	stock_ratio	stock_ratio
	OLS	2SLS	OLS	2SLS
N	4 246	4 246	2 411	2 411
R^2	0.089	0.089	0.061	0.061
adj. R^2	0.084	0.084	0.052	0.052
pseudo R^2	0.260		0.2611	
外生性检验 F 值(p 值)		0.127 (0.722)		0.140 (0.708)
工具变量 T 值		16.82		11.41

注:①括号内数字为标准差。② *** 、** 、* 分别表示 1%、5% 和 10% 的显著性水平。③户主年龄组虚拟变量以 25 岁以下年龄组为相对组,户主教育程度虚拟变量以小学及以下教育程度组作为相对组,家庭所在省域虚拟变量以中部省域作为相对组,家庭风险态度虚拟变量以风险中性家庭组作为相对组。

模型(5)、(7)分别是风险资产和股票持有比重方程。需要说明的是,对样本选择模型的识别需要排除那些影响参与决策,却不影响股票投资比重的变量,也即影响金融市场参与成本的变量。为此,股市参与程度方程排除了股市参与方程中的城镇化水平变量。另外,考虑到房产价值可能存在内生性,表 7.5 也列出了运用两阶段最小二乘法(2SLS)的估计结果。

可以发现,逆米尔斯比率 λ_i 的估计系数为 0.119 和 0.447,并且具有较高的显著性水平,这说明模型中存在样本选择偏差,因此样本选择模型的设定是正确的。关键解释变量住房价值对风险资产和股票持有比重的估计系数分别为 -0.001 和 -0.024,而房产价值对股票持有比重的估计系数具有较高显著性。即给定净财富水平,家庭拥有房产价值每增加 100 万,股票持有比重将会降低 2.40%。相对于全样本的股票持有比重均值仅为 6.7%,房产价值对股票持有 2.38% 的边际效应也是不可忽视的。这说明,既定净财富下的较高房产价值意味着家庭暴露于较高的房产风险,并且,住房风险对风险资产的替代效应、对冲效应和承诺支付效应超过分散化效应,进而对风险资产和股票持有比重产生了挤出效应。

控制变量的估计结果如下:

第一，家庭收入对风险资产和股票持有比重的估计系数分别为 0.006 和 0.014，这说明，家庭年收入每增加 1 万元，股票持有比重提高 1.40％；净财富影响风险资产和股票持有比重的估计系数分别为 0.044 和 0.096，且具有较高显著性水平，即家庭净财富每增加 100 万，风险资产和股票额持有比重分别提高 4.41％和 9.50％；家庭收入和净财富对风险资产、股票持有比重的提升效应具有递减的特点。

第二，家庭持有股票比重随着户主年龄呈现出钟状的生命周期特征，年轻和老年户主家庭的股票持有比重较低，45～54 岁年龄组家庭的股票持有比重最高。风险资产持有比重随着户主年龄逐渐提高，这可能是由于老年户主家庭将股票转换成为其他较低风险的债券、基金、理财等风险资产。

第三，风险资产持有比重随着户主教育程度而逐渐增加，而户主为大专和高职学历家庭持有股票的比重最高，这可能是大学以上学历的家庭具有较强的风险管理意识，通过将股票转换为基金、债券、理财等较低风险资产持有，从而降低整体资产组合风险暴露。

第四，户主已婚的家庭持有较高比重的风险资产。

第五，女性户主家庭持有风险资产和股票的比重显著高于男性户主家庭。

第六，家庭人口规模对风险资产持有比重和股票持有比重的影响系数为负，说明人口越多的家庭风险资产和股票持有比重越低。

第七，家庭所在省域的影响效果表现为西部家庭的股票持有比重最低。

第八，风险偏好家庭持有股票比重最高，其次是风险中性家庭，风险厌恶家庭持有风险资产和股票的比重最低。

第九，城市户籍家庭持有风险资产和股票的比重显著高于农村户籍家庭。

考虑到房产价值可能存在内生性，本书运用 2SLS 方法估计了风险资产和股票持有比重的回归模型。如前所述，依然采用房产价值增值作为工具变量①。2SLS 的估计结果如表 7.5 的模型(6)、(8)所示。结果发现,大多数估计系数都与 OLS 估计结果接近,但是,外生性检验统计量不能够拒绝房产价值外生性的原假设。为此,本书采用模型(5)、(7)作为最终估计结果。

7.5.2 房产风险对家庭资产配置的异质性效应

7.5.2.1 不同住房拥有状况家庭的资产配置

为了比较不同住房拥有状况家庭的资产配置,本章根据家庭拥有住房数量将总体样本划分三组子样本:拥有 1 套房产的家庭、拥有 2 套房产的家庭以及拥有 3 套以上房产的家庭。笔者对每组样本分别运用 Heckman 两阶段估计法,检验不同房产拥有状况的家庭风险资产配置异质性。第一阶段,采用 Probit 模型估计房产价值如何影响家庭的股票市场参与率;第二步,将逆米尔斯比率作为解释变量加入股票持有比重方程,采用 OSL 估计该回归方程。

1.不同住房拥有状况家庭的股市参与率估计结果。如表 7.6 所示,比较房产价值的边际效应估计值,可以发现,给定净财富水平,房产价值影响股市参与的边际效应在不同住房状况家庭组之间存在显著差异性。对于拥有 1 套住房的家庭组,房产价值影响股市参与率的边际效应为 -0.055,也即,如果房产价值增加一个标准差(1.391),家庭参与股票市场的概率降低 7.66%,这一结果远远高于总体样本的估计结果。对于拥有 2 套房的家庭组,房产价值的边际效应估计值为 -0.026,也即,如果房产价值增加 1 个标准差(1.391),家庭参与股票市场的概率下降 3.63%,这一结果略高于总体样本中的房产价值边际效应。对于拥有 3 套以上房产的家庭组,房产价值的估计系数和边际效应符号为正,且不具有显著

---

① 具体步骤是:第一步,用房产价值对工具变量和其他解释变量进行回归,计算房产价值预测值;第二步,将房产价值预测值作为解释变量加入风险资产和股票持有比重方程,并运用 OSL 估计该方程。

性,这说明房产风险可能对股市参与产生分散化效应,进而鼓励股市参与。

表 7.6 不同住房状况家庭的股市参与估计结果(Heckman 两步法第一阶段)

变量	(9) ifstock Probit House=1	(10) ifstock Probit House=2	(11) ifstock Probit House≥3
housevalue	−0.055***	−0.026***	0.0006
	(0.007)	(0.007)	(0.009)
income	0.008***	0.014***	0.014**
	(0.001)	(0.002)	(0.006)
income_sq	−0.0002***	−0.0003***	−0.0003*
	(0.000)	(0.000)	(0.000)
netwealth	0.094***	0.074***	0.044***
	(0.007)	(0.008)	(0.015)
netwealth_sq	−0.004***	−0.003***	−0.002**
	(0.000)	(0.000)	(0.001)
age25_34	0.026	0.073	0.040
	(0.028)	(0.061)	(0.127)
age35_44	0.033	0.124**	0.116
	(0.028)	(0.060)	(0.126)
age45_54	0.029	0.125**	0.070
	(0.028)	(0.060)	(0.127)
age55_64	0.041	0.115*	−0.035
	(0.028)	(0.061)	(0.131)
age65_	0.020	0.115*	0.019
	(0.028)	(0.061)	(0.133)
education_1	0.059***	0.097***	0.031
	(0.012)	(0.031)	(0.079)
education_2	0.115***	0.134***	0.163**
	(0.012)	(0.031)	(0.077)
education_3	0.131***	0.143***	0.212***

续表

变量	(9) ifstock Probit House=1	(10) ifstock Probit House=2	(11) ifstock Probit House≥3
	(0.013)	(0.033)	(0.080)
education_4	0.139***	0.149***	0.210**
	(0.013)	(0.034)	(0.082)
marriage	0.0221**	0.0310	0.0266
	(0.00877)	(0.0232)	(0.0610)
gender	−0.014**	−0.023*	−0.061*
	(0.006)	(0.013)	(0.036)
hhsize	−0.005**	−0.017***	−0.011
	(0.002)	(0.005)	(0.013)
region_1	0.015*	0.013	0.062
	(0.008)	(0.019)	(0.059)
region_3	−0.001	−0.056***	0.118*
	(0.009)	(0.020)	(0.062)
risk_prefer	0.061***	0.139***	0.104**
	(0.008)	(0.017)	(0.047)
risk_averse	−0.068***	−0.099***	−0.093**
	(0.006)	(0.015)	(0.042)
residence	−0.080***	−0.127***	−0.065
	(0.009)	(0.022)	(0.054)
urbanization	0.0005*	−0.0004	−0.0001
	(0.000)	(0.001)	(0.002)
N	12 241	3 397	549
pseudo R^2	0.255	0.260	0.226

注：①括号内数字为标准差。② ***、**、*分别表示1%、5%和10%的显著性水平。其余注释同前。

2.不同住房状况家庭的股市参与程度估计结果。如表7.7所示，房产价值影响股票持有比重的估计系数在不同住房状况家庭组之间存在显著的差异性。对于拥有1套住房的家庭而言，房产价值对家庭的股票持

有比重估计系数为 -0.064，且具有较高的显著性，也即，如果房产价值增加 100 万，家庭的股票持有比重降低 6.4%。拥有 2 套住房家庭的房产价值估计系数为 -0.014，但是显著性水平较低。拥有 3 套以上住房家庭的房产价值对股票持有比重产生正面影响，但是估计系数却不显著。这一结果意味着，随着家庭拥有房产数量的增加，房产价值对股票参与程度的负面效应逐渐减弱。

表 7.7　不同住房状况家庭的股市参与程度估计结果（Heckman 两步法的第二阶段）

变量	(12) stock_ratio OLS House=1	(13) Stock_ratio OLS House=2	(14) stock_ratio OLS House≥3
housevalue	-0.064^{***}	-0.014	0.010
	(0.024)	(0.015)	(0.009)
income	0.011^{**}	0.014	-0.011
	(0.005)	(0.009)	(0.019)
income_sq	-0.0002^{**}	-0.0002	0.0002
	(0.000)	(0.000)	(0.000)
netwealth	0.131^{***}	0.089^{**}	-0.021
	(0.042)	(0.037)	(0.055)
netwealth_sq	-0.006^{***}	-0.004^{**}	0.001
	(0.002)	(0.002)	(0.002)
age25_34	0.212^{***}	0.139	0.066
	(0.051)	(0.119)	(0.112)
age35_44	0.275^{***}	0.231^{*}	0.085
	(0.052)	(0.128)	(0.151)
age45_54	0.297^{***}	0.224^{*}	0.121
	(0.053)	(0.128)	(0.134)
age55_64	0.295^{***}	0.189	0.137
	(0.0561)	(0.127)	(0.150)
age65_	0.281^{***}	0.219^{*}	-0.068
	(0.053)	(0.130)	(0.112)
education_1	0.148^{**}	0.088	-0.029

续表

变量	(12) stock_ratio OLS House=1	(13) Stock_ratio OLS House=2	(14) stock_ratio OLS House≥3
	(0.058)	(0.099)	(0.145)
education_2	0.272***	0.137	−0.172
	(0.079)	(0.110)	(0.273)
education_3	0.298***	0.168	−0.181
	(0.086)	(0.114)	(0.324)
education_4	0.256***	0.109	−0.0791
	(0.088)	(0.115)	(0.315)
marriage	0.010	0.022	0.117
	(0.029)	(0.046)	(0.089)
gender	−0.034*	−0.017	0.090
	(0.017)	(0.027)	(0.087)
hhsize	−0.006	−0.022	0.002
	(0.008)	(0.013)	(0.021)
region_1	0.003	−0.077**	−0.172
	(0.027)	(0.030)	(0.110)
region_3	−0.038	−0.052	−0.216
	(0.028)	(0.049)	(0.176)
risk_prefer	0.153***	0.276***	−0.012
	(0.034)	(0.071)	(0.133)
risk_averse	−0.212***	−0.101	0.086
	(0.040)	(0.062)	(0.142)
residence	−0.201***	−0.145	0.110
	(0.052)	(0.093)	(0.139)
imr	0.407***	0.337**	−0.316
	(0.105)	(0.167)	(0.535)
cons	−0.669**	−0.466	0.823
	(0.277)	(0.412)	(1.129)
N	1 496	741	174
R^2	0.068	0.100	0.173

注:①括号内数字为标准差。② *** 、** 、* 分别表示 1%、5% 和 10% 的显著性水平。其余注释同前。

总之，随着家庭拥有房产数量增加，房产风险对家庭股票市场参与率与参与程度的负面效应迅速递减，拥有 3 套以上住房家庭的房产价值对股市参与产生正面影响。可能的解释是：拥有 1 套、2 套住房构成基本住房需求和改善型住房需求，为了满足基本住房需求和改善型住房需求，住房购买大幅降低家庭可支配的流动性财富，也提高了家庭面临的房产风险及总体风险暴露，这会降低家庭的股市参与率与持股比重。对于拥有 2 套房产的家庭，较高的房产价值在一定程度产生分散化效应，从而部分抵消了房产风险的替代效应与承诺支付效应。拥有 3 套以上房产的家庭拥有投资性住房，这些家庭面临的较高房产风险产生了分散化效应，并且，分散化效应抵销了替代效应、承诺支付效应等负面效应，进而提升了股市参与程度。

7.5.2.2 不同年龄户主家庭的资产配置

为了比较不同年龄户主家庭之间资产配置的异质性，本书在 Heckman 样本选择模型的解释变量中增加了房产价值与户主年龄组的交叉项。表 7.8 的模型(15)、(16)分别是不同年龄户主家庭股票市场的参与率和股票持有比重方程估计结果。模型(16)的逆米尔斯比率估计系数显著性水平较高，说明样本选择模型的设定是合适的。可以发现，核心解释变量房产价值的边际效应分别为 -0.030 和 -0.061，这与前文的估计结果大致保持一致。户主年龄与房产价值的交叉项估计结果显示，随着户主年龄增加，房产风险对家庭股市参与率和参与程度的负面影响呈现钟状特征，先是逐渐减弱，达到最低值后再逐渐增强。也即，25 岁以下年轻组和 65 岁以上老年组家庭的房产价值对股市参与和股票持有比重的挤出效应最大，而 35～44 岁年龄组和 45～54 岁年龄组家庭的房产价值对股票持有比重产生的挤出效应最小。

表 7.8　不同年龄与不同净财富家庭的股市参与和股票持有比重估计结果

变量	(15) ifstock Probit	(16) stock_ratio OLS	(17) ifstock Probit	(18) stock_ratio OLS
housevalue	-0.030^{***}	-0.061^{***}	-0.057^{***}	-0.075^{***}
	(0.010)	(0.016)	(0.006)	(0.021)
income	0.010^{***}	0.013^{***}	0.011^{***}	0.014^{***}
	(0.001)	(0.005)	(0.001)	(0.005)
income_sq	-0.0002^{***}	-0.0003^{**}	-0.0002^{***}	-0.0003^{***}
	(0.000)	(0.000)	(0.000)	(0.000)
netwealth	0.063^{***}	0.096^{***}	0.081^{***}	0.121^{***}
	(0.004)	(0.023)	(0.005)	(0.028)
netwealth_sq	-0.002^{***}	-0.004^{***}	-0.004^{***}	-0.006^{***}
	(0.000)	(0.001)	(0.000)	(0.001)
housevalue * netwealth			0.003^{***}	0.005^{***}
			(0.000)	(0.001)
age25_34			0.035	0.191^{***}
			(0.025)	(0.045)
age35_44			0.054^{**}	0.272^{***}
			(0.025)	(0.048)
age45_54			0.049^{**}	0.282^{***}
			(0.025)	(0.048)
age55_64			0.054^{**}	0.273^{***}
			(0.025)	(0.050)
age65_			0.039	0.258^{***}
			(0.025)	(0.049)
housevalue * age25_34	0.007	0.031^{**}		
	(0.010)	(0.013)		
housevalue * age35_44	0.012	0.049^{***}		
	(0.010)	(0.014)		
housevalue * age45_54	0.009	0.047^{***}		
	(0.010)	(0.013)		
housevalue * age55_64	0.005	0.036^{***}		
	(0.010)	(0.013)		
housevalue * age65_	-0.002	0.020		
	(0.010)	(0.014)		
education_1	0.066^{***}	0.116^{**}	0.066^{***}	0.128^{***}
	(0.011)	(0.050)	(0.011)	(0.048)

续表

变量	(15) ifstock Probit	(16) stock_ratio OLS	(17) ifstock Probit	(18) stock_ratio OLS
education_2	0.124***	0.227***	0.124***	0.245***
	(0.011)	(0.068)	(0.011)	(0.065)
education_3	0.136***	0.246***	0.140***	0.275***
	(0.012)	(0.073)	(0.012)	(0.070)
education_4	0.139***	0.196***	0.147***	0.240***
	(0.012)	(0.072)	(0.012)	(0.071)
marriage	0.029***	0.045*	0.026***	0.028
	(0.008)	(0.025)	(0.008)	(0.025)
gender	−0.016***	−0.030**	−0.018***	−0.034**
	(0.005)	(0.015)	(0.005)	(0.015)
hhsize	−0.008***	−0.016**	−0.008***	−0.016**
	(0.002)	(0.007)	(0.002)	(0.006)
region_1	0.015**	−0.023	0.019**	−0.008
	(0.008)	(0.020)	(0.008)	(0.021)
region_3	−0.009	−0.044*	−0.007	−0.043*
	(0.008)	(0.023)	(0.008)	(0.023)
risk_prefer	0.081***	0.207***	0.079***	0.206***
	(0.007)	(0.033)	(0.007)	(0.031)
risk_averse	−0.075***	−0.179***	−0.077***	−0.190***
	(0.006)	(0.036)	(0.006)	(0.034)
residence	−0.092***	−0.215***	−0.091***	−0.199***
	(0.008)	(0.048)	(0.008)	(0.045)
urbanization	0.0004		0.001**	
	(0.000)		(0.000)	
imr		0.426***		0.432***
		(0.097)		(0.090)
cons		−0.417*		−0.686***
		(0.230)		(0.232)
N	16 187	2 411	16 187	2 411
R^2		0.057		0.063
pseudo R^2	0.261		0.264	

注:①括号内数字为标准差。② ***、**、* 分别表示 1%、5% 和 10% 的显著性水平。其余注释同前。

7.5.2.3 不同净财富家庭的资产配置

为了比较不同净财富家庭的资产配置异质性,本书在 Heckman 样本选择模型的解释变量中加入了房产价值和净财富的交叉项。表 7.8 的模型(17)、(18)分别是不同净财富家庭股票市场参与率和股票持有比重方程估计结果。模型(18)的逆米尔斯比率估计系数具有较高的显著性水平,这说明样本选择模型设定是合适的。核心解释变量房产价值的边际效应分别为 -0.057、-0.075,且具有较高显著性。这与前文的估计结果是一致的。可以发现,房产价值与家庭净财富的交叉项的边际效应分别为 0.003、0.005,且较为显著。这说明,如果保持房产价值不变,随着家庭净财富的增加,房产价值对股票市场参与和股票持有比重的挤出效应逐渐减弱。如果家庭净财富增加 100 万,房产价值对股市参与和股票持有比重的挤出效应分别降低 0.3%、0.5%,也即房产价值的边际效应分别降低为 -0.054 和 -0.070。这意味着,对于净财富较低的家庭(贫穷家庭或者高负债家庭)而言,房产风险所产生的挤出效应越发明显[①]。可能的解释是:较高的净财富鼓励家庭参与股票市场,并提升股票持有比重,进而降低了房产风险的负面效应。

7.5.3 稳健性检验

本章分别采用"是否参与风险金融市场"和"是否参与股市"作风险资产参与的代理变量,采用"风险金融资产持有比重"和"股票投资比重"作为风险资产参与程度的代理变量,并且,考虑到房产价值内生性后采用两阶段最小二乘法。估计结果显示,关键解释变量房产价值的平均边际效应大多非常接近,方向完全一致。在房产风险的异质性效应估计过程中,分别加入房产价值和户主年龄、房产价值和净财富的交叉项,结果显示关键解释变量的估计结果同样十分接近。在所有的估计方程中,各控制变量的估计系数均保持较高的一致性,这说明模型设定与实证结果具有较

---

① 这一结果与 Cocoo(2005)的结论是一致的。

好的稳健性。

为了进一步检验实证结论的稳健性，分别采用"住房总价值（含其他房产，thousevalue）"替代"主要房产价值（不含其他房产）"，用"住房价值与家庭净财富之比（h）"衡量家庭所面临的住房风险，作为风险金融市场参与方程的解释变量；仍然采用"是否参与风险市场"和"是否参与股票市场"作为风险资产参与方程的被解释变量；采用"风险金融资产持有比重"和"股票持有比重"作为风险资产参与程度方程的被解释变量。分别采用Heckman两步法、Probit与Tobit模型进行稳健性检验。

采用Heckman两步法的估计结果如表7.9所示。结果发现，住房总价值的边际效应均为负值，且大多具有较高的显著性水平。这意味着，在既定的家庭净财富水平，住房价值增加提高家庭的住房风险暴露，将会降低家庭的风险金融市场参与率和参与程度。

表 7.9　稳健性检验一：家庭住房总价值（包含其他房产）

	(19)	(20)	(21)	(22)
	ifstock	stock_ratio	ifrisk	risk_ratio
	Probit	OLS	Probit	OLS
thousevalue	−0.022***	−0.023***	−0.047***	−0.011
	(0.004)	(0.009)	(0.007)	(0.008)
income	0.010***	0.013**	0.018***	0.004
	(0.001)	(0.005)	(0.001)	(0.004)
income_sq	−0.0002***	−0.0002**	−0.0003***	−0.0000
	(0.0000)	(0.0001)	(0.0000)	(0.0000)
netwealth	0.060***	0.090***	0.112***	0.051***
	(0.005)	(0.024)	(0.007)	(0.017)
netwealth_sq	−0.002***	−0.003***	−0.004***	−0.002***
	(0.000)	(0.001)	(0.000)	(0.001)
imr		0.414***		0.161**
		(0.102)		(0.066)
其他变量	控制	控制	控制	控制
N	16 187	2 411	16 187	2 411
R^2		0.06		0.05
pseudo R^2	0.26		0.26	

注：①括号内数字为标准差。②***、**、*分别表示1%、5%和10%的显著性水平。其余注释同前。

采用 Probit 与 Tobit 模型的估计结果如表 7.10 所示。结果显示,住房价值与家庭净财富之比的边际效应均为负,且具有较高显著性。该结果意味着,家庭所面临的较高住房风险降低风险金融市场的参与率和参与深度。

表 7.10　稳健性检验二:房产价值与家庭净财富之比(h)

变量	(23) ifstock probit	(24) stock_ratio tobit	(25) ifrisk probit	(26) risk_ratio tobit
h	−0.159***	−0.521***	−0.220***	−0.453***
	(0.012)	(0.036)	(0.020)	(0.025)
income	0.012***	0.039***	0.020***	0.043***
	(0.001)	(0.004)	(0.001)	(0.003)
income_sq	−0.0002***	−0.0007***	−0.0003***	−0.0007***
	(0.0000)	(0.0001)	(0.0000)	(0.0001)
其他变量	控制	控制	控制	控制
N	16187	16187	16187	16187
pseudo R^2	0.25	0.23	0.25	0.23

注:①括号内数字为标准差。② ***、**、*分别表示 1%、5% 和 10% 的显著性水平。其余注释同前。

总之,以上检验结果说明,本章的模型设定和估计结果总体上具有较高的稳健性。

7.6　结论与政策启示

本章利用西南财经大学 2015 年 CHFS 数据,运用 Heckman 样本选择模型检验了房产风险影响家庭风险资产参与和资产配置的总体效应,考察了不同住房拥有状况、不同户主年龄和不同净财富家庭的房产风险影响风险金融资产配置的异质性效应,得出以下几点主要结论:

第一,家庭面临的较高住房风险降低了风险金融市场和股票市场的参与率,同时,也降低了风险金融资产和股票投资比重。

第二,住房风险对股票市场参与的影响在不同住房状况家庭之间存在异质性。拥有 1 套房家庭的住房风险对股票市场参与的挤出效应最大,并且,这种挤出效应随着拥有住房数量的增加而逐渐减弱。

第三,住房风险对股票市场参与的影响在不同年龄家庭之间存在异质性。年轻家庭和老年家庭的房产风险对股票市场参与的挤出效应最大,而中年家庭的房产风险挤出效应最低。

第四,如果保持房产价值不变,房产风险对股票市场参与的挤出效应随着家庭净财富的增加而递减,也即贫穷家庭或高负债家庭所承受的房产风险挤出效应越发明显。

家庭净财富与收入是提高风险资产参与和持有比重的重要因素,但是,这种提升效果随着家庭收入与净财富增加而呈现递减。另外,户主教育程度的提高能够有效提升风险金融市场参与率和风险资产持有比重;年轻户主和老年户主家庭的股票市场参与率和参与程度都明显低于其他年龄组家庭;女性户主家庭的风险金融市场参与率和参与程度高于男性户主家庭;已婚家庭和人口规模较少家庭的风险金融市场参与高于未婚家庭和家庭人口较多的家庭。最后,风险厌恶程度越高的家庭的风险金融市场的参与概率和参与程度越低。

本章的研究结果为住房风险的存在性提供了中国证据,也为住房市场和金融市场之间的"跷跷板效应"提供了新证据。这也意味着,我国在经历多年的房价高涨之后,中国城市家庭在拥有较高房产价值的同时,也面临日益提高的房产风险。尤其是,当拥有 1 套房和 2 套房的城市家庭占比为绝大多数时[①],房产风险产生的替代效应、对冲效应和承诺支付效应将超过分散化效应而发挥主导作用。住房风险一方面提高家庭的总体风险暴露水平,另一方面也减少住房业主家庭的流动性财富,引发的效应不仅仅局限在"风险市场有限参与"和"股权溢价",同时也为宏观经济和金融体系稳定性带来隐忧,不利于资本市场健康发展。

当前我国面临新冠肺炎疫情冲击,同时叠加国际政治经济形势错综复杂背景,加快形成国内大循环为主,国际国内双循环相互促进的新发展

[①]　本章的统计结果显示,在拥有住房的家庭中,拥有 1、2 套房的家庭占比合计为 96.6%,而拥有 3 套以上住房家庭占比仅有 3.4%。

格局,已成为政策当局的战略目标。为此,需要进一步加快多层次资本市场健康发展,扩大金融资源配置中的直接融资比重。根据本章结论,我国城市家庭的房产拥有率和房产财富占比达到很高比重,城市家庭总体面临着较高住房风险,并且,住房风险已经降低了家庭的风险资产参与比重,这必然不利于资本市场发展。本章的政策启示有以下几点:

第一,继续保持房地产市场健康平稳发展。坚持"房住不炒"的定位,不将房地产作为短期刺激经济的手段,完善促进房地产市场健康发展的长效机制,将有利于引导家庭形成房地产市场的合理预期,有助于家庭完善资产组合多元化配置,进而促进资本市场的稳定繁荣。

第二,稳步提高家庭收入水平和财富积累水平。提高年轻家庭和老年家庭的收入水平和财富积累水平,有助于家庭克服风险金融市场的进入成本,有助于提升家庭参与风险金融市场的意愿,也有助于家庭更为合理地配置房地产资产与风险金融资产投资比重。

第三,完善社会保障体系并提高社会保障水平。完善医疗、养老、教育、住房等社会保障体系有助于降低人们面临的背景风险与风险厌恶程度,提升家庭的风险资产参与意愿。此外,提升相关领域的社会保障水平能够缓解家庭资产对房地产风险过度暴露,这也将有利于实现金融稳定目标。

8 不确定性下的房价波动
与货币政策反应

针对房价异常波动对宏观经济金融产生的不利冲击,中央银行应该如何构建政策组合予以应对?究竟是采用事前干预,还是事后反应?本章围绕该主题,对国内外学者和中央银行的研究文献进行述评。首先,考察了各种政策反应观之间的争论及其依据;接下来,梳理了货币政策框架修正的两个方向以及学者们关于金融监管作用的理论共识;最后,对国内学者的相关研究进行述评,给出未来的研究展望。

8.1　引　言

随着近三十年来世界各主要经济体房地产市场出现繁荣与崩溃周期,经济学家与政策制定者越加关注房地产价格的波动。自1990年代中后期以来,"货币政策应该如何应对房价等资产价格波动"成为货币政策理论的研究热点和前沿,但遗憾的是,目前国内外学者和央行家还未对此达成广泛的一致。1998年住房分配制度改革至今,我国房地产市场经历了多年的高速发展,高涨的房产价格已经成为社会各界高度关注的焦点问题。与此相伴随,针对房地产市场的调控政策此起彼伏,但是其效果却饱受质疑,房价似乎也似乎陷入"愈调愈涨"的怪圈。在此背景下,如何认识我国房地产调控的政策依据,货币政策是否应该直接干预房地产泡沫,直接干预的时机和工具如何选择,如何对货币政策框架作出修正,金融监管在货币政策应对房价泡沫中如何发挥作用,探讨这些问题对于我国房地产调控的方式选择与实施具有重要意义。鉴于此,本章以上述问题为线索,对该领域的研究文献进行综述,指出其不足与值得进一步研究的方向。

本章的研究发现,该领域的政策争论主要集中在:为应对房价波动,货币政策究竟应该作出事前干预还是事后反应? 直接干预还是间接反应[①]? 其中,事前政策反应是指央行在房价等资产泡沫破灭前作出积极反应:一是直接盯住泡沫并在适当时候刺穿泡沫,二是以通胀为定标的同时考虑资产价格包含的未来通胀信息;事后政策反应是指中央银行在资产价格泡沫形成期间不采取干预措施,而是等到泡沫破灭后才作出反应并进行救助。直接干预是指货币政策的目标函数中直接包含了房价等资产价格,房价成为货币政策反应函数的状态变量之一[②];间接反应是指房价等资产价格对于政策反应函数的影响是通过总需求间接产生的,只有当资产价格波动传递了中央银行对于未来产出与通胀的预期信息时,中央银行才作出反应[③]。

本章的主要结论是:政策争论中影响货币政策反应规则选择的决定因素是政策环境中的信息不充分和经济变量相互影响的不确定性,在不确定性条件下,货币政策应该综合运用直接干预与间接反应方式应对房价泡沫。

---

① 本章对货币政策争论的考察以直接干预与间接反应的划分方式为主线。

② 这也是将资产价格加入货币反应函数的经过修正的泰勒规则。

③ 这种反应方式实际上与事前反应中的第二种方式有交叉。另外,还有一种方式是以 Goodhart 建议为基础,在原有的消费价格指数中加入房价、股价等资产价格,并分别赋予不同的权重,从而构建一个广义的价格指数,将该价格指数作为货币政策的目标。(见 Goodhart,Charles A. 1999. "Time,Inflation,and Asset Prices",Paper presented at conference on "The Measurement of Inflation" organized by the Office of National Statistics and Eurostat at the University of Wales,Cardiff,August 30.)

8.2　货币政策不应该对房地产泡沫进行事前的直接干预

以美联储为代表的政策制定者们反对事前对资产泡沫进行直接干预,其理由是事前的直接干预政策在实施中始终存在着一系列难以克服的实践性难题,使得直接干预政策不具有可操作性或者政策风险过高。为此,他们分别倾向于采用更为保守的间接反应和事后反应规则。

8.2.1　间接反应观

以美国经济学家 Bernanke 和 Gertler、Filardo、Schwartz 等为代表的间接反应观认为,致力于稳定物价的中央银行不应该直接关注房价等资产价格,而是应该在房价包含未来通胀预期的信息时作出政策反应。Bernanke 和 Gertler(2000)建立一个结构模型,并对 BGG 模型(指 Bernanke、Gertler 和 Gilchrist 等人建立的金融加速器模型)进行了扩展。模拟结果发现:直接盯住资产价格泡沫的政策反应规则可能导致更大的经济波动,而关注于通胀目标,当资产价格波动影响到未来通胀预期时才作出反应的政策规则,却可以更好地实现稳定通胀与产出的目的。Bernanke 和 Gertler(2001)利用预期损失函数评价不同的货币政策反应规则,对早先的模型再次进行随机模拟,模拟结果与他们以前的研究结果一致。与此相似,Filardo(2000,2001)的研究发现,如果资产价格中包含了未来通胀的有用信息,不论其中是否存在泡沫,货币政策都应该作出反应;而当资产价格对于宏观经济的影响不确定时,中央银行不应该作出反应①。Martha(2005)以房价为对象对 Aoki 等(2004)的模型进行扩展,建立了一个包含房价泡沫和信贷市场摩擦的一般均衡模型。研究发现,仅

---

　　①　他们进一步指出,央行利用资产价格信息的意愿取决于货币当局对于平滑利率和资产价格波动的偏好。

仅对预期通胀背离目标进行反应的货币政策比直接干预房价的货币政策更加有效。

持有该观点的学者之所以不支持事前的直接干预,是由于该政策规则在实施过程中面临以下操作性难题:(1)中央银行如何有效识别房地产泡沫;(2)如何保证货币政策工具控制房价泡沫的有效性,即利率能够有效抑制资产价格泡沫的发展,而不对宏观经济和金融体系产生严重的负面影响;(3)中央银行如何有效降低或者消除直接干预政策可能对经济产生的负面影响[①]。Bernanke(2002)、美国费城联邦储备银行行长 Plosser(2007)等除了对中央银行识别资产价格泡沫的能力表示质疑,还对货币政策能否有效抑制泡沫表示怀疑。Kohn(2009)反对事前直接干预的理由有两点:一是采取紧缩政策行动的时机难以把握;二是温和渐进的货币政策抑制资产泡沫的有效性还不确定。

实际上,上述难题存在的原因可以归结为政策环境的信息不充分问题和不确定性:如资产价格泡沫形成路径及其演变路径如何?资产价格如何传导货币政策?利率影响资产价格的内在机制如何?等等。政策环境的信息不充分与不确定性增加了直接干预政策的不确定性,进而可能引发较大的政策风险。

Gruen、Plumb 和 Stone(2005)考察了信息充分性问题在政策反应规则选择中的重要作用。他们在 Bernanke 和 Gertler(2000,2001)的基础上,进一步研究了间接的政策反应可能采用的两种策略——积极的和稳健的政策反应。他们的宏观经济模型中包括了资产价格泡沫,模型中区分了两类政策制定者,得出最优的货币政策规则[②]。结论是:实施积极的货币政策需要中央银行拥有充分的信息,并且对驱动泡沫的随机过程及其对于货币政策的敏感性进行判断;如果政策制定者不能获得关于泡沫

---

① 事后反应观的学者们也持有与此相同的观点,如 Mishkin(2007)等。

② 他们所设定的货币政策规则是一种比标准泰勒规则更为积极的泰勒规则,其中不包括资产价格。因此,这种政策设定实际上隐含着货币当局不对资产价格进行直接的干预,而是当资产价格泡沫通过影响总需求,进而影响到通货膨胀与产出水平时,货币政策才作出反应。其中,第一类政策制定者(多疑者)不会预期资产价格泡沫的未来可能路径;第二类政策制定者(积极者)考虑泡沫的全部随机含义。

过程的足够信息,则采用稳健的政策反应更为合适。

除了货币政策执行中的操作难题外,直接干预还将会导致其他负面影响,从而影响该政策反应的针对性和有效性。如 Plosser(2007)提出:抑制资产价格上涨的货币政策可能对经济的其他部门产生影响[①];第二,过度关注于某一特定资产将误导公众,混淆公众的信息,这将关系到中央银行的信誉损失,可能致使央行实现价格稳定目标的难度和成本大大增加。Bell 和 Quiggin(2003)提出,货币政策只拥有单一政策工具,在单一物价稳定目标框架内引入其他目标将可能导致政策关注的模糊;另外,不当的政策反应将为央行带来政治风险。

8.2.2 事后反应观

以 Mishkin(2007)为代表的事后反应观认为,央行不应该提前采取行动对付房地产泡沫,而是应该立足于正确处理房价下跌带来的负面影响。持有该观点的学者反对事前直接干预的理由与 Bernanke 和 Gerterler(2000)等是基本一致的。Mishkin(2007)提出的理由是:第一,中央银行不会比市场拥有更多的信息优势,因此任何可由央行识别的泡沫都不可能继续膨胀;第二,利率影响资产泡沫的路径高度不确定。对于第二点,有许多学者认为提高政策利率会致使房地产泡沫破灭,从而对经济产生更大的破坏影响,因此,提高利率挤压泡沫可能会弊大于利(Bernanke,Gertler,and Gilchrist,1999;Greenspan,2002;Gruen,Plumb,and Stone,2005;Kohn,2006)。并且,原有利率是在可预期时间内对于实现预期通胀和就业目标的最优选择,改变利率将导致产生背离以上目标的风险(Mishkin,2007)。

更为重要的是,持有事后反应观的学者进一步认为,房地产泡沫破灭的负面影响是有限的,其理由是:(1)从房价变动到消费、投资的传导具有

[①] 例如,针对房价上涨,事前提高联邦基金利率可能影响股票价格,而不只是房地产市场;另外,如果房价波动受区域性因素驱动,提高利率会对房价涨幅较低的区域产生影响,而不仅仅是影响房价暴涨的地区。这也是后文提到的"利率的钝枪效应"。

长期滞后性,使得货币政策能够在事后有效消除泡沫破灭的负面影响(Mishkin,2007);(2)健全的金融监管体系能够有效降低房地产泡沫破灭的负面影响(Posen,2006)[1]。鉴于此,他们主张在房地产泡沫破灭后货币政策进行事后反应。对于第一个原因,Mishkin(2007)利用美联储的FRB/US模型进行政策模拟,其中,货币当局对于房价波动的政策反应分为两种:一是假定货币政策函数是标准的泰勒规则;二是假定当房价下跌时政策制定者设定最优的货币政策。模拟结果发现,最优货币政策能够成功消除房价大幅下跌的负面影响。对此他的解释是:从住房财富变动到消费变动传导存在长期滞后性,使得货币当局有足够的时间对房价下跌作出反应。他进一步指出,由于与住房相关的传导机制存在不确定性[2],货币当局在制定政策工具时必须进行判断、保持谨慎。对于第二个原因,Posen(2006)指出,资产泡沫崩溃的负面宏观经济影响是金融体系结构和稳定性的函数,在现代经济中可以通过完善的银行监管有效降低这种负面影响。他进一步认为,由于货币状况与资产泡沫之间的关系还存在不确定性,货币政策规则应采用非对称的形式:泡沫形成时不直接刺穿泡沫,而是等到资产泡沫破灭后放松货币政策[3]。

针对有学者提出日本央行没有事前干预股市房市泡沫是导致日本在泡沫破灭之后出现经济衰退的原因,Posen(2003)认为,是泡沫破灭后错误的政策反应导致了日本长期的经济低迷。Ahearne等(2002)也指出,日本银行在危机之后没有迅速有效地放松货币政策是导致经济萧条的主要原因。这些观点对事后反应观形成支撑。

---

① 这一观点使事后反应观和间接反应观得以区分开来。

② 他认为不确定性包括:住房建设波动的理论机制、房价波动的财富效应规模、房价波动的决定性因素及其对利率的敏感性等;并且,金融创新使得抵押物市场发生制度性变化,这将进一步加大上述不确定性。

③ 与其他学者相比,Posen显然对金融监管的作用持有过于乐观的态度。

8.3 货币政策应该对房地产泡沫
进行事前的直接干预

一些货币经济学家持有较为激进的观点,他们认为货币政策应当直接干预房地产等资产泡沫;而另外一些人的观点则相对缓和,他们认为以稳定物价为目的的货币政策除了应该对房价波动进行间接反应外,还应该在一定条件下直接干预房价泡沫。其理由主要有以下几点:(1)房地产等资产泡沫破灭可能对整体经济产生严重的负面影响,并且资产价格繁荣与崩溃对于经济的影响具有不对称性[①];(2)更为重要的是,房地产泡沫的破灭将严重威胁金融体系的稳定性,使得稳定房价本身将成为央行的重要目标;(3)央行有可能识别房地产泡沫。

8.3.1 直接干预的激进派观点

以美国经济学家 Cecchetti 等、Bordo 等和澳大利亚储备银行的 Kent 等为代表的直接干预激进派强调了进行直接干预的两个原因:一是资产泡沫将对资源配置产生误导作用;二是资产泡沫破灭会引发严重负面影响,为了避免这些不利影响,货币政策应该在事前直接刺穿泡沫。

沿着第一个原因,Cecchetti 等(CGLW,2000)认为持续异常的资产价格波动扭曲了消费和投资行为,使产出和通胀出现过度的高涨和萧条,货币政策应该直接干预资产泡沫,才能取得更好的宏观经济运行效果。他们借用 Bemanke 和 Gertler(2000)模型重新进行了模拟,结果发现只对通胀作强烈反应的政策虽然取得了较低的通胀波动,却导致出现较大的产出波动。因此,是否需要对资产价格波动进行直接干预还取决于央行在产出波动与通胀波动之间的偏好。他们对各种情形的模拟结果对"直

---

① 即资产价格破灭的负面影响远远高于资产价格上涨的积极影响。

接干预论"形成有力的支持[①]。沿着第二个原因,Kent 和 Lowe(1997)通过一个理论框架证明了当资产泡沫出现时,在一定情形下,中央银行的货币政策应该紧缩,使资产价格泡沫在过度放大之前破灭[②]。其理由是,紧缩性货币政策有助于避免资产价格泡沫放大以及泡沫破灭可能导致的极端长期影响。

Bordo 和 Jeanne(2002)将事前直接干预政策视为应对未来资产泡沫破灭引发信用紧缩的保险,这种保险的成本是紧缩政策可能导致的低产出和低通胀,最优货币政策则取决于保险措施的相对成本与收益。他们的结论是,应该将资产价格直接纳入央行的目标函数中,对资产价格进行事前积极的政策干预,而那些只关注于通胀与产出缺口,并在事后注入流动性的方法具有更高的成本。

8.3.2 直接干预的温和派观点:间接反应与直接干预的综合运用

英国经济学家 Kontonikas 和 Montagnoli、国际清算银行的 Smets、美国经济学家 Semmler 等是该观点的代表性人物。他们认为,不同条件下应该采用不同的反应规则,间接反应和直接干预之间存在互补和融合关系:一方面,货币政策不应该忽略资产价格中所包含的通胀与产出信息;另一方面,在一定情形下货币政策应该对资产泡沫进行事前的直接干预。

许多学者利用宏观结构模型考察最优货币政策如何应对资产价格波动。如 Kontonikas 和 Montagnoli(2003)通过向后看的结构宏观模型(其中资产价格波动对总需求和通胀产生影响)得出最优政策规则不仅根据通胀与需求压力,而且根据金融不平衡调整政策工具[③]。考虑到开放经

---

① 需要说明的是,他们强调的直接反应并非机械式地针对资产价格波动调整政策利率或其他货币政策工具,而是在选择货币政策时考虑到资产价格波动的潜在原因。

② 他们指出,得出上述结论是基于三个因素:(1)紧缩性货币政策提高了资产价格泡沫破灭的概率;(2)泡沫破灭后,一段时期内不会出现;(3)货币当局想要避免通胀可能导致的极端负面影响。

③ 这种金融不平衡可以用资产价格异动表示。

济影响,Kontonikas 和 Ioannidis(2005)利用一个开放经济理性预期模型
(其中考虑了资产价格和汇率对于总需求的影响)对两种不同的货币政策
规则—通胀预期目标与标准泰勒规则—进行了随机模拟,结果发现考虑
资产价格异动的利率政策将降低整体宏观经济的波动性。Smets(1997)
利用简化模型的研究结果使他在认可间接反应观的同时,也强调资产泡
沫导致金融不稳定概率的大幅增加成为直接干预的充分理由。

在宏观结构模型的基础上,学者们逐渐放松研究的假定前提,使之越
接近于现实,如考虑到资产泡沫以某一概率和速率演变并将概率内生化,
以及考虑商品市场与金融市场的不完美性等,或者采用动态一般均衡模
型。如 Semmler 和 Zhang(2007)首次从理论上证明了应对资产价格波动
的货币政策是状态依存的(state dependent)。他们建立了一个模型[①],该
模型与 Bernanke 和 Gertler(2000)模型的主要区别在于:(1)利用一个跨
期的框架探讨当考虑或不考虑金融市场时的最优货币规则;(2)假定泡沫
不是突然破灭,而是可能以某一确定概率和速率增长;(3)将泡沫在下一
期增加或减少的概率内生化[②]。沿着 Bernanke 和 Gertler(2000)的思路,
他们考察了正泡沫和负泡沫,并假定了一个非线性的概率函数[③]。研究
发现,如果资产价格泡沫在下期放大或破灭的概率被内生化为资产价格
泡沫和利率的函数,政策反应函数将成为状态依存的,取决于经济是否处
于繁荣或衰退。对此,国际清算银行的 White(2004)持有类似的观点,他
认为货币政策应该以一种高度相机抉择的方式对货币当局已经识别的并
可能威胁金融稳定的不平衡积累作出反应。

Fukunaga 和 Saito(2009)建立的 DSGE 模型中考虑了价格刚性和金
融市场不完美性。研究发现:(1)当经济中存在两种扭曲源时,央行面临
着在稳定通胀和稳定产出缺口之间权衡,如果央行考虑资产价格,则能够

[①]　他们模型中的政策规则包括了资产价格泡沫,可见他们支持货币政策对资产泡
沫作出直接反应。

[②]　据称,没有将泡沫内生化的理由主要是由于对于市场心理知之甚少。他们认
为,当泡沫破灭的概率内生化后,货币政策与外生概率下的货币政策是不同的。

[③]　Kent 和 Lowe(1997)曾假定泡沫破灭的概率是泡沫规模和货币政策的函数。其
缺点在于仅仅考虑了正向泡沫,并假定一个线性的概率函数。

取得较好的平衡;(2)如果央行不拥有关于未来资产价格波动原因的充分信息,并且不能识别资产价格泡沫,则以上的好处将会降低①。

针对 Mishkin(2007)的事后救助观,直接干预温和派学者提出的质疑主要有以下几点:(1)资产泡沫形成期间把央行的作用限定在消极应对,同时在实践中宣称其在泡沫破灭后作为救助者的作用,这将导致经济主体的道德风险并加剧资产价格的波动(Issing,2009);(2)资产价格泡沫可以通过"债务脚印效应"(debt footprint effects)和"利率钝枪效应"(interest rate blunderbuss effects)对经济产生严重的破坏性影响②,因此货币政策应该以资产泡沫为定标(Palley,2008)。在经历了美国房地产泡沫破灭与严重金融危机之后,Kohn(2009)也不得不承认低估了房价下跌给住房所有者带来困难的程度,尤其是低估了金融体系在冲击之下所表现出的脆弱性,鉴于此,他婉转地表达了对事前干预观的妥协。

许多实证研究发现一些国家的货币政策对房价作出了反应,这对直接干预派观点形成有力的支撑。如 Kontonikas 和 Montagnoli(2002)利用向前看的泰勒规则利率模型检验了英国 1992—2003 年货币政策对房地产价格的经验反应,研究发现英国的货币政策制定者在设定利率时对房地产市场的波动给予了较高的权重。Finocchiaro 和 Heideken(2007)利用了全信息方法,在 Iacoviello(2004)模型的基础上建立了一个动态随机一般均衡模型,并利用贝叶斯方法进行估计。研究发现,房价波动在日本和英国的中央银行反应函数中起独立的作用,而在美国的中央银行反应函数中却不起独立作用。

总的看来,美国次贷危机之后,越来越多的学者认同间接反应与直接干预的综合运用是一种更为保险的政策反应方式,而事后反应论被证明具有过高的风险和救助成本,因而未经受住经验事实的检验。

---

① 该研究结果对货币政策反应策略选择中信息充分的重要作用予以有力支持。

② 利率钝枪效应是指试图消除资产泡沫对总需求负面影响的利率政策对经济中其他部门产生负面的影响。

8.3.3 如何破解困扰直接干预政策的实践性难题?

对于困扰直接干预观的实践问题之一:中央银行能否识别资产价格泡沫? 许多学者持较为乐观的态度。如 Cecchetti 等(2002)认为虽然很难识别资产价格的小幅异动,但是却能够对资产价格的大幅异动进行识别。在经历了金融危机之后,Kohn(2009)也不得不承认"刚过去的几年中发生的事件,以及我们对于泡沫形成和发展的理解能力提高,使我更加不再怀疑政策制定者能够在泡沫破灭前对泡沫进行有效的识别"。至于如何识别资产价格泡沫,有学者提出可以运用估计产出缺口的方法(Cecchetti,et al.,2000),还有学者提出借助于房价收入比、房价租金比以及股价市盈率等指标(Palley,2008)。Haugh(2008)提出可通过设定一个阈值判断资产价格泡沫。他在 Gruen、Plumb 和 Stone(2005)模型中加入三标准分离阈值规则(three-standard-deviation threshold rule)。研究发现,央行应该运用高阈值规则决定是否将资产价格包含进入产出缺口和通胀预期以及货币政策当中,而不是忽略所有的资产价格信息;保守的三标准分离阈值规则比忽略资产价格导致更低的福利损失。

对于困扰直接干预观的另一个实践难题:利率控制资产泡沫的有效性和利率政策可能产生的"钝枪效应",Palley(2008)建议运用一个基于资产的准备金要求框架(Asset Based Reserve Requirement)予以解决。在 ABRR 框架下,金融中介基于资产持有准备金,不同类型资产的准备金要求都是可以调整的,并且货币当局可以根据其意愿设定不同资产的准备金要求。ABRR 框架的优点主要有:(1)具有良好的逆周期特征,从而能够起到自动稳定器的作用;①(2)由于货币当局可以根据市场状况调整准备金要求,因此 ABRR 可用作斟酌货币政策的工具。

---

① ABRR 中的准备金要求是根据资产价值计算而得的,这意味着当资产价格上涨时,金融企业必须增加其准备金持有,从而对过热的经济起到"刹车"作用;反之,当经济紧缩时则起到相反的作用。

8.4 应对房地产价格波动的货币政策框架修正

经济学家和中央银行家探讨对原有的政策框架进行修正,以应对房地产价格的异常波动。总的看来,目前对政策框架的修正沿着两个方向:一是如何在原有通货膨胀目标框架中加入灵活性;二是如何扩展原有通胀目标的时间期限。

沿着第一个方向,无论是反对直接干预派还是直接干预的温和派,都提出以"弹性的通货膨胀目标制"作为通胀目标下应对资产价格泡沫的货币政策框架。但是二者的政策侧重点略有不同:反对直接干预派强调货币政策管理的重点是总需求,不主张直接干预资产价格;而直接干预的温和派强调在一定情况下,货币政策应该事前干预。如 Bernanke 和 Gertler(2000,2001)提出在"弹性的通货膨胀目标制"框架中,货币当局承诺对通胀预期采取稳定政策,货币政策没有必要直接干预资产价格,只有当资产价格波动影响到未来通胀预期时才作出反应。该政策框架的优点在于无须识别资产泡沫,从而回避了困扰货币政策的实践难题之一①。

加拿大银行的 Selody 和 Wilkins(2007)检验在现有通胀目标框架中加入灵活性的收益与成本。其结论是,为了促进经济与金融稳定,货币政策当局最好的选择是保持低且稳定的物价,而灵活性可以使得货币政策正确处理资产价格泡沫。

沿着第二个方向,加拿大银行的 Meenakshi 和 Mendes(2007)利用一个动态一般均衡模型,探讨了房价泡沫对于最优通胀目标期限(optimal inflation－target horizon)的影响。结论是,当经济面对房价泡沫时,货币当局应该扩展其通胀目标的时间期限。

英格兰银行的主席 King Mervyn(2004a,b)也认为,为了防止金融不平衡的积累,中央银行应该拓展其通货膨胀目标的视野。鉴于 2008 年以

---

① 由于这种政策框架是以资产价格波动所影响到的预期通胀为目标,存在的问题是:中央银行是否能够准确地预测资产价格对于未来通胀的压力?

来金融危机所导致的严重负面影响，Kohn(2009)提出中央银行也许应该
在评判未来经济前景和采用适当政策利率时尝试寻求一个更长的期限。

8.5　货币政策与金融监管应该积极协调与配合

大多数学者和中央银行家都一致认同：金融监管在防止资产泡沫及
其破坏性影响中将起到重要作用，为满足丁伯根原理，货币政策与金融监
管应该积极配合协调。其理由主要有：

第一，谨慎监管旨在确保金融机构诚实经营并适当管理风险[①]，适当
运用谨慎监管政策可以确保金融机构在事前不对市场信号作出错误反应，
进而避免资产泡沫的形成和放大。如 Mishkin(2007)提出，审慎监管可以
促使金融机构进行适当的风险管理，这有助于控制金融机构信贷投放进而
并降低房价泡沫出现的概率。Borio 和 Lowe(2002)的结论是，在审慎框架
下货币当局应该对那些威胁宏观经济健康运行的金融不平衡作出反应；同
时，为了预防和管理危机，货币当局与监管当局之间应该协调配合。

第二，运用资本金要求等监管工具可以有效控制资产价格繁荣时期
形成的金融机构资产组合扭曲，进而避免银行信贷资产对泡沫的过度暴
露。澳大利亚储备银行的 Kent 和 Lowe(1997)认为健全的银行监管有可
能减少资产价格上涨和银行信贷增长之间的联系，并降低金融体系对资
产价格下跌的暴露。他们进一步认为，管制政策能够隔绝资产价格泡沫
对经济金融体系影响的能力越强，货币政策对资产价格作出反应的要求
越低；此外，健全的银行监管有助于中央银行实现其通胀目标。Schwartz
(2002)强调监管当局应该运用资本金要求控制在资产繁荣时期所形成的
金融机构资产组合扭曲，中央银行应该对资产价格下降（抵押物价值下
降）所导致的金融机构资产负债表弱化现象保持高度关注。

第三，与政策利率工具相比，宏观审慎工具导致宏观经济负面影响的

[①]　金融审慎监管所涉及的主要工具包括资本充足率，或其他机构投资组合的风险
测量。

风险更低。如 IMF 的 Kannan、Rabana 和 Scott(2009)首次运用宏观经济模型对货币政策和宏观审慎监管规则的配合进行评估。模拟结果显示，货币政策对可能导致信贷过度扩张、高房价和家庭过度借贷等现象的金融冲击进行积极主动干预将带来潜在的收益；并且，与政策利率工具相比，宏观审慎工具的优势是其引发不利宏观经济影响的风险更小。

8.6　我国学者的相关研究进展

近年来我国学者在该领域展开了大量的研究，尤其是在美国次贷危机之后，"货币政策如何应对房地产等资产价格波动"成为学者们关注的热点问题。从已有的文献来看，我国学者大多借鉴国外学者的实证方法，并基于实证结果得出相应的结论，专注于微观基础层面的理论研究相对较少，还缺乏结合我国经济转型背景下特定制度性因素的现实考察。并且实证研究的结论也存在一些差异，这可能和学者们选取的研究视角、采用的计量分析方法与模型设定、时间序列数据的区间长短等因素有关。总体看来，根据学者们的观点可以将已有文献划分如下。

8.6.1 货币政策应该关注而非盯住房地产等资产价格

这也是大多数国内学者所持有的观点。如李亮(2010)运用 SVAR 模型的研究结果是，货币政策在稳定房价的同时会对经济增长产生不利影响，因此货币政策不宜直接盯住房产价格。

周晖、王擎(2009)基于 BEKK 模型和 GARCH 均值方程模型研究结果认为，应该控制房价波动，但是目前中央银行没有必要动用货币政策去直接干预房地产价格。

李成、王彬、马文涛(2010)的研究结论是：在坚持最优利率规则的货币政策框架下，中央银行需要将资产价格纳入货币政策框架予以关注。

唐齐鸣、熊洁敏(2009)推导了考虑和忽视资产价格的货币政策反应函数，并利用政策反应函数进行模拟，结果发现：如果我国货币政策忽视资产价格,将导致更大的损失。因此,央行在设定利率反应函数时应该考虑资产价格。

李强(2009)运用 SVAR 模型的实证检验结果发现,中国人民银行自2000 年以来基本上没有把资产价格的波动作为货币政策操作的直接依据。这对上述学者的观点形成有力的支持。

8.6.2 货币政策应该积极干预房地产等资产价格泡沫

赵进文、高辉(2009)的实证研究发现,房价是我国货币政策利率反应函数的重要内生影响变量:房价每上涨 1%,我国货币政策将提升利率2.2%。其结论是:我国央行应将房产等资产价格纳入央行前瞻性利率规则之中。

赵昕东(2010)基于 SVAR 模型的实证研究结果,得出的结论是:货币当局应当通过货币政策抑制房地产价格的过快上涨,而不是将目标仅仅放在 CPI 上。

苗文龙(2010)的实证研究发现,资产价格通过影响消费、投资等经济因素冲击货币政策效果,结论是:货币政策为维持货币稳定,必须对资产价格持续异动作出反应。

8.6.3 综合运用除货币政策之外的多种政策手段才能有效应对房价泡沫

多数国内学者都认同,对付房价泡沫必须依靠土地政策、财政政策、金融监管政策、行政干预等政策手段的共同实施与协调配合(李亮,2010;周晖、王擎,2009;王玉宝、杜两省,2004;唐齐鸣、熊洁敏,2009);此外,金融宏微观审慎监管政策是控制房价等资产价格的主要手段,其中的信贷政策和机构审慎监管可作为控制资产价格的主要工具(陆晓明,2010);并且,在金融政策中,针对房地产市场的信贷政策能够有效平抑房价泡沫,因而可作为房地产调控的主要政策工具(李亮,2010;韩冬梅、屠梅曾、曹坤,2007;王晓明、施海松,2008)

8.6.4 基于"流动性螺旋理论"的新思路

中国人民银行沈阳分行课题组(2010)试图跳出"直接干预观"与"间接反应观"的分析框架,他们从资产价格影响总体流动性的角度提出:应根据是否存在流动性"三失"(总量失衡、结构失衡、情绪失衡),特别是是否存在"流动性螺旋"加剧流动性"三失"情况来判断是否对资产价格波动作出事前反应;事前干预应直接针对引发流动性螺旋的关键因素。该思路无疑是一次分析框架的创新,并且回避了房价泡沫的识别难题。其缺陷在于如何有效识别和控制所谓的"流动性螺旋"。

8.7　结论与进一步的研究方向

本章就货币政策如何应对房地产泡沫的研究文献进行述评,重点考察了各种政策反应观之间的争论及其依据,梳理了货币政策框架修正的两个方向以及学者们关于金融监管作用的理论共识,最后对国内学者的相关研究进行述评。得出的结论有以下几点:

1.在政策环境不确定条件下,货币政策应该综合运用直接干预与间接反应方式应对房价泡沫。

影响货币政策反应选择的关键因素是政策环境中的信息不充分性和经济变量相互影响的不确定性,能否获得房价泡沫及其路径的充分信息,把握房价对货币政策的传导机制以及利率等政策工具与房价相互关系的准确信息,对于货币政策的选择及其效果十分重要。当政策环境的信息较充分和不确定性较低时,中央银行应采取更为积极主动的方式,选择直接干预;反之,则中央银行以更为稳健的方式行事,综合运用直接干预与间接反应。如 Dupor(2005)比较了在完全信息与有限信息下最优的货币政策反应差异,结果发现:如果中央银行对于资产价格波动的原因只有有限的信息,则相对于完全信息下的情形,中央银行对非基本面的资产价格波动作出的反应将不会更加积极。

由于目前对以上的问题还缺乏充分信息和足够的认识,因此,货币政策将面对巨大的不确定性和风险(Bell and Quiggin,2003),这将影响货币当局的政策选择。在这种情况下,任何对于房价膨胀的货币政策反应都必须保持"谨慎"和"判断"。这也意味着在不确定性条件下,单一政策反应方式具有更大的风险,正确的选择是直接干预与间接反应两种政策反应方式的综合运用:政策制定者在原有政策框架中加入灵活性并扩展其通胀目标期限,在追求物价稳定目标的同时不忽略房价波动包含的未来通胀与产出信息,在一定条件下,对房价波动作出积极灵活的政策反应。其中,间接反应回避了部分货币政策操作难题,并保证央行稳定物价目标的实现;而直接干预则避免了房价泡沫破灭可能引发的严重经济金融负面影响。值得指出的是,随着人们认知程度的提高,政策环境中的不确定性将随之降低,政策当局将更为自信和更为频繁地直接干预房地产泡沫。

2.货币政策与金融审慎监管的协调配合有助于更好地实现物价稳定与金融稳定目标。

一方面,健全的金融监管有助于中央银行实现其通胀目标。适当的金融监管对借款人施加更严格的流动性约束,通过有效运用管制和信贷评估技术,可以减少高房价向高消费的转变,从而降低高通胀出现的概率;另一方面,在一定条件下,中央银行不仅对短期通胀目标作出反应,而且当房价高涨与信贷迅速扩张同时出现时,对房价的过度上涨作出反应。此时,中央银行选择比基于短期通胀目标更高的利率,可以抑制金融不平衡的出现,从而降低未来发生金融不稳定的可能性。总之,货币当局应该在谨慎监管的框架内关注于房价波动,当出现那些可能导致未来金融不稳定的房价异常波动时,货币政策必须作出反应。

3.除利率工具外,货币政策不应该忽视其他政策工具的运用。

现有文献大都强调利率工具,实际上,货币信贷政策对于有效抑制房价的过快上涨以及预防房价泡沫具有更加重要的作用。由于房价对于宏观经济与金融稳定的影响在很大程度上是通过房地产抵押市场进行的(段忠东,2010),因此,货币当局可以更多地运用房地产信贷政策调控房地产市场的供需状况,从而更为有效地抑制房价过大波动。如规定住房抵押贷款的借款主体资格、贷款房价比、最长贷款期限、最高贷款金额与贷款利率等。

运用房贷政策的优势在于：（1）相对于利率、存款准备金等一般性的货币政策工具，房地产信贷政策对于抑制房价具有更强的针对性和更高的效力；（2）由于主要针对房市，房贷政策可以在很大程度上降低"利率的钝枪效应"，因此具有更低的操作成本。此外，ABBR框架具有良好的逆周期特性和自动稳定器效应，政策当局可以根据市场状况调整准备金要求并盯住特定资产（Palley，2008），这对于政策当局有效干预房价泡沫具有重要的借鉴价值。

2003年以来我国的房地产调控正是考虑到上述几点。中国人民银行追求物价与产出稳定目标，同时，对于房地产市场泡沫以及可能由此引发的金融风险保持着灵活务实的态度。通常情况下，房价只是中国人民银行的关注对象，而非直接政策目标，而当房地产市场出现明显泡沫化趋势时，货币当局十分重视运用房贷政策工具进行积极、灵活、适度地干预；同时，中国银监会的金融监管与货币政策协调配合对于实现经济金融稳定目标发挥了积极作用。

最后，笔者对现有文献的不足与未来的研究方向做一简要列举。

1.该研究主题是一个复杂的系统工程，其政策争论涉及一系列重要的基础性命题，如资产泡沫如何识别，房价对货币政策的传导机制如何，政策工具影响房价泡沫的机制和效力如何，等等。这些都是货币政策理论研究的前沿课题，大都处于研究的初级阶段。对这些问题的回答不可能一蹴而就，还需要大量艰苦细致的努力。

2.现有文献中还有许多仍然停留在政策研究阶段，这表现在大量的文献是以工作论文、讨论论文、会议论文和演讲稿的形式出现，并且多数研究以股价为对象，单独考察房价的文献相对较少，有待于出现更多严格规范的理论与实证研究。另外，基于微观基础、逐渐放松假设前提以及考虑市场缺陷是本领域未来的研究方向。

3.大多数研究以封闭经济为前提，一旦将研究视角拓展为开放经济，问题将变得更为复杂，如房价通过一系列渠道与国际流动资本相关联、房价与汇率相互作用都可能导致房价泡沫，使货币政策面临更为复杂的外部冲击,另外,货币政策如何进行国际协调,共同应对房地产泡沫,这些都是值得进一步深入研究的方向。

4.我国学者的研究大多侧重于实证研究,基于微观基础层面的理论研究相对较少,还缺乏结合我国经济转型背景下特定制度性因素的理论与实证研究。理论基础研究的薄弱直接导致计量分析模型设定的误差和不成熟。随着微观数据的建立和完善,更为深入细致的实证研究将会得以进行。

9 结论与政策建议

9.1 结 论

围绕"住房对宏观经济的传导机制与货币政策反应"这一重大问题，本书综合运用比较静态分析、动态最优化、门限模型、反事实模拟、结构向量自回归模型、Heckman样本选择模型等方法展开全面深入的理论与实证研究。首先，揭示住房及其价格向通胀、产出、消费等宏观经济变量的传导机制；其次，考察住房价格在货币政策传导过程中的作用效果；再次，利用家庭微观数据考察了住房对家庭消费与金融资产配置的影响效果；最后，探寻不确定性条件下货币政策应对房价冲击的策略选择。本书得出的主要结论有以下几点：

（1）房价高涨通过融资约束效应、实业资本空心化效应、负收入效应和储蓄效应等机制对居民消费和企业投资产生不利影响，可能是导致房价与通胀、产出之间非线性动态关系的重要原因。运用门限模型对中国现实进行实证研究，结果发现：房价对未来产出与通胀的影响具有显著的门限效应，当房价处于低增长阶段时，房价增长率对于通胀与产出产生比较显著的正向影响；当房价处于高增长阶段时，房价的这种影响效果不显著。并且，相对于线性模型，门限模型能够有效改善房价对通胀和产出的预测效果。

（2）房价对高收入有房家庭的消费行为的影响不显著，却通过缓解信用约束促进了受约束有房家庭的消费；房价上涨对租房家庭消费的影响表现为挤出效应,并且这种挤出效应随购房首付比和住房租售比的提高而加强;房价对总消费的影响在不同的房价和收入增长机制中表现出结构变迁,住房市场状况导致结构变迁出现异质性。实证研究发现:总体上看,房价处于低增长机制或收入处于高增长机制时,房价对家庭消费产生显著的促进效果,反之房价对家庭消费的影响不显著甚至出现挤出效果;以购房首付比区分不同城市后发现,当高首付比城市的房价或收入处于低增长阶段,而低首付比城市的房价或收入处于高增长阶段时,房价对消费产生显著正向效应;可支配收入是居民消费的决定性影响因素。

(3)运用协整检验、误差修正模型等方法实证检验厦门住房价格与居民消费波动的基本特征及其相互影响,结果发现:从长期来看,厦门房价上涨对居民消费增长产生一定的促进作用,但是,由于短期内房价上涨对消费增长的负面抑制作用更为显著,厦门房价上涨对于消费增长的总体影响表现为"挤出效应";另外,可支配收入是促进居民消费增长的决定性因素。因此,保持厦门市房地产市场的长期健康稳定发展,坚决有效抑制短期房价过快上涨,并稳步提高居民可支配收入,对于实现扩大内需政策与促进消费稳定增长的战略目标具有至关重要的现实意义。

(4)运用结构向量自回归模型与反事实模拟方法,实证检验中国房价在货币政策传导过程中的总体作用效果,研究发现:房价能够对货币政策冲击进行有效传导,但总体效果偏弱,并且,扩张性货币冲击通过房价向消费传导的效果比紧缩性利率政策更加显著;在扩张性货币冲击导致的城镇消费增幅中约有13.2%来自房价上涨的贡献,而紧缩性利率冲击导致的城镇消费降幅中约有5%～5.9%来自房价下降的贡献;另外,在货币冲击推动的居民消费涨幅中,房价上涨导致居民消费缩减了约为7.1%;总之,房价在数量型货币政策传导中的作用效果优于价格型货币政策。

(5)基于中国四个直辖市的数据检验房价对货币政策传导的区域效应,研究发现:在房价高涨城市,扩张性货币冲击通过房价对居民消费的传导效果优于紧缩性利率政策,而紧缩性利率政策不能有效抑制房价上涨;在扩张性货币冲击推动的居民消费增幅中,北京、上海与天津房价上涨"挤出"的居民消费占比约为32%、56%与9.5%;在利率冲击导致的居民消费波幅中,北京、天津房价上涨"挤出"的居民消费占比约为9.1%、

20.6%,上海房价下跌"提升"的消费占比约为 5.5%;重庆房价始终对居民消费产生促进效果。在房价高涨城市,相对于价格型政策工具,数量型政策工具通过住房价格向居民消费的传导效果更加显著。

(6)基于中国家庭金融调查研究中心 2015 年 CHFS 数据,运用截面数据模型实证检验了住房财富与中国城镇家庭消费之间的总体效应与异质性影响。研究发现:住房财富对家庭消费产生显著的促进作用,且住房资产的财富效应超过金融资产的财富效应;住房财富效应在不同特征家庭之间存在异质性;住房财富效应随着户主年龄的增长呈现出下降趋势,并且,随着家庭拥有住房套数的增加,住房财富效应大体呈现出上升趋势。

(7)运用 Heckman 样本选择模型检验了中国城市家庭的住房风险与资产配置之间的关系。研究发现:较高住房风险降低了家庭参与风险金融市场和股票市场的概率,同时,也降低了家庭的风险资产持有比重和股票投资比重,房产风险对股票市场参与和持有比重的挤出效应在不同住房状况、不同户主年龄和不同净财富家庭之间存在异质性:拥有一套房家庭的房产风险挤出效应超过拥有多套房的家庭;年轻家庭和老年家庭的房产风险挤出效应超过中年家庭;贫穷家庭的房产风险挤出效应超过较为富裕的家庭。

(8)关于货币政策如何应对房地产泡沫,国内外学者的争论集中表现为间接反应观、事后反应观与直接干预观。分歧产生的原因是,政策决策环境中存在普遍的信息不充分性和经济变量相互影响的不确定性,能否获得房价泡沫及其路径的充分信息,把握房价对货币政策的传导机制以及利率等政策工具与房价相互关系的准确信息,对于货币政策的选择及其效果十分重要。当政策环境的信息较充分和不确定性较低时,中央银行应采取更为积极主动的方式,选择直接干预;反之,则中央银行以更为稳健的方式行事,综合运用直接干预与间接反应。

总之,考察住房及其价格对经济主体行为决策的异质性影响,揭示住房价格与通货膨胀、产出与消费等宏观经济指标的非线性关系特征,理解货币政策决策的不确定性环境,有助于政策当局更为全面地把握住房与房价对宏观经济的传导机制与政策决策环境,从而提高宏观经济政策的针对性与有效性。

9.2　政策建议

本书的政策建议主要有以下几点：

（1）中央银行在制定宏观政策时需充分意识到房价对未来通胀与产出的非线性预测能力：当房价处于低增长机制时，旨在稳定未来产出和通胀的货币政策可以适当盯住房价增长率的波动，通过稳定房价进而实现"稳定通胀预期和保持宏观经济稳定增长"的目标；而当房价处于高增长机制时，货币政策不应该企图通过稳定房价水平实现未来物价和产出稳定的目标。这也意味着，如果中央银行希望充分利用房价所包含的关于未来宏观经济的领先信息，那么需要将房价水平稳定在低增长机制中。

（2）为释放被高房价挤占的消费需求，实现经济转型目标，可考虑以下对策：

一是在总体上将大中城市房价控制在低速增长机制，尤其促使房价涨幅过快的高首付比城市房价涨幅回落，并保持在合理区间，房价涨幅较低的低首付比城市则注意避免房价出现大起大落，保持房地产市场健康稳定发展；

二是改善住房市场基本状况，如采用差异化的购房首付比、提高有房家庭占比、降低租售比等，有助于实现住房财富效应对居民消费的促进作用；

三是深化收入分配制度改革，切实提高普通家庭的实际可支配收入，扩大中等收入家庭比重，尤其要提高房价涨幅较低的低首付比城市家庭的收入增长速度。

（3）为实现"扩大内需与促进消费"目标，可以考虑以下短期、中期与长期思路：

第一，短期内有效遏制热点城市房价过快上涨，避免房价高涨的"挤出效应"。进一步限制投资性购房需求，严格规定二套房认定标准，实施差异化的房贷政策。

第二,中期内稳定居民住房预期,减少影响消费的不确定性因素。扩大社会保障性住房的有效供给,实现税负由开发交易环节向保有环节的转移。

第三,长期中建立维持房地产市场健康发展的长效保障机制,构建促进消费增长的长效动力机制。构建合理的房地产调控政策体系,改革中央地方收入分配制度,逐步取消土地财政,将住房等民生保障作为地方政府的重要考核指标。

(4)为提升住房价格对货币政策的传导效果,充分发挥住房价格对消费的积极作用,可以考虑以下对策:

一是在现有条件下,中央银行应侧重于运用数量型货币政策工具对住房市场波动进行调控,将会取得较好效果;

二是货币当局应对房价萧条可能引致的居民消费缩减风险保持警惕,并保持房地产市场持续稳定发展;

三是加快推进利率的市场化形成机制改革,并提高居民家庭的住房拥有率;

四是政策制定时应充分考虑货币政策传导的城市差异,针对不同区域采用差异化的政策工具,避免全国一刀切的情况。

(5)针对住房拥有对家庭风险金融资产投资的挤出效应,可以考虑的对策建议:

第一,坚持"房住不炒"定位,不将房地产作为短期刺激经济手段,构建房地产市场健康发展的长效机制,保持房地产市场稳定,必将有利于引导家庭形成多元化的资产配置,促进资本市场稳定繁荣。

第二,稳步提高家庭收入水平和财富积累水平,尤其是提高年轻家庭和老年家庭的收入水平和财富积累水平,有助于提升家庭参与风险金融市场的意愿与风险资产持有占比。

第三,完善社会保障体系并提高社会保障水平有助于降低人们的风险厌恶程度,提升家庭的风险资产参与意愿,这也必然有助于资本市场繁荣稳定。

(6)货币政策应该综合运用直接干预与间接反应方式应对房价泡沫,在原有政策框架中加入灵活性并扩展其通胀目标期限,在追求物价稳定目标的同时不忽略房价波动包含的未来通胀与产出信息,在一定条件下,对房价波动作出积极灵活的政策反应;货币当局应该在谨慎监管的框架内关注于房价波动,当出现那些可能导致未来金融不稳定的房价异常波动时,货币政策必须作出反应,货币政策与审慎监管的协调配合有助于更好地实现经济金融稳定的目标;货币当局可以侧重运用数量型货币政策工具与房贷政策调控房价,充分考虑货币政策传导区域差异,根据各地区房价、收入、首付比等特征,采用差异化的政策手段,从而更为有效地抑制房价过大波动。

参考文献

1.陈健,陈杰,高波.信贷约束、房价与居民消费率——基于面板门槛模型的研究[J].金融研究,2012,(4)：45-57.

2.陈健,高波.非线性视角下的中国房地产财富效应的测度研究——基于1996—2008年省际面板数据的分析[J].广东金融学院学报,2010,(9)：99-111.

3.陈彦斌,邱哲圣.高房价如何影响居民储蓄率和财产不平等[J].经济研究,2011,(10)：25-38.

4.陈彦斌.中国新凯恩斯菲利普斯曲线研究[J].经济研究,2008,(12):50-64.

5.陈永伟,史宇鹏,权五燮.住房财富、金融市场参与和家庭资产组合选择——来自中国城市的证据[J].金融研究,2015,(4)：1-18.

6.崔光灿.房地产价格与宏观经济互动关系实证研究——基于我国31个省份面板数据分析[J].经济理论与经济管理,2009,(1)：57-62.

7.戴国强,张建华.我国资产价格与通货膨胀的关系研究——基于ARDL的技术分析[J].国际金融研究,2009,(11)：19-28.

8.邓永亮.人民币升值、房价上涨与通货膨胀[J].山西财经大学学报,2010,(10)1-10.

9.丁晨,屠梅曾.论房价在货币政策传导机制中的作用——基于VECM分析[J].数量经济技术经济研究,2007,(11):106-114.

10.董裕平.房地产市场的理性调整与通货膨胀控制[J].财经科学,2008,(11):18-26.

11.杜莉,沈建光,潘春阳.房价上升对城镇居民平均消费倾向的影响——基于上海市入户调查数据的实证研究[J].金融研究,2013,(3):44-57.

12.段忠东.房地产价格与通货膨胀、产出的关系——理论分析与中国数据的实证检验[J].数量经济技术经济研究,2007,(12):127-139.

13.段忠东.房地产价格、抵押制度与货币政策传导[J].广东金融学院学报,2010,(1):35-51.

14.段忠东.房价变动对居民消费影响的门限测度——基于中国 35个大中城市的实证研究[J].经济科学,2014,(4):27-38.

15.段忠东,朱孟楠.不确定性下的房地产价格波动与货币政策反应:一个文献综述[J].经济评论,2011,(1):135-144.

16.段忠东,曾令华.房价冲击、利率波动与货币供求[J].世界经济,2008,(12):14-27.

17.段忠东.房地产价格与货币政策——理论与实证研究[M].北京:中国社会科学出版社,2011.

18.房地产金融市场分析小组.中国房地产金融报告 2010(第 1 版)[M].北京:中国金融出版社,2011.

19.冯科.中国房地产市场在货币政策传导机制中的作用研究[J].经济学动态,2011,(4):42-49.

20.甘犁,尹志超,贾男,徐舒,马双.中国家庭资产状况及住房需求分析[J].金融研究,2013,(4):1-14.

21.顾钰民.扩大内需的经济学比较研究[J].福建论坛(人文社会科学版),2010,(5):14-18.

22.韩冬梅,屠梅曾,曹坤.房地产价格泡沫与货币政策调控[J].中国软科学,2007,(6):9-16,49.

23.韩瑾.住宅价格波动与居民消费支出增长的实证分析[J].统计与决策,2010,(4):91-92.

24.何兴强,史卫,周开国.背景风险与居民风险金融资产投资[J].经济研究,2009,(12):119-130.

25.黄静,屠梅曾.房地产财富与消费:来自于家庭微观调查数据的证据[J].管理世界,2009,(1):35-45.

26.洪涛.房地产价格波动与消费增长[J].南京社会科学,2006,(5):54-58.

27.蒋瑛,李翀.住房价格水平变化对中国家庭金融资产配置影响研究[J].四川大学学报(哲学社会科学版),2019,(2):65-76.

28.况伟大.房价变动与中国城市居民消费[J].世界经济,2011,(10):21-34.

29.李长安.高房价是消费不足的主因[N].科学时报,2009年7月28日.

30.李成,王彬,马文涛.资产价格、汇率波动与最优利率规则[J].经济研究,2010,(3):91-103.

31.李凤,罗建东,路晓蒙,邓博夫,甘犁.中国家庭资产状况、变动趋势及其影响因素[J].管理世界,2016,(2):45-56.

32.李亮.资产价格波动与货币政策应对[J].上海经济研究,2010,(4):45-56.

33.李强.资产价格波动的政策涵义:经验检验与指数构建[J].世界经济,2009(10):25-33.

34.李善桑,沈悦.中国"房价之谜"的检验与原因分析[J].上海经济研究,2012,(8):42-51.

35.李涛,陈斌开.家庭固定资产、财富效应与居民消费:来自中国城镇家庭的经验证据[J].经济研究,2014,49(3):62-75.

36.李亚明,佟仁城.中国房地产财富效应的协整分析和误差修正模型[J].系统工程理论与实践,2007,(11):1-6.

37.李智,李伟军,高波.紧缩性货币政策与房地产市场的价格——基于VAR模型和符号约束VAR模型的比较[J].当代经济科学,2013,(6):33-42.

38.刘旦.中国城镇住宅价格与消费关系的实证研究——基于生命周期假说的宏观消费函数[J].上海财经大学学报,2008,(1):80-87.

39.陆晓明.中央银行在控制资产价格膨胀中的作用[J].国际金融研究,2010,(2):4-12.

40.骆祚炎.城镇居民金融资产与不动产财富效应的比较分析[J].数

量经济技术经济研究,2007,(11):56-65.

41.苗文龙.货币政策是否应关注资产价格——基于货币稳定的视角[J].当代财经,2010,(7):51-62.

42.盛松成,张次兰.货币供应量的增加能引起价格水平的上涨吗——基于资产价格波动的财富效应分析[J].金融评论,2010,(3):1-16.

43.孙凤,易丹辉.中国城镇居民收入消费的协整性及误差修正模式[J].统计研究,1999,(1):110-116.

44.唐齐鸣,熊洁敏.中国资产价格与货币政策反应函数模拟[J].数量经济技术经济研究,2009,(11):104-115.

45.王辉龙.房价波动、家庭财富配置与居民生活——来自长江、珠江三角洲地区的经验证据[J].南方经济,2009,(12):3-14.

46.王松涛,刘洪玉.以住房市场为载体的货币政策传导机制研究——SVAR模型的一个应用[J].数量经济技术经济研究,2009,(10):61-73.

47.王先柱,毛中根,刘洪玉.货币政策的区域效应——来自房地产市场的证据[J].金融研究,2011,(9):42-53.

48.王晓明,施海松:资产价格波动形势下货币政策工具的宏观调控效应比较研究[J].上海金融,2008,(11):5-10.

49.王玉宝,杜两省.资产价格波动与货币政策[J].东北财经大学学报,2004,(3):7-10.

50.王子龙,许箫迪,徐浩然.中国房地产财富效应测度的实证研究[J].财贸研究,2009,20(2):24-31.

51.吴卫星,高申玮.房产投资挤出了哪些家庭的风险资产投资[J].东南大学学报(哲学社会科学版),2016,(4):56-66,147.

52.吴卫星,齐天翔.流动性、生命周期与投资组合相异性——中国投资者行为调查实证分析[J].经济研究,2007,42(2):97-110.

53.谢洁玉,吴斌珍,李宏彬,郑思齐.中国城市房价与居民消费[J].金融研究,2012,(6):13-27.

54.严金海.论房价对中国产出和通货膨胀率的影响[J].中国土地科学,2009,(10):14-19.

55.严金海,丰雷.中国住房价格变化对居民消费的影响研究[J].厦门大学学报(哲学社科版),2012,(2):71-78.

56.易宪容.扩内需政策要到位,促消费房价需下调[N].经济参考报,2009年1月23日.

57.袁冬梅,刘建江.房价上涨对居民消费的挤出效应研究[J].消费经济,2009,(6):7-10.

58.张大永,曹红.家庭财富与消费.基于微观调查数据的分析[J].经济研究,2012,47(S1):53-65.

59.张浩,易行健,周聪.房产价值变动、城镇居民消费与财富效应异质性——来自微观家庭调查数据的分析[J].金融研究,2017,(8):50-66.

60.张红,李洋.房地产市场对货币政策传导效应的区域差异研究——基于GVAR模型的实证分析[J].金融研究,2013,(2):114-128.

61.张晓慧.关于资产价格与货币政策问题的一些思考[J].金融研究,2009,(7):1-6.

62.张晓晶,常欣.扩大内需的历史经验与启示[J].今日中国论坛,2009(2-3).

63.赵进文,高辉.资产价格波动对中国货币政策的影响[J].中国社会科学,2009,(2):98-114.

64.赵昕东.中国房地产价格波动与宏观经济[J].经济评论,2010,(1):65-71,91.

65.赵宇,王轶君.房地产价格对通货膨胀预期具有指示性作用吗?——来自中国1996—2010年的经验证据[J].经济问题,2011,(1):18-22.

66.中国人民银行沈阳分行课题组.中央银行如何关注资产价格?——一个基于"流动性螺旋"识别的宏观调控优化思路[J].国际金融研究,2010,(2):13-25.

67.周晖,王擎.货币政策与资产价格波动:理论模型与中国的经验分析[J].经济研究,2009,(10):61-74.

68.周建军,欧阳立鹏.现阶段房地产价格与消费的相互关系研究[J].消费经济,2008,(6):68-70.

69.周京奎.货币政策银行资款与住名价格—对中国个直辖市的实证研究[J].财贸经济,2005,(5):22-27.

70.周守亮.VAR 模型框架下房地产价格波动与消费关系的实证研究[J].珞珈管理评论,2010,(2):148-155.

71.周雨晴,何广文.住房对家庭金融资产配置的影响[J].中南财经政法大学学报,2019,(2):76-87.

72.AHEARNE ALAN G,JOSEPH E GAGNON,JANE HALT-MAIER,et al.Preventing deflation: lessons from Japan's experience in the 1990s[R].International Finance Discussion Papers 729(Washington:Board of Governors of the Federal Reserve System,June),2002.

73.ALCHIAN ARMEN A,BENJAMIN KLEIN.On a correct measure of inflation[J].Journal of Money,Credit,and Banking,1973,5(1):173-191.

74.ANDREWS D W K.Test for parameter instability and structural change with unknown change point[J].Econometrica,1993,61(4):821-856.

75.AOKI K,J Proudman,G Vlieghe.House prices,consumption,and monetary policy: a financial accelerator approach[J].Journal of Financial Intermediation,2004.13(4):414-435.

76.APERGIS N,AND S M MILLER.Tar-consumption asymmetry and the stock market: New evidence through a threshold adjustment model[J].University of Connecticut,2005.

77.ARNOLD I,P VAN ELS,J DE HAAN.Wealth effects and monetary policy[J]. Netherlands Central Bank Research Memorandum Working Paper no.719,2002.

78.ARON J,J MUELLBAUER,A MURPHY.Housing wealth,credit conditions and consumption[J].MPRA Paper No.24485,2006.

79.ARON J,J MUELLBAUER.Wealth,credit conditions,and consumption: Evidence from South Africa[J].Review of Income and Wealth,2013,59:S161-S196.

80.ARRONDEL L,F SAVIGNAC.Risk management,housing and stockholding[J].Applied Economics,2015,47(39): 4208-4227.

81.ATTANASIO ORAZIO P,LAURA BLOW,ROBERT HAMIL-TON et al.Booms and busts: consumption,house prices and expectations [J].Economica,2009,76(301):20-50.

82.ATTANASIO O P,G WEBER.The UK consumption boom of the late 1980s: aggregate implications of microeconomic evidence[J].Economic Journal,1994,104(427):1269-1302.

83.AYDILEK A.Habit formation and housing over the life cycle[J].Economic Modelling,2013,33: 858-866.

84.BAYOUMI T,H EDISON.Is wealth increasingly driving consumption? [J].DNB Staff Reports 100,2003.

85.BEAUBRUN-DIANT K E,T MAURY.Home tenure,stock market participation,and composition of the household portfolio[J].Journal of Housing Economics,2016,32: 1-17.

86.BELL STEPHEN,JOHN QUIGGIN.Asset price instability and policy responses: the legacy of liberalisation[J].Australian Public Policy Program Working Paper:3/P04,2003.

87.BENITO A,J THOMPSON,M WALDRON,et al.House prices and consumer spending[J].Bank of England Quarterly Bulletin,2006,(46):142-154.

88.BERNANKE B,M GERTLER,S GILCHRIST.The financial accelerator in a quantitative business cycle framework[J].Chp.21 in Handbook of Macroeconomics,1999,1(1): 1341-1393.

89.BERNANKE B,M GERTLER.Monetary policy and asset price volatility[J].NBER working paper no.7559,2000,1-74.

90.BERNANKE B,M GERTLER.should central banks respond to movements in asset prices[J].American Economic Review,2001,91(2): 253-257.

91.BERNANKE B.Asset price bubbles and monetary policy[R].Remarks Before the New York Chapter of the National Association for Business Economics, 2002.

92.BJøRNLAND H C, D H JACOBSEN.The role of house prices in the monetary policy transmission mechanism in small open economies [J].Journal of Financial Stability, 2010, 6(4): 218-229.

93.BORDO M D, O JEANNE.Boom-bust in asset prices, economic instability, and monetary policy[J].NBER working paper 8966, 2002.

94.BORIO CLAUDIO, PHILIP LOWE. Asset price, financial and monetary stability: exploring the nexus[J].Bank of International Settlements Working Paper No.114, 2002.

95.BOSTIC R S GABRIEL, G PAINTER.Housing wealth, financial wealth, and consumption: New evidence from micro data[J]. Regional Science and Urban Economics, 2009, 39(1): 79-89.

96.BRUECKNER J K.Consumption and investment motives and the portfolio choices of homeowners[J].Journal of Real Estate Finance and Economics, 1997, 15(2):159-180.

97.BUITER W H.Housing wealth isn't wealth[J].Economics: The Open-Access, Open-Assessment E-Journal, 2010, (4): 2010-2022.

98.CALCAGNO R., E Fornero, M C Rossi. The effect of house prices on household consumption in Italy[J].The Journal of Real Estate Finance and Economics, 2009, 39(3): 284-300.

99.CALZA, et al.Mortgage markets, collateral constraints, and monetary policy: do institutional factors matter[J].CFS Working Paper No. 2007/10, 2007.

100.CAMPBELL JOHN Y.Restoring rational choice: The challenge of consumer financial regulation[J]. The American Economic Review, 2016, 106(5):1-30.

101.CAMPBELL J Y, J F COCCO.How do house prices affect consumption: Evidence from micro data [J]. Journal of Monetary Economics, 2007, 54(3): 591-621.

102. CARDAK B A, R WILKINS. The determinants of household risky asset holdings: Australian evidence on background risk and other factors[J]. Journal of Banking & Finance, 2009, 33(5): 850-860.

103. CARROLL C D, M OTSUKA AND J SLACALEK. How large is the housing wealth effect? A new approach[J]. CFS Working Paper Series No.2006/35, 2006.

104. CASE K E, J M QUIGLEY, R J SHILLER. Comparing wealth effects: the stock market versus the housing market[J]. Advances in Macroeconomics, 2005, 5(1):1-32.

105. CASE K E, R J SHILLER. Is there a bubble in the housing market? [J]. Brookings Papers on Economic Activity, 2003, 20(2): 299-342.

106. CECCHETTI S, H GENBERG, J LIPSKY, et al. Asset prices and central bank policy[R]. Geneva Reports on the World Economy No. 2, 2000.

107. CECCHETTI S, H GENBERG, S WADHWANI. Asset prices in a flexible inflation targeting framework [J]. NBER Working Paper 8970, 2002.

108. CHAN K S. Consistency and limiting distribution of the least squares estimator of a threshold autoregressive model[J]. The Annals of Statistics, 1993, (21): 520-533.

109. CHEN N, S CHEN, Y CHOU. House prices, collateral constraint, and the asymmetric effect on consumption[J]. Journal of Housing Economics, 2010, 19(1): 26-37.

110. CHETTY R, L SANDOR, A SZEIDL. The effect of housing on portfolio choice[J]. The Journal of Finance, 2017, 72(3): 1171-1212.

111. COCCO J F. Portfolio choice in the presence of housing[J]. Review of Financial Studies, 2005, 18(2): 535-567.

112. DAVIS M A. AND M. G. PALUMBO. The price of residential land in large US cities[J]. Journal of Urban Economics, 2008, 63(1): 352-384.

113.DEATON ANGUS.Saving and liquidity constraints[J].Econometrica,1991,59:1121- 1248.

114.DISNEY R,A HENLEY,D JEVONS.House price shocks,negative equity and household consumption in the UK in the 1990s[C].Royal Economic Society Annual Conference 2002 64.Royal Economic Society,revised,2002.

115.DUPOR BILL.Stabilizing non-fundamental asset price movements under discretion and limited information[J].Journal of Monetary Economics,2005,52(4):727-747.

116.ELBOURNE A.The UK housing market and the monetary policy transmission mechanism: An SVAR approach[J].Journal of Housing Economics,2008,17(1): 65-87.

117.ELLIOTT J.Wealth and wealth proxies in a permanent income model[J].Quarterly Journal of Economics,1980,95(3):509-535.

118.ENGELHARDT G V.House prices and home owner saving behavior[J].Regional science and urban economics,1996,26(3): 313-336.

119.FAMA E F.Short-term interest rates as predictors of inflation [J].American Economic Review,1975,65(June): 269-282.

120.FILARDO ANDREW J.Asset prices and monetary policy[J].Federal Reserve Bank of Kansas City Economic Review,2000,(3):11-37.

121.FILARDO ANDREW J.Should monetary policy respond to asset price bubbles? Some experimental results[J].Federal Reserve Bank of Kansas City Research Working Paper RWP 01-04,2001.

122.FINOCCHIARO DARIA,VIRGINIA QUEIJO VON HEIDEKEN.Do central banks react to house prices[J].Sveriges riksbank working paper series no.217,2007.

123.FISHER IRVING.The theory of interest[M].New York:Macmillan,1930.

124.FISCHER M,M Z STAMOS.Optimal life cycle portfolio choice with housing market cycles[J].Review of Financial Studies,2013,26(9):

2311-2352.

125.FLAVIN M,T YAMASHITA.Owner-occupied housing and the composition of the household portfolio over the life-cycle[J].NBER working paper 6389,1998.

126.FLAVIN M,T YAMASHITA.Owner-occupied housing and the composition of the household portfolio[J].The American Economic Review,2002,92(1): 345-362.

127.FRATANTONI M C.Homeownership and investment in risky assets[J].Journal of Urban Economics,1998,44(1): 27-42.

128.FRATANTONI M C.Homeownership,committed expenditure risk,and the stockholding puzzle[J].Oxford Economic Papers,2001,53(2):241-259.

129.FRATANTONI M C,S SCHUH.Monetary policy,housing and heterogeneous regional markets [J]. Journal of Money, Credit and Banking,2003,35(4): 557-589.

130. FRIEDMAN BENJAMIN M, KENNETH N. Kuttner. Money, income,prices and interest rates[J].American Economic Review,1992, 82(June):472-502.

131.FRIEDMAN,MILTON.A theory of consumption function[M]. Princeton University Press,Princeton,1957,232.

132. FUKUNAGA ICHIRO, MASASHI SAITO. Asset prices and monetary policy[J].IMES discussion paper series Discussion Paper No. 2009-E-21,2009.

133.GAN J.Housing wealth and consumption growth evidence from a large panel of household[J].The Review of Financial Studies,2010,23(6): 2229-2267.

134. GIROUARD N, S BLöNDAL. House prices and economic activity[J].OECD Economics Department Working Paper no.279,2001, 4-47.

135. GIULIODORI M. The role of house prices in the monetary

transmission mechanism across European countries[J].Scottish Journal of Political Economy,2005,52(4): 519-543.

136.GOLLIER C,J W PRATT.Risk vulnerability and the tempering effect of background risk[J].Econometrica,1996,64(5): 1109-1123.

137.GOODHART CHARLES,BORIS HOFMANN.Do asset prices help to predict consumer price inflation[J].The Manchester School Supplement 68,2000a,122-140.

138.GOODHART CHARLES,BORIS HOFMANN.Financial variables and the conduct of monetary policy[J].Sveriges Riksbank working-paper 112,2000b.

139. GOODHART CHARLES, BORIS HOFMANN. Asset prices and the conduct of monetary policy[C].Paper presented at the Royal Economic Society Annual Conference,University of warwick,2002,25-27.

140.GORDON ROBERT J.The time-varying nairu and its implications for economic policy[J].NBER Working Papers 5735,1997.

141.GREENSPAN ALAN,JAMES KENNEDY.Estimates of home mortgage originations,repayments,and debt on one-to-four-family residences[J].Finance and Economics Discussion Series No.2005-41,Washington: Board of Governors of the Federal Reserve System, September,2005.

142.GREENSPAN A.Economic Volatility[C].speech delivered at a symposium sponsored by the Federal Reserve Bank of Kansas City,Jackson Hole,Wyo.,August 30,2002.

143.GRUEN D,M PLUMB,AND A.STONE.How should monetary policy respond to asset price bubbles[J].International Journal of Central Banking,2005,1(2005):1-31.

144.GUO S,W G HARDIN.Wealth,composition,housing,income and consumption[J].Journal of Real Estate Finance and Economics, 2014,48(2): 221-243.

145.HANSEN B E.Inference when a nuisance parameter is not identified under the null hypothesis[J].Economics,1996,64:413-430.

146.HANSEN B E.Sample splitting and threshold estimation[J].Econometrica,2000,68(3):575-603.

147.HATZIUS J.Housing holds the key to fed policy[J].Goldman Sachs Global Economics Paper No.137(New York:Goldman Sachs,February),2005.

148.HAUGH DAVID L.Monetary policy under uncertainty about the nature of asset-price shocks[J].International Journal of Central Banking,2008,4(4):39-83.

149.HEATON J,D LUCAS.Portfolio choice and asset prices:the importance of entrepreneurial risk[J].The Journal of Finance,2000,55(3):1163-1198.

150.HENDERSON J V,Y M IOANNIDES.A model of housing tenure choice[J].The American Economic Review,1983,73(1):98-11.

151.HU X.Portfolio choices for homeowners[J].Journal of Urban Economics,2005,58:114-136.

152.IACOVIELLO M.Consumption,house prices,and collateral constraints:A sructural econometric analysis[J].Journal of Housing Economics,2004,13(4):304-320.

153.IACOVIELLO M.House prices and business cycles in Europe:a VAR analysis[J].Boston College Working Papers in Economics540,2002.

154.IACOVIELLO M.Housing wealth and consumption[J].Board of Governors of the Federal Reserve System International Finance,Discussion Papers Number 1027,2011.

155.ISSING OTMAR.Asset prices and monetary policy[J].Cato Journal,2009,29(1):45-51.

156.KAJUTH F.The role of liquidity constraints in the rsponse of monetary policy to house prices[J].Journal of Financial Stability,2010,(6):230-242.

157.KANNAN PRAKASH,PAU RABANA,ALASDAIR SCOTT. Monetary and macroprudential policy rules in a model with house price booms[J].IMF Working Paper No.251,2009.

158.KENNEDY N,P ANDERSEN. Housing saving and the real house prices: an international prospective[J].BIS Working Paper No 20,1994.

159.KENT CHRISTOPHER,PHILIPS LOWE.Asset price bubbles and monetary policy[J].Reserve Bank of Australia Research Discussion Paper9709,1997.

160.KIMBALL M S.Standard risk aversion[J].Econometrica,1993, 61(3):589-611.

161.KING M.Discussion[J].Economic Policy,1990,(11): 383-387.

162.KING MERVYN.Speech Delivered to the CBI Scotland Diner at the Glasgow Hilton Hotel,2004a.

163.KING MERVYN.Remarks made in a panel discussion on Alan Greenspan's speech on risk and uncertainty in monetary policy delivered at the American Economic Association Annual Meeting in San Diego,2004b.

164.KIYOTAKI N,J MOORE.Credit cycles[J].Journal of Political Economy,1997,105(2): 211-248.

165.KOHN DONALD.Monetary policy and asset prices[R].speech delivered at"Monetary Policy: A Journey from Theory to Practice."a European Central Bank Colloquium held in honor of Otmar Issing,Frankfurt,March 16.2006.

166.KOHN DONALD.Monetary policy and asset prices revisted[J]. Cato Journal,2009,29(1): 31-44.

167. KONTONIKAS, A. AND A. MONTAGNOLI. Has monetary policy reacted to asset price movements: Evidence from The UK[C].Paper presented for 6th International Conference on Macroeconomic Theory and Policy,Rethymno,Crete,1-22,2002.

168. KONTONIKAS A, A MONTAGNOLI. Optimal monetary policy and asset price misalignments [J]. Brunel University Working Paper Series 03-22, 2003.

169. KONTONIKAS A, C IOANNIDIS. Should monetary policy respond to asset price misalignments[J]. Economic Modelling, 2005, (22): 1105-1121.

170. KRAFT H, C MUNK, S WAGNER. Housing habits and their implications for life-cycle consumption and investment[J]. Review of Finance, 2018, 22(5): 1737-1762.

171. KULLMANN C, S SIEGEL. Real estate and its role in household portfolio choice[C]. EFA 2003 Annual Conference Paper No. 918, Sauder School of Business Working Paper, University of British Columbia, Vancouver., 2005.

172. LASTRAPES W D. The real price of housing and money supply shocks: Time series evidence and theoretical simulations[J]. Journal of Housing Economics, 2002, 11(1): 40-74.

173. LETTAU M. S. LUDVIGSTON, C STEINDEL. Monetary policy transmission through the consumption-wealth channel[J]. FRBNY Economic Policy Review, 2002, (5): 117-133.

174. LUDWIG A, T SLOK. The impact of changes in stock prices and house prices on consumption in OECD countries[J]. International Monetary Fund Working Paper02/1, 2002.

175. LUENGO-PRADO M. J. Durables, nondurables, down payments and consumption excesses[J]. Journal of Monetary Economics, 2006, 53: 1509-1539.

176. MARKUS DEMARY. The interplay between output, inflation, interest rates and houseprices: International evidence [J]. Journal of Property Research, 2010, 27(1): 1-17.

177. MARTHA LóPEZ. House prices and monetary policy in Colombia[R]. Document presented at the First Monetary Policy Research

Workshop in Latin America and the Caribbean on Monetary Policy Response to Supply and Asset Price Shocks, Santiago, Chile, November 17,2005.

178.MAYES DAVID, MATTI VIREN. The impact of asset prices and their information value for monetary policy [J]. Ensayos Sobre PolíTica EconóMica,2010,28(61):134-167.

179.MEENAKSHI BASANT ROI, RHYS R.MENDES.Should central banks adjust their target horizons in response to house-price bubbles [J].Bank of Canada Discussion Paper/Document d'analyse 2007-4,2007.

180. MILES D. Housing, financial markets and the wider economy [M].New York: John Wiley and Sons,1994.

181.MILLER, N, L PENG, M SKLARZ.House prices and economic growth[J].The Journal of Real Estate Finance and Economics,2011,42 (4):522-541.

182.MISHKIN FREDERIC S.Housing and the monetary transmission mechanism[J].Federal Reserve Board Finance and Economics Discussion Series,2007.

183.MISHKIN FREDERIC S.Is the fisher effect for real? A reexamination of the relationship between inflation and interest rates[J].Journal of Monetary Economics,1992,30(November):195-216.

184. MISHKIN FREDERIC S. The information in the longer-maturity term structure about future inflation[J].Quarterly Journal of Economics,1990,105(August): 815-828.

185.MODIGLIANI F, R BRUMBERG.Utility analysis and the consumption function: an interpretation of cross-section data[C]//Kenneth K, Kurihara, ed. Post-Keynesian Economics, New Brunswick, N. J.: Rutgers University Press,1954,388-436.

186.MODIGLIANI F.The lifecycle hypothesis of saving: aggregate implications and tests[J].American Economic Review, 1963, 53 (1): 55-84.

187.MUELLBAUER J, A MURPHY.Booms and busts in the UK housing market[J].Economic Journal,1997,107:1701-1727.

188. MUELLBAUER J, R LATTIMORE. The consumption function: A theoretical and empirical overview[M].Pesaran and Wickens eds.Handbook of Applied Econometrics,Blackwells,1995,221-311.

189.NEWEY W K.Efficient estimation of limited dependent variable models with endogenouse explanatory variable[J].Journal of Econometrics,1987,36(3):231-250.

190. PAGANO M. Discussion [J]. Economic Policy, 1990, (11): 387-390.

191. PAIELLA M. The stock market, housing and consumer spending: a survey of the evidence on wealth effects[J].Journal of Economic Surveys,2009,23(5):947-973.

192. PALLEY THOMAS I. Asset price bubbles and monetary policy: why central banks have been wrong and what should be done[J]. IMK working paper 05/2008,2008.

193.PELIZZON L, G WEBER. Are household portfolios efficient? An analysis conditional on housing[J]. The Journal of Financial and Quantitative Analysis,2008,43(2): 401-431.

194. PELTONEN T A, R M SOUSA, I S VANSTEENKISTE. Wealth effects in emerging market economies[J].International Review of Economics & Finance,2012,24:155-166.

195.PLOSSER CHARLES.House price and monetary policy[C].Delivered at the European Economics and Financial Centre Distinguished Speakers Series,London,England,July 11,2007 vital speech of the day, september,395-399.

196.POSEN ADAM S.It takes more than a bubble to become Japan [C].Reserve Bank of Australia Annual Conference,Asset Prices and Monetary Policy(Sydney: Reserve Bank of Australia),2003,203-249.

197.POSEN ADAM S.Why central banks should not burst bubbles

［J］.International Finance,2006,9(1):109-124.

198.POTERBA J M.Stock market wealth and consumption［J］.Journal of Economic Perspectives,American Economic Association,2000,14 (2):99-118.

199.PRATT J W,R J ZECKHAUSER.Proper risk aversion［J］.Econometrica,1987,55(1): 143-154.

200.RANGAN GUPTA.The role of asset prices in forecasting inflation and output in South Africa［J］.University of Pretoria Department of Economics Working Paper Series Working Paper 2011-15,2011.

201.RIVERS D,Q H.VUONG.Limited information estimators and exogeneity tests for simultaneous probit model［J］.Journal of Econometrics,1988,39(3):347-366.

202.RUDEBUSCH G,L SVENSSON.Policy rules for inflation targeting in monetary policy rules［M］.University of Chicago Press for NBER,eds by J.B.Taylor,1999,203-262.

203.SAARIMAA T.Owner-occupied housing and demand for risky financial assets: some Finnish evidence［J］.Finnish Economic Papers, 2008,21(1): 21-38.

204.SCHWARTZ ANNA J.Asset price inflation and monetary policy［J］.NBER Working Paper 9321,2002.

205.SELODY JACK,CAROLYN WILKINS.Asset-price misalignments and monetary policy:how flexible should inflation-targeting regimes be［J］.Bank of Canada Discussion Paper 2007-6,2007.

206.SIMS C A.Macroeconomics and reality［J］.Econometrica,1980, 48(1):1-48.

207.SIMS C A,J.H.STOCK,AND M.W.WATSON.Inference in linear time series models with unit roots［J］.Econometrica,1990,58(1): 113-144.

208.SINAI T, S. SOULES.Owner-occupied housing as a hedge against rent risk［J］.The Quarterly Journal of Economics,2005,120(2):

763-789.

209.SKINNER J S.Is housing wealth a sideshow? In advances in the economics of aging [R]. NBER Report, Chicago, IL: University of Chicago Press,1996,241-268.

210.SEMMLER WILLI,WENLANG ZHANG.Asset price volatility and monetary policy rules:a dynamic model and empirical evidence[J].Economic Modelling,2007,(24): 411-430.

211.SMETS F.Financial asset price and monetary policy:theory and evidence[J].BIS working paper No.47,1997.

212.STOCK JAMES H.,MARK W.WATSON.New indexes of coincident and leading economic indicators [C]. NBER Macroeconomics Annual 1989.O.J.Blanchard and S.Fischer,eds,1989,352-394.

213.STOCK JAMES H,MARK W WATSON. Forecasting output and inflation:the role of asset prices[J].Journal of Economic Literature, 2003,41:788-829.

214. TKACZ GREG, CAROLYN WILKINS. Linear and threshold forecasts of output and inflation with stock and housing prices [J]. Journal of Forecasting,2008,27:131-151.

215. TONG H. Threshold models in nonlinear time series analysis [M].Springer Verlag: New York.1983.

216.TSAY RUEY. Testing and modelling threshold autoregressive processes[J].Journal of The American Statistical Association,1998,93: 1188-1202.

217. TUNC C,D PELLETIER.Endogenous life-cycle housing investment and portfolio allocation[J].Central Bank of the Republic of Turkey working paper No.13/45,2013.

218. VESTMAN R. Limited stock market participation among renters and home owners[J].Working Paper SIFR,2012.

219.WHITE WILLIAM R.Making macroprudential concerns operationa [C]. speech delivered at the Financial Stability Symposium sponsored by the Netherlands Bank, Amsterdam, October 25-26, 2004 (www.bis.org/speeches/sp041026.htm).

220. YAMASHITA T. Owner-occupied housing and investment in stocks: an empirical test[J]. Journal of Urban Economics, 2003, 53(2): 220-237.

221. YAO R, H H ZHANG. Optimal consumption and portfolio choices with risky housing and borrowing constraints[J]. Review of Financial Studies, 2005, 18(1): 197-239.

222. ZELDES S P. Optimal consumption with stochastic income: deviations from certainty equivalence[J]. The Quarterly Journal of Economics, 1989a, 104(2): 275.

223. ZELDES S P. Consumption and liquidity constraints: an empirical investigation[J]. The Journal of Political Economy, 1989b, 97(2): 305-346.

后　记

　　本书是在厦门大学博士后研究报告基础上，经过后续研究的深化与拓展完成的，也是近些年本人在住房、宏观经济与货币政策关系领域的主要研究成果。本书的主要章节已经在《金融研究》《经济科学》等国内期刊发表，由于版面限制，发表时未能全文刊载，如今得以全文收录，书中还收录了没有公开发表的工作论文。

　　关于住房、宏观经济与货币政策的研究，可以追溯至本人的湖南大学博士学位论文。2007 年正值美国次贷危机爆发并蔓延之际，美国的房地产价格大幅下跌与住房抵押市场危机的互动与强化，引发全球金融市场动荡，导致世界经济严重衰退。各国货币当局面临以下课题：房价下跌如何影响宏观经济？房价对货币政策的传导机制是什么？货币政策应该如何应对房价冲击？我把房地产价格与货币政策关系作为博士论文选题，可以说是恰逢其时，具有重要的现实价值。

　　2008 年 6 月获得湖南大学博士学位后，我携家带子奔赴鹭岛厦门，加盟厦门理工学院继续从事相关的科研教学工作。2010 年 9 月，被厦门大学浓厚的学术氛围和美丽的校园风光所吸引，在我国著名金融学家张亦春教授的引荐下，我有幸成为厦门大学经济学院朱孟楠教授的合作博士后。博士后研究期间，我主要从非线性视角拓展了相关领域的研究，研究成果先后发表在《金融研究》《中南财经政法大学学报》《经济评论》等国内核心期刊。

　　博士后出站后，我将研究视角从宏观领域拓展至微观视角，利用微观数据考察住房如何对家庭的消费与投资决策行为产生影响。以此为基础，我申报的科研课题获得了国家社科基金面上项目、教育部人文社科研究一般项目和福建省自然科学基金面上项目等科学基金的资助。2019年1月至8月，受益于福建省高校学科带头人海外访学项目的资助，我有机会赴美国密苏里大学圣路易斯校区（UMSL）访问，有幸成为冯鸿玑（Hung-Gay Fung）教授的合作访问学者。在美访学期间，我获取了大量有价值的文献和数据资源，继续潜心于该领域学术研究，产出相关研究成果。

本书的顺利完成得到许多人的帮助、关心与支持，正是有了他们给予的正能量，我才得以安心地继续自己的学术之路，获得宝贵的学习研究经历。尤其是，在厦门大学的博士后研究经历和美国密苏里大学圣路易斯校区的访学经历必将成为我人生中历久弥新的财富。在本书完成之际，我想对那些曾经给予本人帮助、关心和支持的人们表示衷心的感谢！

我要感谢在美国访学期间的合作导师，美国密苏里大学圣路易斯校区工商管理学院的冯鸿玑教授。感谢冯鸿玑教授的无私帮助，使得我的赴美访学计划得以顺利成行。在美国访学期间，冯老师在学术研究上为我提供诸多帮助，在生活方面也给予细致关怀。我多次聆听冯老师的精彩授课，也经常和冯老师交流学术问题。在美访学时，冯老师已经年过六旬，但是他对学术研究的执着追求与求真务实，常常令我辈自叹不如，也激励着我在今后的学术道路上一往直前。

我要感谢我的博士后合作导师，厦门大学经济学院朱孟楠教授。朱教授胸怀宽广，接纳我进入厦门大学从事博士后研究工作，使得我有机会在一个更高的学术平台继续我的学术追求。在追随朱老师的几年研究工作中，我不仅在学术研究上获益匪浅，而且在学术交流、学科建设等方面都得到较大的提升。朱老师承担了繁重的行政、教学与学术工作，在百忙之中拨冗指导我的博士后研究工作，曾经带病支持我带队的学科建设调研活动。

我要感谢那些曾经给予我帮助的厦门大学老师们。向我国著名金融学家张亦春教授表示特别感谢！正是有了张亦春教授热心无私的引荐，我才得以结识朱孟楠教授，并顺利进入厦门大学从事研究工作。另外，我向厦门大学经济学院陈国进教授表示感谢，陈教授多次对我的研究课题提供指导，与我交流学术成果，开拓了我的思路与视野。我要对金融系郭晔教授、潘越教授表示感谢，她们曾经参与本人带队的专业建设调研活动,为本人负责的专业建设工作提供了宝贵的建议。同时,厦门大学博士后管理站的罗俊峰老师曾经给予我关心和帮助,在此表示衷心感谢!作为厦门大学经济学院的博士后管理人员,巫启明老师为本人的研究工作提供许多方便,在此也表示感谢!

我特别向浙江财经大学的耿中元教授表示感谢!正是由于耿教授的热心引荐,我得以有机会结识冯鸿玑教授。感谢深圳大学的赵晋琳教授、四川大学的刘宝华副教授、东北石油大学的李九斤副教授!他们是我在美访学期间的冯师同门。他们与我一起共同度过了赴美访学的始终,曾经给予我最为及时和无私的帮助,与我探讨学术问题,交流生活经验。记忆的点点滴滴,犹在眼前,让我难以忘怀。

我也要向一如既往给予我支持的家人表示感谢!我的父母和岳父母都已经年过八旬,但还是时刻关心挂念我的学习和工作,为我取得的点滴成绩倍感欢欣鼓舞,你们的牵挂让我终生难忘!衷心地祝愿您们能够健康长寿!希望在我的学术取得成绩的同时,也能够给您们更多的回报!在多年的学术生涯中,妻子李翊女士始终伴随左右,她不仅给我制造一个温暖的港湾,而且适时激励我攀登学术高峰,她承担了主要家务,全力培养儿子的成长,给我更多的时间和空间从事学术研究。伴随我的学术生涯,也是儿子雨轩迅速成长的过程。雨轩现在已经取得武汉大学经济学学士学位,以优异成绩保送到北京大学攻读金融硕士学位。他从小到大一直是我繁重学术研究之余的开心果,也衷心希望他的明天更加美好!

本书的顺利出版得到厦门理工学院学术专著出版基金的资助,同时,在出版过程中得到了厦门大学出版社的江珏玛编辑的热心帮助,在此也一并表示感谢!

北京大学数学科学学院的段雨轩参与撰写了本书第六章,在此特别说明。

段忠东

2021 年 10 月于厦门集美